ヨーロッパ人類学

Anthropology of Europe, Akiko MORI (ed.)

近代再編の現場(フィールド)から

森 明子 編

三浦 敦
宇田川妙子
寺戸淳子
内山明子
北村暁夫
石川真作
新免光比呂
庄司博史
岩竹美加子
黒田悦子

新曜社

目次

序　ヨーロッパ人類学の可能性 …………………… 森　明子　1

　1　ヨーロッパ人類学の提起する問題
　2　ヨーロッパ研究からヨーロッパ人類学へ
　3　現代人類学としてのヨーロッパ人類学
　4　日本の人類学にとってのヨーロッパ，そして民俗学
　5　本書の構成
　6　結びにかえて

　　コラム　ドイツ民俗学から「ヨーロッパ民族学」へ　25
　　　　　　―ベルリン，フンボルト大学の試み（森　明子）

第一部　公共性と社会空間　27

1　ユートピアのヨーロッパ―フランス・ジュラ地方における
　　公共空間の構造化と社会的ヨーロッパ ……………… 三浦　敦　28

　1　はじめに
　2　社会的ヨーロッパとヨーロッパの諸地域社会
　3　ジュラにおける社会的連帯―チーズ組合
　4　日常の社会秩序と社会的連帯
　5　ヨーロッパという公共空間と地域社会

　　コラム　ヨーロッパ農業のゆくえ
　　　　　　―もうひとつの経済システムの可能性（三浦　敦）　44

2　イタリアの名誉と男と性 ………………………… 宇田川妙子　46

　1　ある風景
　2　性と名誉
　3　表象としての性的能力
　4　イタリアの男性社会
　5　ひとつではない性観念
　6　風景の変容

i

3 開かれゆく参加空間―フランス・ルルド巡礼の世界
　　　　　　　　　　　　　　　　　　　　　　　　寺戸　淳子　66
　　1　はじめに
　　2　ルルド巡礼の歴史
　　3　現在のルルド巡礼
　　4　「わたしたち」という「ひとつの世界」はいかにしてできあがるか
　　5　おわりに―規範と評判の圏域としての「ひとつの世界」

4　家族の再編と現代都市
　　―ベルリンのトルコ移民第二世代をめぐって
　　　　　　　　　　　　　　　　　　　　　　　　森　明子　86
　　1　主題としての都市の移民家族
　　2　移民家族の研究
　　3　ベルリンのトルコ人―外国人労働者から移民へ
　　4　移民家族の世代交代
　　5　結び―現代ヨーロッパの人類学にむけて

5　村を再考する―ギリシャ・カロニ村のフィールドワーク
　　　　　　　　　　　　　　　　　　　　　　　　内山　明子　108
　　1　はじめに
　　2　調査対象設定の作業
　　3　カロニ人とは誰なのか
　　4　村をいかに語るか
　　5　「われわれ」と「他者」

目次

第二部　周縁・越境・統合　125

6　移民の歴史をいかに語るか——南イタリアの事例から
　　……………………………………………………北村　暁夫　126

　　1　南イタリアと移民の経験
　　2　重層化された移民の経験
　　3　「歴史」をもたらす移民
　　4　なぜ南米に？
　　5　役割の逆転

　コラム　ヨーロッパと移民（北村暁夫）　142

7　ヨーロッパのムスリム——ドイツ在住トルコ人の事例から
　　……………………………………………………石川　真作　144

　　1　トルコ人のドイツへの移住
　　2　ドイツ社会と「外国人問題」
　　3　ヨーロッパでムスリムであるということ
　　4　結びにかえて

8　聖職者と信者の宗教的実践の差異と相互関係
　　——ルーマニアにおける集団改宗とギリシャ・カトリック教会
　　……………………………………………………新免光比呂　161

　　1　はじめに
　　2　ギリシャ・カトリック教会の成立
　　3　ギリシャ・カトリック司祭の実践
　　4　共産主義体制下での強制的な集団改宗
　　5　宗教対立にみる司祭と信者の宗教的実践
　　6　結び

iii

9 ことばをつくる―ロシア・カレリアの文語運動
　　　　　　　　　　　　　　　　　　　　……………………庄司　博史　177
　　1　はじめに
　　2　カレリア翻弄の歴史
　　3　「民族」の誕生―フィンランドとのかかわりにおいて
　　4　カレリア文語の難路
　　5　カレリア語の現状
　　6　考察―カレリア文語運動の意味
　　7　おわりに

10　ヨーロッパ的知のなかのフィンランド
　　　―フィン－ウゴル主義をめぐって …………… 岩竹美加子　197
　　1　はじめに
　　2　比較印欧語研究とフィン－ウゴル語という問題
　　3　フィンランド的文化の創出
　　4　フィン－ウゴル主義としての『カレワラ』
　　5　シャマニズム的過去としてのフィン－ウゴル主義
　　6　ヨーロッパのフロンティアとしてのフィン－ウゴル主義
　　7　大フィンランド（スールスオミ）というフィン－ウゴル主義
　　8　人種概念としてのフィン－ウゴル主義
　　9　おわりに

11　植民地に移植された文化―スペインから新世界へ
　　　　　　　　　　　　　　　　　　　　……………………黒田　悦子　216
　　1　はじめに
　　2　フォスターの「征服文化」論
　　3　バロック期カトリックの定着
　　4　行政・宗教組織と政治芸能の普及
　　5　あとがき
　　コラム　展示図録が明らかにするスペイン王カルロスⅠ世の姿
　　　　　　　　　　　　　　　　　　　　　　　（黒田悦子）　231

編者あとがき　235
人名索引・事項索引　237

＊本書掲載の写真は，出典を明示したものを除き，著者撮影・提供によるものです。

装幀／地図制作　谷崎スタジオ

序　ヨーロッパ人類学の可能性

　　　　　　　　　　　　　　　　　　　　　　　森　明子

　本書は，人類学のフィールドとしてヨーロッパを問い直し，現代人類学の問題関心のなかにヨーロッパ研究はいかに位置づけられるのか，検討するものである。ヨーロッパをいかにとらえるべきかについて，フィールドワークを通して得た経験と知識から，問題を提起し，論じていく。その問題関心は，ヨーロッパという考え方に対する問いかけを出発点としている。序章では，本書の問題関心について説明し，各章への導きとする。

1　ヨーロッパ人類学の提起する問題

　私たちが，ヨーロッパ人類学を課題とするとき，そこに含まれる問いかけを，ここでは3点に整理して述べることにしよう。第一は，人類学のなかでのヨーロッパ研究，第二は，ヨーロッパ研究における人類学，第三は，日本の研究者がおこなうヨーロッパ研究である。それぞれについて述べていく。

人類学のなかのヨーロッパ

　アメリカの人類学者，スーザン・パーマンは，自ら編集したヨーロッパ人類学の入門書の冒頭で，ヨーロッパ人類学は「（マラリアなどで）苦しむこと，エキゾチックであることが，人類学者の通過儀礼のスティグマである」と思い込んでいる人類学者たちのギルドに，違和感を与えてきた，と述べている（Parman 1998: 1）。このスティグマという考え方は一見他愛ないものにみえるが，意外に根強い。なぜならそれは，人類学が他者を研究する学問であり，その他者とは非西欧である，という人類学の基底にある認識と，わかちがたく結びついているからである。

　ヨーロッパは，人類学の対象にはならないのか。この問いを考えるために，まず，人類学において西欧とは何なのかを考える必要がある。注意しておきた

いことは，ここで問題になるのは「西欧 the West」という認識上のカテゴリーであって，地理的な領域ではない。人類学者たちのギルドの違和感は，西欧というカテゴリーを客体とすることに対して起こっている。ヨーロッパはある文脈においては明らかに地理的な領域であるのだが，それが人類学という学問の文脈におかれたとき，特定の認識カテゴリーにすりかえられ，そのために違和感が起こる。この違和感を説明するためには，人類学における西欧とは何か，という問いに対面しなければならない。

この問いは，人類学のオリエンタリズムという問題と直接に連続する。人類学は，その学の成立当初から，エキゾチックな他者を西欧世界に紹介してきた。その際「ヨーロッパ」は，他者の概念的な対立項として人類学のイマジネーションのなかに，こっそりと配置されてきたのである。前述のパーマンの表現を使うなら，人類学において，ヨーロッパは他者を概念化するための「文化的なデバイス」としての役割を果たし，その運び手として，オリエントとオクシデントとの階層的不平等を規定，強化するのに一役買ってきた（Parman 1998: 2）。人類学における「西欧」には，オリエンタリズムとコインの両面をなすオクシデンタリズムが潜在している。

人類学のなかにヨーロッパ研究を位置づけることは，そのような西欧を解きほぐしていこうとする試みである，と私は考える。

ヨーロッパ研究における人類学

西欧を人類学の研究対象にするという試みは，人類学が西欧を研究することによって，ヨーロッパ研究に何がもたらされるのか，という別の問いも喚起する。人類学以外の専門分野が，長年にわたって研究を蓄積してきた領域に，人類学が「遅れて」参加することによって，いったいどのような新しい知見が与えられ，展開が期待できるのか，という問いである。

これに関連して，スーザン・ロジャーズは，ヨーロッパ人類学がおかれている条件を，次のようにまとめている（Asad et al. 1997: 717-719）。

・他の専門領域によって蓄積された知見を吸収し，なおかつその領域にとりこまれないための距離を保つこと
・非西欧を研究する人類学者が，フィールドについて権威であると同時に情報の唯一の与え手であったのとは異なり，ヨーロッパ人類学の聞き手は複雑な仮定やステレオタイプ，知識をもっていること

・現地に知の十分な蓄積があり，現地同僚とのコミュニケーションが必要とされること
・ヨーロッパの現代の状況は，既成の思考の再定義を迫るものであり，そのために，民族誌事象以外の，多様で大量の先行知を洞察するポジショニングが要求されること

　しかし，人類学によるヨーロッパ研究が，ロジャーズが述べるようなハンディを克服することにのみ終始するのであれば，ヨーロッパ研究という広い領野のなかで，ある程度の新味はあるかもしれないが，とりたてて転換をもたらすというほどではない。人類学によるヨーロッパ研究の積極的な意味は，むしろ人類学という領野を超えた現代の人文社会科学全般にかかわる問題状況のなかで説明されるべきだろう。
　ヨーロッパ研究に人類学が参加し，その存在が認識されるにいたったのは，1980年代後半であった。このことは，人類学を含めた人文社会科学が，80年代から学のあり方そのものを問い直す問題を前景化してきたことと無関係ではない。オリエンタリズム批判は，そのような議論のひとつである。人類学がこの時期にヨーロッパ研究に参画した，参画できたということは，80年代における学の要請があったからである。では，そこで求められたこととは何か。
　それが，この時期の世界の政治・経済・社会的な再編成と対応していることはいうまでもない。近代世界の再編成ともいえる状況において，人類学の方法論，問題発見の仕方に，ある期待が寄せられたと考えてよいだろう。変革しつつあるヨーロッパを問い直し，再配置しようとするプロジェクトにおいて，フィールドワークに基づく人類学の問題発見の方法，個別への視点，ボトムアップの視線などが試されているということもできる。

日本からのヨーロッパ研究
　ところで，非西欧社会を西欧人類学者が研究する，という人類学の「伝統的な」図式を考えるとき，そのなかの日本および日本人人類学者の存在は曖昧である。日本人人類学者は，西欧の側に配置される場合もあるし，非西欧の側に配置される場合もある。
　自らを西欧の側に属すと考える日本人人類学者は少なくない。それにはそれなりの理由がある。日本経済の世界経済における位置づけがそこに作用していることは間違いない。非西欧世界で調査する人類学者は，好むと好まざるとに

かかわらず，その経済力を背景にして調査にのぞむからである。それと同時に，日本の人類学が，欧米の学問伝統を学ぶことに多くを負って形成され，その過程で，研究者としての意識も，欧米の直接的な影響を受けて形成されてきたということがある。欧米の学問伝統を学んだ人類学者は，そのスタンスも体内化した。結果として，たとえばアフリカでフィールドワークをおこなった日本人人類学者が，自らを白人と同一視し，「自省的に西欧批判をする」，ということが起こる。しかし，日本人人類学者がつねに西欧的な人類学者であるというわけではない。さまざまな文脈で頻発する「白人」や「西欧」という語の意味するところは，きわめて曖昧である。それは人類学者が議論の場に応じていかに想像界の「西欧」をつくってきたかということを具体的に示している。日本人人類学者からみた「西欧」は屈折した複数の意味を含んでいるのである。

　ところで，日本の人類学の調査対象地域は，きわめて多様である。それは日本の人類学が，欧米の複数の国々の人類学と関係をもち，それぞれから知の蓄積を取り入れてきたことと関係している。それと同時に日本の人類学は，日本をその研究対象から排除してきたわけではない。そこには，部分的にではあっても，民俗学との相互的な関係も見られた。ヨーロッパ人類学を考える場合，このことは少なからぬ意味をもつと思われる。ヨーロッパ人類学は，ヨーロッパにおける民俗学と重なり合う領野であり，しかも現代ヨーロッパという問題領域において，民俗学と人類学が扱うテーマは，重なり合っている。「西欧」と「非西欧」の「他者」をめぐる問題を，人類学と民俗学の関係も考慮してとらえ直してみる努力は，それだけの価値があると思われる。

人類学のアプローチとヨーロッパ

　以上に述べてきた3つの問題系の関連のなかに，本書で扱うヨーロッパ人類学は位置づけられる。以下の各章でヨーロッパ人類学を問いかけながら，あらためて人類学のアプローチの可能性を考えていきたい。

　ここで私の考える人類学のアプローチとは，フィールドワークを方法論として組み込み，そこから問題を発見し，問題を立ち上げていくと同時に，その発見をほかのフィールドへも還元していくというものである。それによって異なるフィールドを横断して，共通の問題関心への切り込みがなされ，そのようなプロセスを介して人類学の問題領域が構成されていく。

　このアプローチをもってヨーロッパを対象としたとき，ヨーロッパ研究にどのような知見が与えられるのか，また人類学や人文社会科学に何を貢献できる

のか,ということを考えながら,ヨーロッパ人類学という課題にとりくんでいきたいと思う。

　ヨーロッパ人類学の提起するさまざまな問題は,相互に関係しあいながら収斂し,一方に,人類学とは何かという問い,他方にヨーロッパとは何かという問いを,投げかける。2つの問いはコインの両面であって,それは人類学にとどまらず,現代の人文社会科学全般にかかわる問いでもある。本書の編集にあたっては,ヨーロッパとは何か,という問いをライトモティーフとしているが,もちろん人類学への問いも,そこに密接にかかわっている。

2　ヨーロッパ研究からヨーロッパ人類学へ

　ヨーロッパ人類学が,いかにその対象を把握し,特定していったか,その展開の過程を見ていこう。ここではアメリカにおけるヨーロッパ人類学の展開の過程を中心に,ヨーロッパや日本の状況にも配慮して見ていくことにする。言及できる著作は,ごく少数に限られているので,個別にはのちにあげるレビュー類にあたってほしい。

1980年代の転換

　ヨーロッパは,近年になって研究領域として人類学のなかで認識されるようになり,その位置を確保しつつある。1986年,アメリカ人類学協会（AAA）のサブユニットとして,ヨーロッパ人類学会 the Society for the Anthropology of Europe（SAE）が組織された。パーマンによるとSAEは,スーザン・ロジャーズを初代会長とし,ニューズレターの発行をはじめとするさまざまな活動を展開している。そのなかには,ヨーロッパ研究者とコンタクトをとるためのガイドの出版なども含まれている。学会メンバーは10年のうちに飛躍的に増加し,1998年現在,600人以上にのぼるという（Parman 1998: 9）。

　SAEが設立された80年代半ばは,人類学がポストコロニアルを意識化し,大きな転換を迎えていた時期にあたっていたことに注意するべきである。その後のヨーロッパ人類学は,現代人類学の一領域として展開した。80年代半ばは,ヨーロッパ人類学にとっても転換点であった。

　この節では,人類学のヨーロッパ研究の1980年代半ばにいたるまでの展開を見ていこう。あらかじめ述べておくと,それは,ヨーロッパという地理的領

域でおこなわれていたいくつかの独立した研究が，ヨーロッパ人類学として相互の関連を意識し同定されるにいたった過程としてとらえることができる。アンソロポロジー・イン・ヨーロッパから，アンソロポロジー・オブ・ヨーロッパへの展開であった。

2つの古典的研究

　ヨーロッパにおける人類学者の初期の仕事のうち，のちに与えた影響の大きさから，特に重要なものとして2点をあげることができる。第一は，コンラッド・アレンズバーグとソロン・キムボールによる『アイルランドにおける家族と共同体』で，アイルランド西部の小コミュニティで1930年代におこなわれたフィールドワークに基づいている（Arensberg and Kimball 1968）。イギリス社会人類学の構造機能主義の方法論と問題関心を投影した作品である。トーマス・ウィルソンによれば，同書は1980年代にいたるまで，アイルランド研究の聖典として絶大な影響を及ぼし続けた（Wilson 1998a）。

　第二は，ジュリアン・ピット＝リバーズによる『シエラの人々』である（Pitt-Rivers 1954）。本書もまたイギリス社会人類学の伝統にのっとった民族誌で，名誉と恥などのテーマをとりあげ，地中海研究の金字塔となった。移民や友人関係，恩顧関係などの社会人類学の重要なテーマを提示していて，今日までヨーロッパ人類学で最もよく読まれている古典である。

　二著はともに小コミュニティの民族誌研究であり，その後の人類学のヨーロッパ研究のモデルとなった。そこには大きく2つの傾向が指摘できる。(1)農村の小コミュニティという対象の設定，(2)地中海研究という領域とテーマの形成である。1950-70年代半ばにかけての人類学のヨーロッパ研究は，およそこの2つの傾向のもとに把握できる。

小コミュニティ研究がはらむ問題

　『コミュニティを超えて―ヨーロッパにおける社会過程』と題する論文集が，1975年，アムステルダム大学のヨーロッパ＝地中海研究グループのメンバーによって出版された。ジェレミー・ボワセベンによるその序論は「ヨーロッパの社会人類学をめざして」という副題をもつもので，中期のヨーロッパ人類学の分水嶺と見なされている（Boissevain 1975; Parman 1998; Wilson 1998b; Douglass 1998）。

　ボワセベンの序論は，それまでの小コミュニティ研究を真っ向から批判し，

ヨーロッパの複合性を重視したヨーロッパ社会人類学を提言するマニフェストともいうべきものであった。ボワセベンはここで，トライバルな社会での経験しかもたない人類学者は，ヨーロッパの複合性を扱う術を身につけていないゆえに，「孤立していて自立的な単位であると彼らが考える村（小コミュニティ）に，自己の居場所を求めていった」のであり，それは「ヨーロッパをトライバル化」することであった，と述べている（Boissevain 1975:11）。

1950-60年代の人類学のヨーロッパ研究において，ボワセベンが述べるようなコミュニティ・スタディが数多くおこなわれていたことは事実である。多くの人類学者たちは，都市からより隔絶した条件にある村をフィールドとして選定し，参与観察を方法論として，ヨーロッパのなかの近代的でないもの，都市的でないものを描こうとした。

その背景に人類学のその当時の思潮を考慮する必要がある。ウィリアム・ダグラスが指摘するように，50年代初めの人類学の問題関心は，英国社会人類学の構造機能主義の圧倒的な影響のもとにあった。都市研究でこれといった成果をあげることができなかった人類学のヨーロッパ研究は，この時期新たに興隆してきたロバート・レッドフィールドらの農民研究を積極的に受け入れることによって，その基盤を形成していった。それは農民社会を部分社会と位置づけ，大伝統・小伝統を論じるもので，社会の秩序やシステムを説明しようとする構造機能主義との相性がよく，同時に，小コミュニティにおけるフィールドワークにおいて生かされる理論であったからである。この時期，多くの小コミュニティ研究がおこなわれ，それによってヨーロッパ人類学の研究蓄積が急速に増大していった（Douglass 1998: 104）。

「地中海社会」という領域

地中海社会は，ヨーロッパと一部で重層する，ひとつの研究領域を構成している。地理的には，南ヨーロッパと，オリエント的世界としての北アフリカおよび中東の一部を含む領域であるが，文化的には近代西欧とは異なる，エキゾチックな他者として対象化され，それによって他者を研究する人類学の研究対象として正当性を担保した。

たとえば，1960年代に中東研究の延長としてギリシャ研究を開始したジル・ドゥビシュは，当時のフィールドとしてのギリシャは「エキゾチックではあるが，ほんとうの人類学と称するほど十分にエキゾチックではなく」，自分の研究領域をどう同定してよいか，迷いがあったという。最終的に彼女は，自

分の研究領域を地中海研究として同定した、と回顧している（Dubisch 1998: 36）。ヨーロッパというフィールドが人類学のフィールドとして認められなかった当時、「地中海」はエキゾチックな文化世界をなす研究領域として認知され、独立した分野を形成した。

　地中海研究の端的な例は、ギリシャの羊牧夫の社会を研究したジョン・キャンベルの『名誉・家族・パトロン――ギリシャ山地コミュニティの諸制度と道徳の研究』である（Campbell 1964）。キャンベルは、自らの民族誌を、ほんらいのギリシャ文化を代表的に示すものであるとしたうえで、それをさらに「地中海社会」という文脈に位置づけ、地中海のほかの地域にもそれと類似の社会形態があったと示唆した。キャンベルのスタンスは、アレンズバーグらの研究がそうであったように、ヨーロッパという研究対象を「トライバル化」するものであった。

　地理的なヨーロッパを研究の対象としながらも、地中海社会という研究領域をとくに設定したことは、研究対象に対する基本的なスタンスにかかわっている。それはテーマをいかに設定するか、対象をいかにとらえるか、という問題意識を条件づけている。たとえば、地中海人類学の主要なテーマとなったのは、道徳システムとしての「名誉と恥」である。それは地中海をエキゾチックな世界として示す示唆的特徴であった。

　既述のようにキャンベルは、自らがエキゾチックに描いた道徳システムを、100年前であればギリシャ山地コミュニティのいたるところに見られたであろう、ギリシャ古来の慣習である、と位置づけた。ここには「ギリシャ性」が、疑う余地もなく前提とされている。これに対して、ヨーロッパを問い直そうとするスタンスをとるならば、「ギリシャ性」そのものが問いの対象とされ、それが歴史的、イデオロギー的にいかに構築されてきたかということがテーマ化されるであろう。対象をエキゾチックな他者として前提することは、そのような問いかけを知らず知らずのうちに封じ込めることになった。

　このような研究の傾向は、イタリア研究においても、同様に見られた（Kertzer 1998: 71）。1950-60年代のイタリア研究は、農村を対象として、文化的には名誉と恥をめぐって、社会関係としては、村の家族、親族、恩顧関係の研究が中心的なテーマであった。ボワセベンはこのような状況をヨーロッパ人類学の農村（ルーラル）バイアスとして批判し、ヨーロッパの社会人類学を標榜した。そしてイタリアにおいてコミュニティの外にひろがる人間関係に注目し、それを分析したのである。このボワセベンの研究は、人類学のネットワーク理論のひと

つの到達点を示すものになった (Boissevain 1974)。

　ボワセベン以後のヨーロッパ人類学は、家族・親族関係の理論的研究から、歴史とポリティカル・エコノミーへ重心を移し、それをいかに人類学研究に取り込んでいくかという方向を模索していく。それは人類学全般の世界システムへの関心の高まりと連動したもので、その延長線上に、現代人類学の問題関心が位置づけられる。これについては第3節で述べよう。

移民研究

　ところで、ヨーロッパの人類学研究において、移民が占める重要な意味を看過することはできない。バスクの移民を研究したダグラスは、ボワセベンの1975年の序論に言及しながら、ヨーロッパの人類学的研究は、初期から移民の存在に注目してきたのであり、コミュニティを社会的に孤立した集団として見なしてきたとはいいきれないと指摘している (Douglass 1998)。ダグラスが指摘するように、ピット゠リバーズの前掲書や、ギリシャの初期の研究であるアーネスティン・フリードルの『バジリカ―現代ギリシャの村』において、移民は重要なテーマとしてとりあげられている (Friedl 1962)。

　移民は、コミュニティの外にひろがる社会関係を可視化し、ポリティカル・エコノミーの諸理論と結び、あるいはその歴史的な展開がテーマ化されるなど、ヨーロッパの人類学研究の当初から、重要な一分野を構成してきた。現代世界においてグローバルな人口移動現象はいよいよ増大する傾向にあり、さまざまな側面からの移民研究がさらに進展していくことが想定される。

3　現代人類学としてのヨーロッパ人類学

現代人類学の問い

　1980年代、人類学はヨーロッパを研究対象として認知していった。ここではヨーロッパの相対化が、いかにおこなわれていったのかということに注目していきたい。

　前節で述べたように、1970年代以降の人類学は、世界システムへの関心を高めていった。それがポストコロニアルの世界状況を投影したものであることはいうまでもない。当然の帰結として、人類学は研究対象の見直しを迫られることになった。なぜなら、「エキゾチックな、非西欧の（野蛮な）他者」とされていた人類学の研究対象は、調査者が属しているのと同じ世界システムの内

部に再配置されることになったからである。人類学は,「他者」の学問から,普遍的な人間の科学を標榜する学問分野へ,転換をはからざるをえなくなった。ヨーロッパ人類学は,このような人類学の発展的な転機に認知されたのであり,それは普遍的な人間の科学を標榜する現代人類学の一分野を構成するものとして位置づけられる。

このような現代人類学としてのヨーロッパ人類学の問いかけは,ヨーロッパを人類学の研究対象としていかにとらえるかという問いに収斂していく。ここでは大きく3点にまとめて述べていこう。第一は,人類学がヨーロッパ概念をいかに構築していったかにかかわる。第二は,新しいヨーロッパの編成を,いかに対象化するかについてである。第三は,西欧的カテゴリーを相対化し,再検討することについてである。以下,順に述べていく。

オクシデンタリズム

非西欧世界を研究対象としてきた人類学のいとなみが,非西欧の「概念的対比としての西欧」を,陰画として構築してきた側面がある,ということは,冒頭に述べた通りである。人類学者のイマジネーションがつくり出した西欧概念は,オクシデント（西洋）とオリエント（東洋）の境界と階層的不平等を規定し,強化する方向にはたらくゆえに問題視される。

このような西欧概念の問題は,当然のことながら,オリエンタリズム批判の議論と共鳴している。ジェームズ・キャリエは,「オクシデンタリズム」と題した論文において,オクシデンタリズムを「西欧人による西欧の本質的な表現」(Carrier 1992: 199) と規定した。その本質化はそれ自身として存在するのではなくて,「われわれ」と「彼ら」および両者の差異を定義づける過程において形をなしてくるのであり,他者の社会の本質化とペアをなしている (Carrier 1992: 203)。キャリエによれば,このような問題が起こる機制は次のようにまとめられる。民族誌記述を基底的に構成している差異は,人類学者のフィールドワークにおける対話的枠組みにおいて生成される。にもかかわらず,民族誌の読者がそれを読むとき,読者は,その差異を「民族誌的証拠から生まれたと考える」傾向がある。このプロセスにおいて本質化が起こるのである (Carrier 1992: 204)。

オリエンタリズムとオクシデンタリズムは,互いの陰画として存在するのであって,これらの本質主義に人類学者の民族誌記述といういとなみが加担するという構図は,西欧に対する他者として非西欧を位置づけた時から,ある程度

用意されていたといえる。ヨーロッパを人類学の研究対象とするいとなみのひとつの積極的な意味は、それが、「西欧に対する他者としての非西欧」という、人類学を長い間拘束してきた構図へのアンチテーゼである、という点に求められる。マイケル・ハーツフェルトらは、ヨーロッパを人類学の対象とすることは、ポストコロニアル人類学と共鳴するものであり、西欧中心主義を批判する立場であると明言している（Asad et al. 1997）。

では、ヨーロッパ人類学は、どのように対象を特定していくのか。パーマンの表現を借りれば、ヨーロッパ人類学は「人類学的イマジネーションにおいてつくりあげられたヨーロッパにかかわる意味のいくつか」（Parman 1998: 3）を批判的に検討することによって、「われわれ／他者という二項対立を克服する位置に立っている」（Parman 1998: 16）。われわれはさらに立ち入って、ヨーロッパが人類学的にどのようにとらえられるのか、見ていこう。

「ヨーロッパ化」という過程

1990年代以降の世界において、ヨーロッパはまさに再構成されつつある。そこではヨーロッパ連合（EU）のような、国民国家を超えた国家形成の実験がおこなわれる一方で、旧ユーゴスラビアに見られるように、国民国家の新たな建設も同時に進行している。ヨーロッパの東の境界はさらに東へと移動しつつあり、ヨーロッパは、空間的領域が拡大するとともに、ますます曖昧で多様な意味をはらむ複合体になりつつある。このような状況に対して、ヨーロッパを「ヨーロッパ化」という過程においてとらえ、ポリティカル・エコノミーや歴史への関心と結びつけてとらえていこうとする動きがある。

ヨーロッパ人類学におけるポリティカル・エコノミーの系譜は、1970年代半ばに出版されたジョン・コールとエリック・ウルフの研究に辿ることができる（Cole and Wolf 1974）。北イタリアのイタリア系とドイツ系コミュニティを比較したこの民族誌は、コールの生態学的アプローチと、ウルフのポリティカル・エコノミー論をあわせて、ナショナリズム、エスニシティ、アイデンティティなどの問題を論じ、その後のヨーロッパ人類学の展開に影響を与えた。

ハーツフェルトのギリシャにおける研究も、この流れのなかにとらえることができる。キャンベルが自らの研究した小コミュニティを、周縁としてではなく原初性を示すギリシャの代表として位置づけたのと反対に、ハーツフェルトは自らの研究したギリシャの島を、ギリシャおよびヨーロッパの周縁として位置づけ、周縁の意味を明らかにすることを主題として設定した。ハーツフェル

トにとって周縁とは，ナショナルな自己イメージが形成されるダイナミックな場であり，それゆえに意味がある（Herzfeld 1987）。

このような問題関心は，「文化と権力をめぐる人類学」と呼ぶことができよう。それは，「ローカリティと，より高次で広範なレベルの，社会文化的，政治的，経済的な統合との弁証法的な関係」（Wilson 1998b: 149）を問題にするもので，ヨーロッパは，そのような関心をもつ人類学者に，恰好のフィールドを提供している。それは，同時に歴史的な視座も要求するものである。

たとえばEUは，このような問題関心のもとでは，経済的統合組織としてではなく，ローカリティ，地方，国家，超国家のあいだの相互規定的な関係の再編成としてとらえられる。ナショナル・エリート，国家行政，官僚政治がそれまでの権力を失い，市民と国家とのあいだにあった同定関係が分裂し編成し直されていく過程が問題とされる。

「ヨーロッパ」はなお形成途上にあるという認識が前提であり，その構築過程が「ヨーロッパ化」と名づけられて対象化される。

西欧的カテゴリーの再検討

ヨーロッパを完成されていないプロセスとしてとらえるスタンスから，さらに西欧的カテゴリーそのものの首尾一貫性を問い直す視座が与えられる。そもそも，「西欧」「自由民主主義」「資本主義」などは，あたかも統一された概念であるかのように使用されてきたが，これらのカテゴリーは，文化や社会の文脈においてどのように説明されるのか問い直してみれば，それが曖昧さを多分に含みながら形を成していった抽象概念であることが再認識される。

パーマンやカサリン・ヴェルデリのヨーロッパ人類学は，このようなカテゴリーを再検討しようというものである。「西欧は，世界のほかの地域で仕事をしている人類学者の書きものを支配し，しばしば彼らの問題を設定し，また彼らをしてそのデータを際立たせる西欧イメージに言及させることで，彼らの分析をフレーズ化してきた」。西欧の統一的なイメージを利用することで議論が進められてきたのであるが，そこで「名ざされた（西欧の）構造物は，その効用に疑問がおこるほど，イデオロギー的である」。たとえば，資本主義を規定する自己，仕事，時間，所有などを問い直すことから，西欧の内側に，実際にはどのような多様性があるのか明らかにされる，というのである（Asad et al. 1997: 717）。

序　ヨーロッパ人類学の可能性

人類学レビューのなかのヨーロッパ

　前節からここまで，ヨーロッパ人類学の流れは，人類学全体の問題関心と密接にかかわっていて，それは同時に，世界の政治経済の変化のなかで展開しているものであることを見てきた。この傾向は，『アニュアル・レビュー・オブ・アンソロポロジー Annual Review of Anthropology』誌にとりあげられているレビュー論文にも見ることができる。

　同誌でヨーロッパ研究がとりあげられた初めは，1977年のコールによるレビューであった（Cole 1977）。それは人類学のヨーロッパ研究がコミュニティ・スタディを中心に蓄積されていった状況を受けたものであった。1982年にはデイビット・ギルモアが地中海人類学について（Gilmore 1982），翌83年にはジョエル・ハルパーンとデイビッド・キデッケルが東欧研究について（Halpern and Kideckel 1983）レビューしている。地中海と東欧は，ヨーロッパでありながら，その周縁であり，70年代から80年代初頭の人類学にとって，エキゾチックな他者として位置づけられる境界線上に位置する研究対象であった。そのような領域が，ヨーロッパで，まず人類学の対象となったことはすでに述べたとおりである。1989年になると，スカンジナビアに関するレビューが出てくる（Gullestad 1989）。

　これらに対して，1997年のジョン・ボーンマンとニック・ファウラーによる「ヨーロッパ化」は，市民や国家を含めて，ヨーロッパ概念そのものを相対化する視点を明確に出している（Borneman and Fowler 1997）。90年代以降のヨーロッパ人類学が，その独特の問題領域をともなって分野として確立しつつあることを示すといえよう。2000年のトーマス・ウォルフの東ヨーロッパと旧ソ連についてのレビューも，まさにそのような新しいヨーロッパを問題化する視点を示している（Wolfe 2000）。

　なお，オランダとイタリアにおけるそれぞれの人類学の研究状況についてのレビューは，上にみた文脈とは直接連関しないが，ヨーロッパにおける人類学の状況を知るうえで，参考になる（Blok and Boissevain 1984; Saunders 1984）。

4　日本の人類学にとってのヨーロッパ，そして民俗学

第三のアプローチ

　日本の人類学において，ヨーロッパへの関心は，早い時期からいくつかの試みがなされてきた。初期の研究のなかで注目されるのは，2つの対照的なアプ

ローチで，それぞれ岡正雄と梅棹忠夫によって代表される（森1996）。

　岡は，民俗の比較研究としての比較民族学という立場から，日本との比較の対象としてヨーロッパ社会をとらえ，おもに民間伝承の類似に注目した（岡1958）。岡のこのような関心は，当時草創期にあった日本民族学会の性向を投影している（関本1995）。それは異文化も日本社会も対象として含み，農村社会学や日本民俗学をも包含して混成的な学を構成していた。岡の関心は，民俗学をはじめとして宗教学，文学などにも受け継がれて，今日にいたっている。

　一方，梅棹のアプローチは「アフリカの社会を研究するのと同じ視点，同じ方法で，ヨーロッパ社会を見てみよう」（會田・梅棹1977: 3）という問題意識を出発点としている。明治以来，先進文明の手本として位置づけられてきたヨーロッパを，自己から距離をおいた他者としてとらえようとする視座を確保する手がかりとして，生態学的なアプローチを採用している。

　ヨーロッパ人類学が，他者の学としての人類学から，普遍的な人間の科学を標榜する人類学への転換点において認知されたことはすでに述べたとおりである。梅棹のヨーロッパへの接近方法は，この現代人類学としてのヨーロッパ人類学と，まったく逆の方向を向いていることに気がつくだろう。日本においてヨーロッパを対象化するためには，一方に岡のように類似を求め，他方に梅棹のように徹底的な異化をはかる，2つの経路を必要としたということに，注目すべきである。

　これらの初期の試みの後に，第三のアプローチとして長期の計画的なフィールドワークをおこなう者が現れてくる。その研究は欧米の人類学の問題関心に触発され，1980年代以降の人類学議論と，同時進行で展開していった。この過程を通して現代人類学の一分野としてのヨーロッパ人類学が，日本においても形成されていったといえよう。

　まとめると，少なくとも3つの流れ——第一に，民俗学の観点から，ヨーロッパと日本との類似に注目するもの，第二に，ヨーロッパを非西欧と同じように，異化することで相対化をはかるもの，第三に，人類学を批判的に検討する視点からヨーロッパ概念を問い直していこうとする現代人類学——が，日本におけるヨーロッパの人類学研究を構成している。

　ここで，民俗学と人類学の重なり合いという問いを思い出してみよう。それは，他者の学としての人類学をどう考えるか，という問題ともかかわり，また日本からおこなうヨーロッパ研究が，ヨーロッパやアメリカでおこなうヨーロッパ研究に対して，どのように位置づけられるのか，という問題にも連続する。

序　ヨーロッパ人類学の可能性

民俗学と人類学

　民俗学と人類学がどのように重なり合っているかという問題は，それぞれが歴史学，宗教学などの諸学とのあいだにどのような文脈を構成しているか，という状況の理解を要請する。ところが，人類学と関連諸学との関係は国によってきわめて多様であり，それを全般にわたって把握することは，容易ではない。

　たとえばフランスでは，民俗学，民族学，歴史学のあいだに相互関係があり，それはたとえばフランス社会史の成果に明らかに投影している。イギリス，ドイツ，イタリアの社会史においても同様の成果は見られ，ヨーロッパ人類学のすそ野を広げている（森 2002）。しかし民俗学と民族学の関係として特定して見てみると，その状況は多様である。

　イギリスの社会人類学者のなかには，非西欧世界を主たるフィールドとしながら，同時にイングランドを第二の調査研究地として研究することが，以前から見られた。近年ではさらにヨーロッパを第一のフィールドとする研究も出てきている。一方，スペインやスカンジナビアでは，自国を主たるフィールドとする人類学研究が早い時期から活発におこなわれている。これに対して，ドイツやオーストリアにおいては，ヨーロッパ外の異文化を研究対象とする学（Völkerkunde フェルカークンデ）とヨーロッパを研究対象とする学（Volkskunde フォルクスクンデ）は別であるという伝統が強く，「人類学」という概念が近年になってそれぞれの学に接合されつつあるという状況である。

　旧東欧圏の国々では，ハンガリーやユーゴスラビアなどは，人類学を早くから取り込んでいるのに対して，人類学研究にほとんど門戸を閉ざしてきたチェコ・スロヴァキアのような国もある。また，民俗学が国史と不可分に結びついている場合が多く，問題設定そのものに大きな影響を与えている。

　このように，ヨーロッパにおける民俗学，人類学をめぐる研究は，国ごとの多様性がきわめて高く，その状況を概観すること自体が，個人の能力を超えた大プロジェクトになる。ただし，人類学研究と民俗学，歴史学，宗教学などの境界は曖昧であり，しかも現在それぞれの学において，その関係が批判的に問い直されつつあるということは，全般にあてはまることである。

　このような状況を理解したうえで日本からのヨーロッパ人類学を考えるならば，より発展的な展開は，人類学者と民俗学者のあいだの相互関係としてというよりも，隣接科学の研究者まで含めた状況のなかで探っていくべきものであると思われる。そのような関係のなかから，既成のカテゴリーに収まりきらないものが生まれてくる可能性も期待できよう。

ひるがえってみれば，このことは日本からのヨーロッパ人類学に限られるわけではない。ヨーロッパ人類学とは，そもそも隣接諸科学と問題領域を重ね合わせながら，新しい領域を開拓していく分野であるといえる。パーマンはこのことを，ヨーロッパが長いあいだ人類学の正当なフィールドとして認められなかったことの副産物であるととらえている。「人類学者がヨーロッパを研究するとき，他の学問分野からの借用は多いし，またそれが要請される。ヨーロッパ研究を介して，人類学者はより学際的になってきている」(Parman 1998: 16) と。どのような可能性が期待できるのか，今後へと開かれた領域である。

私は，ヨーロッパ人類学は，人類学を含めた人文社会科学の大きな再編成という試みのなかに，その位置を与えられているのだと考えている。日本からの研究の意味も，この大きな文脈に再配置して考えることができよう。パーマンは「ヨーロッパを研究することは，人類学の学としての境界を問題化することなのか？」(Parman 1998: 4) と問うている。この問いに，私は「そう思う」と答えよう。それが積極的な問題化であり，新しい可能性を開拓していくことになる，という意味をこめて。

5　本書の構成

ヨーロッパをどのようにとらえるか

以下の各章は，ヨーロッパにおいて継続的な調査研究をおこなってきた研究者によって執筆されている。ただし，ヨーロッパを人類学的に研究する立場といっても，その視線はひとつではない。ヨーロッパ社会のマジョリティを対象として研究する者がある一方で，ヨーロッパの周縁や外国人移民社会を調査し，その視点からヨーロッパを問いかける者もいる。また，ヨーロッパの海外植民地から旧宗主国の文化を見る研究者もある。地理的には，ギリシャから北欧にいたる地域が対象であり，人類学を中心としながら，比較民俗学，移民史，宗教学などの重層する分野から書かれている。

本書の編集にあたって，各執筆者が共通の課題としたのは，「ヨーロッパとは何か，ヨーロッパをどのようにとらえるか」ということである。それぞれの執筆者は，自己のフィールドワークから議論をたちあげ，さまざまな形で回答を示そうとしている。統一された答えがあるわけではないし，それぞれの執筆者のこの時点での考察は，現在進行形で展開しているものである。それでも，あるいはだからこそ，この問題は，大いに考える価値があると思う。

序　ヨーロッパ人類学の可能性

　以下に，各章の記述がこの序章で述べた内容とどのように関係づけられるのか，およそのアウトラインを示そう。

公共性と社会空間

　第一部「公共性と社会空間」に収められた5つの章は，社会的結合のあり方を問い直すものである。第1章は，ヨーロッパ統合を，ヨーロッパの社会的連帯というユートピア思想の実験として位置づける。この観点からすれば，ヨーロッパ統合は新しい公共空間の創出であり，それが地域の社会的・歴史的特性のうえにいかに構築されうるのか，という問題が現れてくる。三浦は，調査地のジュラ（フランス）では，歴史的にアソシエーションの形成を通じて公共空間が構造化されてきたことを，チーズ組合に焦点をあてて明らかにしたうえで，私的領域の構造を公共空間に反映させるこの地域の社会的連帯の構成が，ヨーロッパ統合においても同様に成立するわけではないと指摘する。では，新しい公共空間は，私的領域とどのような関係を構成するのか。三浦にとって，ヨーロッパ人類学とは，その豊かなあり方を探っていくいとなみとして位置づけられる。

　第2章はイタリアにおける性と名誉をとりあげる。性と名誉は，イタリアを含む地中海研究において，高い関心を寄せられてきたテーマである。宇田川は，この伝統的なテーマにあえてとりくみ，名誉に代表される性規範はイタリア人の性行動一般を規定しているのではなく，男性同士の社会関係の次元において作用する文脈限定的な規範であることを批判的に明らかにしていく。公的領域に優勢な名誉の観念が，男性中心的な性規範と結びついていることは，それとは別の，個人と個人の対等な関係を基礎とする性の考え方も存在することによって，相対化される。宇田川は，性規範も文脈限定的なものであることを主張し，その文脈性を考察していく必要を訴える。1章と2章が社会関係の公共性と私的領域との投影関係に中心をおいた議論であるのに対し，3章と4章は，社会空間の形成という側面から社会的結合を論じる。

　第3章は，共同性のあり方をテーマとして巡礼空間を論じる。寺戸は，ルルド巡礼（フランス）において社会空間の構成にディスポニーブル（他者に応える準備ができている，空きがある）という心身の状態を示す概念が重要な意味をもっていると指摘する。それは，参加希望者を受け入れるために，ルールから逸脱する者を排除するのではなく，ルールのほうを変えていくような共同性を構成する概念である。そこでは，共通ルールが実践されることによってひと

17

つの世界（共同体）が構成される。この文脈において，日常生活世界は，メンバーによってルールが遵守される規範の場ととらえられる。巡礼空間は，このようなルールが発動している社会空間の一例である。寺戸は，共通ルールの実践による共同体の構成を，ヨーロッパの公共空間形成の契機としてとらえる。

　第4章は，ベルリンの移民家族の世代交代の過程に注目して，家族の再編とともに，都市が現代世界のなかで再編成されていく過程に注意を促す。移民が重層するアイデンティティをもっていることは，すでに指摘されているが，森はこのことを，グローバル化する現代都市の「新しい市民」像の構築という視点からとらえようとする。同時に複数の社会に帰属し，複数の文脈を使い分けている移民は，都市に新しい社会空間を形成していると考えるのである。ヨーロッパが他者性を取り込みながら新しいヨーロッパをたえずつくりかえていく過程を，現代のグローバル化現象のなかで対象化しようとするものである。

　第5章は，現代人類学の批判的議論と共振しながら，村という最も基本的な社会的カテゴリーを解きほぐしていく。内山はこれを，自己のフィールドワークの過程を解剖することを通して論じていく。キャンベル・モデルを出発点においたギリシャでのフィールド選定の段階から始めて，フィールドワークの過程で人類学者が対象の他者性を無意識のうちにつくりあげていること，その本質主義的な性格，首尾一貫性をもとめるあまりさまざまな要素を捨象して重層性を見逃してしまうことを，真摯に描き出す。この記述から読者は，人類学者が共同性や社会空間をいかにとらえるかを考える，多くのヒントを得るだろう。

周縁・越境・統合

　以上の第一部が，ヨーロッパ人類学は，ヨーロッパをいかに対象とするか，人類学に何ができるのか，という人類学の方法論に連続する問題意識を扱っているのに対して，第二部「周縁・越境・統合」は，ヨーロッパの人類学研究からいったい何が見えてくるかという問いにとりくみ，ヨーロッパ人類学の広がりを示す。それは，ヨーロッパ人類学と歴史学，宗教学，言語学，民俗学などの隣接科学とが相互に乗り入れる領域の開拓でもあり，ヨーロッパ人類学の領域横断的な可能性も示している。

　第6章は，歴史学の立場から，移民現象をヨーロッパのマクロな歴史のなかに位置づける視座を確保したうえで，南イタリアのコミュニティにおいて，移民経験がいかに語られるか，というテーマにとりくむ。方法論的には，近年の歴史人類学の一分野としてのミクロストーリアの立場に立ち，主観的な歴史構

序　ヨーロッパ人類学の可能性

築としての記憶，語りという問題領域に位置づけられる。歴史家である北村は，南イタリアでのフィールドワークを通して，人類学者には扱いの難しい長い時間を扱いながら，イタリアの南部問題を論じる。現代的問題の歴史的・地理的なダイナミクスを明らかにして示した，ポリティカル・エコノミーの歴史人類学である。

　第7章は，ムスリムをヨーロッパの他者とする認識について，その背景，問題点を議論する。具体例としてドイツのトルコ人を扱っている点で，第4章の森と補い合うところがある一方で，テーマ設定は異なる。移民の他者性を取り込むところにヨーロッパを読み取る視点を論じた森に対して，石川はヨーロッパとムスリムが，ヨーロッパにおける言説において排除しあうものでありつづけている，という認識から，その問題性を指摘し，ムスリムの日常に関する事例研究の必要を訴える。この場合の日常とは，ムスリム表象や政治的イデオロギーと対置される，ムスリムの生活実践をさしている。石川にとって，表象と異なるレベルの日常を明らかにすることは，ヨーロッパの「外国人問題」への人類学からの批判でもある。第6，第7章が移民をテーマとし，ヨーロッパ内部において社会的に周縁と位置づけられる存在に焦点をあてているのに対して，第8章以下の3章は，地理的にヨーロッパの周縁にあたる地域での西欧化の問題を扱っている。

　第8章は，ルーマニアの集団改宗をとりあげ，宗教と政治のかかわりを，聖職者と一般信者の関係において歴史的にたどっていく。そこから明らかになってくるのは，ルーマニアにおいて，「西欧」が明確な他者として位置づけられていること，それを差異化する視線が宗教の対立というかたちをとって現れているということである。民族意識を保ちながら西欧を志向する聖職者が複雑なアイデンティティを構築しているのに対して，一般の人々は旧来の宗教的実践を守ることによってアイデンティティを確保している。そこに新免は，ルーマニア農村の執拗な社会構造，すなわちエリートと民衆の二極構造を読み取る。新免の調査は90年代半ばにおこなわれたのであるが，その後人々がどのように変化を経験しているのか，社会的・宗教的にどのようなアイデンティティが構築されつつあるのか，読者としては関心のあるところである。

　第9章は，国民の表象としての「ことば」をテーマとし，民族形成，国家形成の文脈における，言語運動の意味を明らかにしていこうとする。庄司は，20世紀初頭からのカレリア語文語運動をとりあげて，それを，カレリア民族意識が，隣接する国家との影響関係のなかで展開していった過程として明らかにし

19

ていく。ここでは，言語運動の不調は，言語に内在する属性に求められるのではなく，外部の，政治的・社会的文脈によって説明される。ヨーロッパの周縁に位置し，ヨーロッパ近代の言語運動に遅れて参加した失敗例として描きながら，その参照枠組みとして存在するヨーロッパの言語イデオロギー的風土を描き出そうとするものである。

第10章は，ヨーロッパ人類学を，近代ヨーロッパの知を批判する学として位置づける議論を展開する。フィンランドの比較民俗学にくわしい岩竹は，これをフィン-ウゴル主義批判としてテーマ化する。岩竹にとって，フィン-ウゴル主義とは，18-19世紀的な構築物で，進化主義，オリエンタリズム，ナショナリズム，ノスタルジーを内包している。とくに比較印欧語研究や人種概念を射程に収めて，フィン-ウゴル主義の思想と実践を検討していく議論は，領域横断的に批判的な学を標榜するヨーロッパ人類学の姿勢を，よく示している。岩竹にとって，ヨーロッパ人類学とはヨーロッパの周縁，あるいはヨーロッパのフロンティアから，ヨーロッパの知を問い直し，再構築していく立場を意味している。

第二部の最後の第11章では，ヨーロッパの外に展開するヨーロッパ文化を扱う。そこではまず，現代人類学のポストコロニアル議論が，19世紀帝国主義時代の植民地のみを対象とし，それ以前の植民地についての考察が抜け落ちていることが指摘される。黒田は，ここにポストコロニアル人類学とは別の視線をあてる。すなわち，メキシコの植民地都市，先住民社会，スペインに，共通の宗教的象徴の配置が読み取られることに注目し，植民地に移植されて生きつづけているヨーロッパ文化というテーマを設定するのである。メキシコの先住民社会に，バロックの征服文化を起源とする政治芸能が根づいているという指摘は，バロックといういびつな文化を文脈化する試みであるといってもいいだろう。人類学者の仕事と植民地とのかかわりをあらためて認識させ，ヨーロッパ人類学が貢献しうる別の可能性を示してくれる。

全体としては，本書の構成は次のようなものといえるだろう。1章から5章までは，ヨーロッパの社会的カテゴリーを再検討し，6，7章は移民を扱い，8章から10章までは，ヨーロッパの周縁からヨーロッパを逆照射してヨーロッパを問い直していく。そして11章でヨーロッパの外のヨーロッパ文化への視点について扱う。この構成が，本章の第3節にまとめた現代人類学としてのヨーロッパ人類学の問題関心と，おおよそ対応していることが理解できることと思う。読者の方には，それぞれの研究者がフィールドワークで出会った事象

と，どのように格闘しているのか，そしてそれが，ヨーロッパ人類学という問題関心とどのように交錯し，共鳴しているのか読み取っていただきたいと思う。

6 結びにかえて

ヨーロッパ人類学は，現代人類学において形を現し，これから展開していくことが期待される分野である。今後のヨーロッパ人類学を考えるうえで，要点になると考えられることを，ここで小括として3点にまとめておこう。

第一は，参与観察という方法論についてである。これは，コミュニティ・スタディと密接に結びついている。ボワセベンがいうように，参与観察の方法論を強調しすぎることは誤った結論を導くが（Boissevain 1975: 16），一方で，参与観察やコミュニティ・スタディを通して，人類学がさまざまな問題を発見してきたことは事実である。「コミュニティ・スタディを完全に葬り去ってしまうことはばかげている」（Douglass 1998: 105）のであり，フィールドワークから立ち上げてきた人類学の問題の切り取り方を，現代の問題状況にいかに生かすことができるか，今後も考えていくことはきわめて重要な課題である。

第二は，人類学と民俗学や歴史学，社会学，人口論等々の隣接科学との重なり合う関係である。ヨーロッパというフィールドにおいて，人類学は諸学との重なり合いを経験し，それらと競合し，共存していく必要がある。そこから，方法論，視角，立場をめぐって，現代人類学を再定義していく努力を継続的におこなっていく。このいとなみを通して，ヨーロッパ人類学は現代人類学に貢献することができるだろう。

第三は，現代世界のさまざまな問題群を，ヨーロッパというフィールドに再配置し，人類学の方法論から回答を提示することの意味についてである。EU，移民問題，国民国家とナショナリズムなどの現代世界の問題をめぐって，ヨーロッパとその近代をあらためて問い直していくことは，人類学が現代の学として何を貢献できるのか，その意味を問い直すことにもなる。

20世紀末から21世紀初頭にかけて，世界はひとつの時代を終えて，次の時代を迎えつつある。終わろうとしている時代はヨーロッパを起源とした近代である。この状況において，ヨーロッパ人類学は，近代を胚胎したヨーロッパという社会において，近代を解きほぐし，そのゆくえを探究していく。ヨーロッパの知を構成してきた関連諸学とのさまざまな交錯のなかから，新しい学の再編成に直接携わっていくことが，ヨーロッパ人類学のいとなみであると，私は

考える。

参考文献

會田雄次・梅棹忠夫編 1977 『ヨーロッパの社会と文化』京都大学人文科学研究所.

Arensberg, Conrad and Solon T. Kimball, 1968 (1940), *Family and Community in Ireland*. rev. ed. Cambridge: Harvard University Press.

Asad, Talal, et al., 1997, "Provocations of European Ethnology", *American Anthropologist* 99 (4): 713-730.

Blok, Anton and Jeremy Boissevain, 1984, "Anthropology in the Netherlands: Puzzles and Paradoxes", *Annual Review of Anthropology* 13: 333-344.

Boissevain, Jeremy, 1974, *Friends of Friends: Networks, Manipulators and Coalitions*. New York: St. Martin's Press.

Boissevain, Jeremy, 1975, "Introduction: Towards a Social Anthropology of Europe", in J. Boissevain and J. Friedl (eds), *Beyond the Community: Social Process in Europe*. The Hague: Department of Educational Science of the Netherlands: 9-17.

Borneman, John and Nick Fowler, 1997, "Europeanization", *Annual Review of Anthropology* 26: 487-514.

Campbell, John K., 1964, *Honour, Family and Patronage: A Study of Institutions and Moral Values in a Greek Mountain Community*. Oxford: Clarendon Press.

Carrier, James, 1992, "Occidentalism: The World Turned Upside Down", *American Ethnologist* 19 (2): 195-212.

Cole, John W. and Eric R. Wolf, 1974, *The Hidden Frontier: Ecology and Ethnicity in an Alpine Valley*. New York: Academic Press.

Cole, John W., 1977, "Anthropology Comes Part-way Home: Community Studies in Europe", *Annual Review of Anthropology* 6: 349-378.

Douglass, William A., 1998, "Restless Continent: Migration and the Configuration of Europe", in Parman (ed.), 1998: 94-106.

Dubisch, Jill, 1998, "Europe through the Back Door: Doing Anthropology in Greece", in Parman (ed.), 1998: 34-45.

Friedl, Ernestine, 1962, *Vasilika: A Village in Modern Greece*. New York: Holt, Rinehart and Winston.

Gilmore, David, 1982, "Anthropology of the Mediterranean Area", *Annual Review of Anthropology* 11: 175-205.

Gullestad, Marianne, 1989, "Small Facts and Large Issues: The Anthropology of Contemporary Scandinavian Society", *Annual Review of Anthropology* 18: 71-93.

Halpern, Joel M. and David A. Kideckel, 1983, "Anthropology in Eastern Europe", *Annual Review of Anthropology* 12: 377-402.

Herzfeld, Michael, 1987, *Anthropology through the Looking Glass: Critical Ethnography in the Margins of Europe*. Cambridge: Harvard University Press.

岩竹美加子編訳 1996 『民俗学の政治性―アメリカ民俗学100年目の省察から』未

序　ヨーロッパ人類学の可能性

来社.
川田順造編 1995『ヨーロッパの基層文化』岩波書店.
Kertzer, David I., 1998, "Representing Italy", in Parman (ed.), 1998: 70-79.
森明子 1996「ヨーロッパ」ヨーゼフ・クライナー編『日本民族学の現在』新曜社.
森明子編 2002『歴史叙述の現在—歴史学と人類学の対話』人文書院.
岡正雄 1958（1979）「民俗学と民族学」『日本民俗学大系』平凡社: 177-183（『異人その他』言叢社に再録）.
Parman, Susan (ed.), 1998, *Europe in the Anthropological Imagination*. New Jersey: Prentice Hall.
Parman, Susan, 1998, "Introduction: Europe in the Anthropological Imagination", in Parman (ed.), 1998: 1-16.
Pitt-Rivers, Julian A., 1954, *People of the Sierra*. Chicago: Aldine.（J・A・ピット＝リバーズ，野村雅一訳『シエラの人々—スペイン・アンダルシア民俗誌』弘文堂，1980）
Saunders, George R., 1984, "Contemporary Italian Cultural Anthropology", *Annual Review of Anthropology* 13: 447-466.
関本照夫 1995「日本の人類学と日本史学」朝尾直弘ほか編『岩波講座日本通史別巻1　歴史意識の現在』岩波書店: 123-147.
Wilson, Thomas M., 1998a, "Themes in the Anthropology of Ireland", in Parman (ed.), 1998: 107-117.
Wilson, Thomas M., 1998b, "An Anthropology of the European Union: From Above and Below", in Parman (ed.), 1998: 148-156.
Wolfe, Thomas C., 2000, "Cultures and Communities in the Anthropology of Eastern Europe and the Former Soviet Union", *Annual Review of Anthropology* 29: 195-216.

文献案内

① Susan Parman (ed.), *Europe in the Anthropological Imagination*. New Jersey: Prentice Hall, 1998.

　ヨーロッパ人類学を学ぶ学生のために編集されたアメリカの大学の教科書である。序章を除いて13章から構成され，各章は簡潔にまとめられていて読みやすい。ヨーロッパ人類学を問題提起的な領域として位置づけようとする積極的な姿勢が貫かれている。現代人類学の批判的理論を意識し，同時に，映像人類学，移民，旧東欧，EUなどの問題を章としてとりあげて，現代人類学としてよく配慮された構成になっている。

② 川田順造編『ヨーロッパの基層文化』岩波書店，1995年.

　1991年度から4年間，国立民族学博物館でおこなわれた共同研究会の成果報告で，ヨーロッパを人類学の対象としてとらえた共同研究として最初のものといえよう。西洋史，美術史，建築史，文献学，思想史などの分野の研究者と人類学者が，ヨーロッパの基層文化というテーマにとりくんだ。執筆者の関心は多岐にわたるが，全体としてはヨーロッパの文化史的研究という軸が現れている。

③二宮宏之編『深層のヨーロッパ』(民族の世界史9) 山川出版社, 1990年.
　ヨーロッパ社会史は, 問題の切り取り方や接近方法について, 1970年代から人類学に積極的に接近していった。フランスのアナール学派はその代表であるが, 日本の社会史家も「近代ヨーロッパ像」を相対化してとらえる研究を積み重ねてきた。本書はそのひとつで, 人類学者と社会学者をまじえて西洋史家たちが, ヨーロッパの深層をさぐる論考を寄せている。終章に収められた対談は, ヨーロッパ人類学にも多くの示唆を与える。

コラム　ドイツ民俗学から「ヨーロッパ民族学」へ
　　　　――ベルリン,フンボルト大学の試み（森　明子）

　ドイツで,ヨーロッパ民族学 Europäische Ethnologie とは,かつて民俗学 Volkskunde と呼ばれていた分野をさしている。ベルリン,フンボルト大学には,ヨーロッパ民族学講座があり,ヨーロッパ民族学研究所 Institut für Europäische Ethnologie がその母体をになう。私は 2002 年冬学期と翌年の夏学期を,この研究所の客員としてすごす機会に恵まれた。教授 3 名,若手教授 1 名,講師 2 名を擁する講座で,それに加えて,複数のプロジェクトに中堅,若手の研究者を配置し,教育と研究をおこなっている。民俗学に関する教育機関として,現在ドイツで最大で 2002 年までの 5 年間に修士 54 人,博士 17 人を世に送り出した。

　ドイツの民俗学の革新運動は「奇跡の経済」といわれた第二次世界大戦後の西ドイツで,1960-70 年代にかけて起こった。民俗学は伝統的な慣習の収集だけでなく,近代技術やマスメディアとともに生きる社会を対象にするべきである,との認識に達し,大学の講座名を変更する動きにまで展開した。この運動の中心にあったのがテュービンゲン大学である。

　やがてドイツの複数の大学で「経験文化学」,「ヨーロッパ民族学」,「文化人類学・ヨーロッパ民族学」などの名称が,「民俗学」にかわって現れた。新しい名称は,民族学・人類学と研究対象においては異なるが,方法論において接近する,という問題意識を示している。その方法論は「経験的方法」と呼ばれ,フィールドワークを中核とする。だが,このような変革を経験した民俗学も,90 年代にはまた新たな問題に直面している。

　ベルリン大学の場合,社会主義体制の崩壊を契機として,70 年代の民俗学革新運動の問題意識と,90 年代のポストモダンの問題状況を同時に経験することになった。ベルリン大学にドイツ民俗学の講座が設置されたのはナチス政権下の 1936 年で,ドイツで最も早かった（当時はフリードリッヒ＝ヴィルヘルム大学と称した）。第二次世界大戦後,東ベルリン時代の研究所は,社会主義体制のもとで民族学・民俗学の両分野をあわせた。1968 年,同研究所は民族誌と改称し,歴史セクションの下位に再配置され,20 年後に「壁」崩壊を迎えた。東西ドイツ統一によって多くの研究所は統廃合されたが,この研究所はまもなくテュービンゲン大学の「経験文化学」から教授を迎えて独立し,「ヨーロッパ民族学研究所」（1994 年）と名称をあらためて現在にいたっている。

研究所便覧は,ベルリンのヨーロッパ民族学を,次のように要約している｡「古典的な社会科学が,多くの専門分野に細分化され,後期モダンの社会現象や社会過程を経験的に分析する説明能力において限界に達したという認識に基づいて,民俗学,民族学,歴史学の横断領域として構成される」(2000年)｡注目されるのは,ヨーロッパ民族学を,民俗学としてではなく,新しい学際的な新領域として自己規定していることと,「経験的」分析がキータームになっていることである｡

　実際,現在のベルリンのヨーロッパ民族学は,民俗学を基底にしながら,社会学,カルチュラル・スタディーズ,文化人類学の諸学によって構成される｡諸学の成果は,ヨーロッパ民族学として学生に教育されるのであって,その先には,諸学の対話的関係ではなく,あたらしい学際的領域の形成が予定されている｡

　研究テーマは,都市,移民,旧社会主義を軸としていて,多様な研究を結ぶのが「経験的方法」と呼ばれるフィールドワークである｡私にとって興味深いことは,フィールドワークの成果が,つねにヨーロッパ研究の内部に還元されることである｡あるフィールドワークの成果を異なる地域の文化研究に自在に適用してきた人類学のアプローチと,この点が決定的に異なる｡

　民俗学から離陸した「ヨーロッパ民族学」の試みは,まだ始まったばかりである｡このようなヨーロッパ民族学のアプローチから,どのような新しい知見が生まれ,その教育からどのような学問分野が形成されていくのか,人類学の立場からヨーロッパ研究をおこなう者として,大いに関心をもって,そのゆくえを見ていきたい｡

参考文献

Kaschuba, Wolfgang, 1999, *Einführung in die Europäische Ethnologie.* München: C.H. Beck.

坂井洲二 1982『ドイツ民俗紀行』法政大学出版局.

第一部　公共性と社会空間

1 ユートピアのヨーロッパ
―― フランス・ジュラ地方における公共空間の構造化と社会的ヨーロッパ

三浦　敦

1　はじめに

　現在，通貨統合やシェンゲン協定などのさまざまな制度の改革を通してヨーロッパ統合が進展している。このヨーロッパ統合はさまざまな政治的・経済的側面をもっているが，また同時に新たな公共空間の創出という側面ももっている。統合によるヨーロッパという公共空間の構築は，過去200年にわたる理想社会を求める社会的実験のひとつの帰結である。それは，社会的連帯に基づく幸福の国＝ユートピアを追求した試行錯誤の実験であり，単に政治家や思想家，高級官僚たちによって立案されたばかりではなく，農民や労働者たちによるさまざまな社会運動や政治運動の複雑な絡み合いのなかで実現してきたものである。

　こうして生まれつつある公共空間は，「ヨーロッパ」という新しいナショナリズムの形成と結びつけて議論されることが多い。しかし多くのヨーロッパ連合（EU）域内の住民にとっては，「ヨーロッパ」という新たなナショナル・アイデンティティよりも，この公共空間が日々の社会生活を枠づけつつあるという事実のほうが重要である。たとえば農民にとっては，農業経営への補助金や農産物支持価格，農産物の品質保証，さらには生産制限といった，ヨーロッパ共通農業政策に基づくさまざまな施策が，それぞれの家計の生存戦略 household strategy に深くかかわってくるのである。このときヨーロッパという公共空間が，たとえばハーバーマスが期待したような権力関係を排除した対話に基づく相互了解の場（つまりコミュニケーション的合理性の場）を構成するならば（ハーバーマス 1985-87），それは理想的な市民社会構築の足がかりとなる。しかし実際にはヨーロッパの人々は，歴史的背景をもち一定の権力作用をともなう既存の社会関係のなかで日常生活を送っているのであり，ヨーロッパ統合で生まれつつある新たな公共空間も，こうした既存の日常的社会関係の

上に形成されている。

　それではヨーロッパという新たな公共空間は，どのようなかたちで人々の日常生活に基礎をもっているのだろうか。この点を考えるとき，フランス東部のジュラ地方の社会は興味深い。というのも，この地方は自主独立をめざすユートピア的社会運動が広く展開した地域であるとともに，ユートピア的社会思想の故郷のひとつでもあるからである。以下ではヨーロッパ統合のユートピア性を簡単に見たのち，ヨーロッパ統合と人々の日常の社会関係のかかわりの一端をジュラの事例を通して検討していきたい。

2　社会的ヨーロッパとヨーロッパの諸地域社会

ヨーロッパ統合と社会的ヨーロッパ

　今日のEUの諸政策の根底には「自由ヨーロッパ Europe libre」と「社会的ヨーロッパ Europe sociale」という2つの大きな考えがある。前者は市場の自由化を推し進めて域内の経済活動を刺激していこうという考えで，主としてその経済政策の上に反映されている。一方，後者は人権と市民同士の連帯を強化することで社会的公正を実現していこうという考えで，主としてその社会政策に反映されている。そしてヨーロッパ統合のユートピア性がより明確に表れているのが後者の社会的ヨーロッパという考えである。

　社会的ヨーロッパは人々の連帯に基づく国家を超えた市民社会の構築の試みであり，1980年代に「ヨーロッパ社会モデル」として提唱され，1989年のEC社会憲章によって明示された。そこでは，労働政策や社会保障政策を柱とし，ヨーロッパ委員会はその社会政策の決定において，さまざまな「社会的パートナー」（経営者，労働者，NGO）との対話が義務づけられている。この憲章はその後のさまざまな議論を経て1998年には基本権憲章へと発展し，さらに2003年のテッサロニキEU首脳会議では，この基本権憲章を組みこんだ欧州憲法の最終草案が承認された。この「ヨーロッパ社会モデル」を基礎にして作られる公共空間は，公論の場であるとともに，EU域内の人々に同じ社会的権利を保障することで，自由ヨーロッパによる市場原理の適用がもたらす「市場の失敗」を補完し，連帯に基づく共通の社会生活の条件を整えていこうとする場でもある。

　社会的ヨーロッパに見られるこの社会的連帯の思想は，19世紀以来のさまざまな社会主義や社会民主主義の運動の延長上に位置づけられるものである。

そしてこれらの運動は，ユートピア思想という長い歴史をもつヨーロッパの知的伝統と地域の人々の日常的社会関係との，歴史的交錯のなかから生まれてきたものである。この点を少しくわしく見てみよう。

社会的連帯というユートピア

ユートピア思想は，法の秩序と社会的連帯に基づく調和的で自律的な理想社会を構想する思想で，プラトンの『国家』や『法律』あるいはアトランティス思想に見られるような，地理的に遠く隔たったところにある理想社会（理想都市）を想定するギリシャ・ローマ的ユートピア思想と，時間の果てに理想社会＝神の国の実現を想定するユダヤ・キリスト教的ユートピア思想の，2つの源流がある（セルヴィエ 1972）。

この2つのユートピア思想は互いに影響し合いながらヨーロッパの政治思想の基底となって近代にいたり，19世紀にはさまざまな社会主義思想を生み出した。そしてこの近代ユートピア思想は，一方で社会主義思想を経由して近代政治制度や社会科学（特に社会学と人類学），建築・都市計画思想（ル・コルビュジエやハワードなど）の発展に貢献し，現代の諸制度を生み出す思想的基礎のひとつとなると同時に，他方で社会主義運動など労働者や農民といったさまざまな社会階層の人々が担った社会運動や社会変革を通して，社会的連帯の経験的モデルも生み出していった。

ところでヨーロッパ社会は，歴史の浅い国民国家の枠組みには収まらない，独自の長い歴史をもつさまざまな地域社会と，各地域社会や非ヨーロッパ世界との間のさまざまな人と物の往来によってつくられている，きわめて多様な社会である。そのため労働者や農民たちによるユートピア的社会運動が提示した社会的連帯のモデルにも，地域的な多様性が見られる。たとえばブリューヌは，ヨーロッパの社会的連帯のあり方が日本やソビエト，および北米のそれとは異なっているとしたうえで，さらにヨーロッパ内部でも，業界ごとや業界を越えた独占的な労働組合が発達した北欧的社会民主主義モデル（ドイツや北欧諸国に見られる），イデオロギーの異なる複数の労働組合が競合する地中海的多元主義モデル（フランスやイタリアに見られる），そして企業と組合が一体化したイギリス的コルポラティズム・モデルという，3つのモデルがあると指摘する（Brunhes 1989）。

この類型化は大雑把なものであり，実際はより多様な類型が存在している。しかしここで重要なことは，それぞれの地域の社会的連帯のモデルが各地域の

多様な社会的・歴史的特性と結びついているという点である。その意味で社会的ヨーロッパとはこれらのさまざまな社会的連帯のモデルをひとつにまとめようという試みである。それでは，社会的連帯と地域の社会的・歴史的特性はどのように関係しているのだろうか。ジュラ地方の例で検討してみよう。

3　ジュラにおける社会的連帯—チーズ組合

ジュラ社会とユートピア的運動

　ジュラ地方は，フランスとスイスの国境に走るジュラ山脈の西側斜面に当たる地域である。西端は標高約200mのソーヌ川の河岸平野に接しているが，国境付近には1200mを超える稜線が走っている。行政的にはジュラ地方は，4県からなるフランシュ＝コンテ地方（首都はブザンソン）の東半分に当たり，ジュラ県とドゥー県にまたがっている。ジュラ地方の大半は農地と森林によって占められ，そこに人口が200人に満たない小さな村落が数多く点在している。産業は，西部の平野部では酪農と若干の畑作，および商工業が発達し，標高の高い稜線付近では観光と精密機械工業が大きな比重を占めているが，標高500-900mの地域はもっぱら酪農が中心となっている。

　この地域のユートピア的特徴はまず中世末期に見い出される。13世紀には稜線に近い地域で森林を開墾した農民たちが，生活のために連帯して自律的なチーズ組合を結成したほか，時の支配者がこの地方を免税地域としたのである。実際の中世末期のジュラ農村社会は，必ずしもユートピア思想の影響があったわけでも理想社会でもなかったが，協同組合やアソシエーションを通した社会的連帯と外部権力を排除した自主独立の追求という，今日のジュラのユートピア的社会運動の理想の端緒はすでにこの時期に見い出されるのである。

　やがて，建築家ルドゥーがこの地方のアルケスナン村に，王立製塩都市という理想都市の建設（未完成に終わる）を試みた18世紀には，チーズ組合はこの地方全域に普及しはじめ，19世紀前半にはチーズ組合はこの地方の農村社会全体の基本的な特徴となった。この時期はまた，協同組合を基礎とした調和的社会を構想したフーリエや，人々の連合に基づく無政府主義を唱えたプルードンといった，ブザンソン生まれの社会主義思想家が活躍した時期でもある（ただしカトリックの根強いこの地方ではあまり賛同者は得られなかった）。

　19世紀後半からはチーズ組合の組織に倣ったさまざまな農民組織が結成され，またジュラ地方南部の工業都市サン＝クロードでは協同組合や労働組合が

31

町を支配するようになった。今日でもチーズ組合はフランシュ=コンテ地方全域に分布しジュラ農業の要となっているほか、1970年代にはリップ争議という、資本に対する労働者の自主独立をめざす工場自主管理運動が起きるなど、ユートピアへの志向は決して衰えてはいない。

とはいえ興味深いことに、ジュラの人々は必ずしもユートピア的な社会的連帯を日々志向しているわけではない。むしろ逆に、ほかの地方からジュラにやってきた人たちは口をそろえて、「ジュラの人は自分のことばかり主張する利己主義者だ」と言っているのである。この指摘は政治地理学的な研究からも裏づけられる。ジュラでは相続は均分相続であり、世帯形態は核家族を主とし、農業経営もそれぞれの家族を単位として行われているが（ただし、現在では国の政策もあり、兄弟で共同経営を行う例が少なくない）、トッドによればジュラを含むこのようなフランスの均分相続地域（おもにフランス北西部）では、政治的にはもっぱら個人主義的態度が見られるのである（Todd 1981）。それではどうしてこうした利己的な一面を見せる人々が、協同組合を設立し社会的連帯を求めるのだろうか。

チーズ組合と社会

ジュラ社会の最も特徴的な組織であり、ジュラの人々のユートピア的志向を最もよく示すのが、チーズ組合である。そこで、社会的連帯への志向と人々の利己的態度の関係を検討するために、チーズ組合についてもう少しくわしく見てみよう。

ジュラ農業は今日では酪農に特化しているが、19世紀半ばまでは標高800m以下の地域は穀種栽培が中心だった。しかしより標高が高く気温の低い地域ではもともと酪農が中心で、13世紀にチーズ組合が生まれたのもその地域だった。そこでは農民たちは腐りやすい牛乳を長い冬の間保存するために、大きなハードタイプのチーズを作る必要があった。当時このチーズは1個約20kgあり（このチーズは今日コンテと呼ばれ、1個約45kgある）、製造には約10倍の量の牛乳を必要とした。そこで農民たちはチーズ作りに必要な量の牛乳を集めるために各農家で生産した牛乳を持ち寄り、そして共同で雇ったチーズ職人にチーズを作らせ、生産されたチーズを牛乳の供出量に応じて各農家に分配する、チーズ組合を作ったのである。やがて18世紀半ばに貨幣経済が浸透しはじめると、ジュラの農民の間で現金収入の必要が生まれ、長期保存ができ長距離輸送に向くジュラのチーズは現金収入源として注目された。こうして標高の

1　ユートピアのヨーロッパ

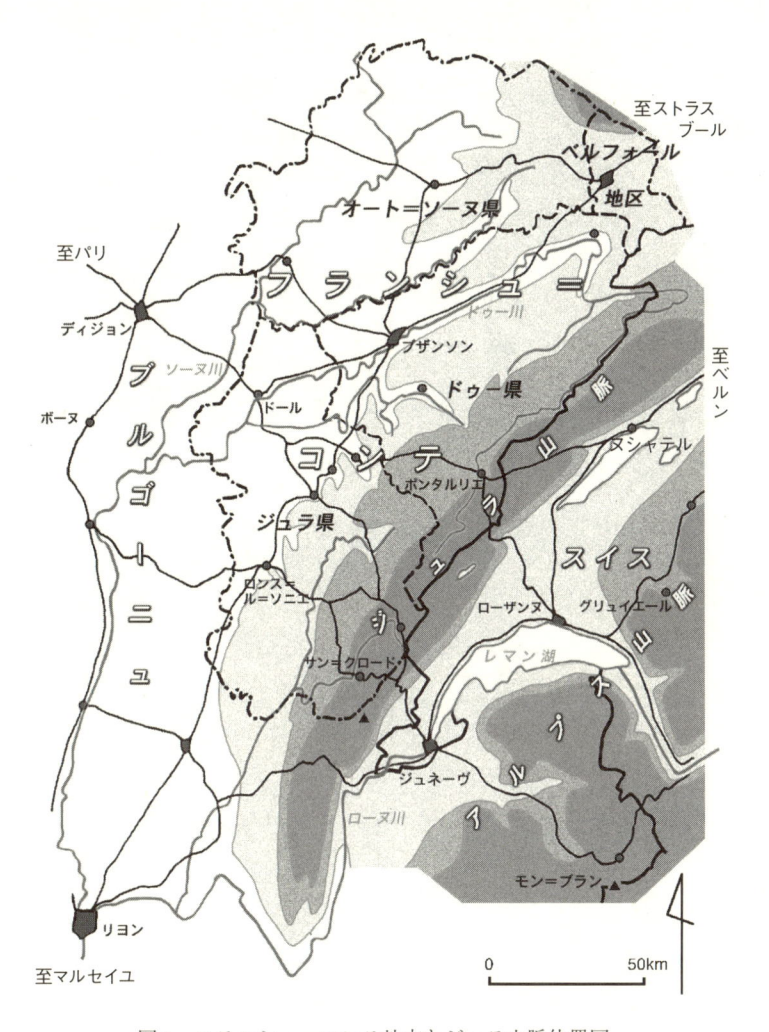

図1　フランシュ＝コンテ地方とジュラ山脈位置図

低い地域でも，チーズ組合が次々と結成されて穀種栽培から酪農への転換が始まった。フーリエやその弟子たちはこうして普及した19世紀のチーズ組合に，公正と幸福を実現する来るべき理想社会の萌芽を見い出している。

　しかし19世紀のチーズ組合は村を単位としていたため，村の社会構造はそのまま組合内部にも反映されていた。村には少数の富裕な大農家と数多くの零細な自小作農がいたが，チーズ組合の運営は大農家に有利に零細農家に不利に

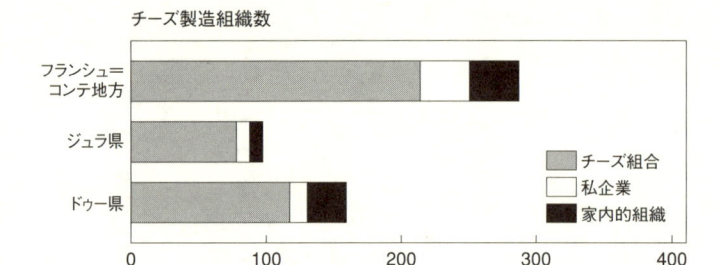

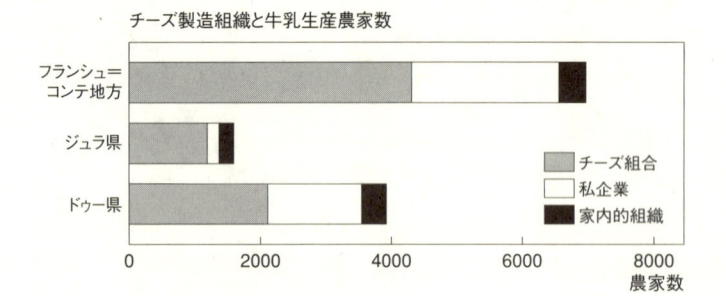

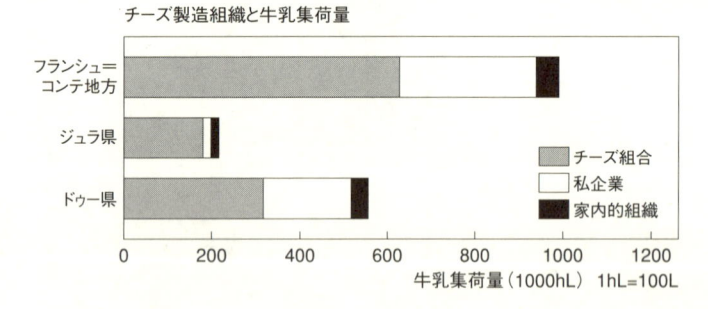

図2　フランシュ＝コンテ地方，ジュラ県，ドゥー県のチーズ組合
（出典）Ministère de l'Agriculture et de la Pêche, 1993

行われ，そのため零細な小作農たちはしばしば離農を余儀なくされ，都市に流れて労働者となっていった（彼らの一部は国境を超えてジュラ山脈のスイス側地域にわたって時計職人となり，その地で展開した無政府主義運動を支えていくことになる）。その意味で，フーリエ主義者たちが見い出した理想社会の原型としてのチーズ組合は，現実とはかけ離れた美化されたものではあった。

しかしながら協同組合の不公正な運営を是正しようとする試みは，知識人の働きかけや小農民たちの働きかけ（チーズ組合でチーズを作るためには大農も

小農に頼らざるをえなかった)で、19世紀後半から徐々に強化されていった。その結果、民主的な意思決定と各農家の生産に応じた現金による利益分配という原則が、現実にも確立されて公正な運営が実現し、さらにはチーズ組合の組織を基礎に、あるいはそれをモデルに、信用組合や農民労働組合などさまざまなアソシエーションが結成され、近代ジュラ社会の政治的・経済的動態を担っていくことになる。また、19世紀後半の農業危機によって大地主は土地を手放したため、組合内部の格差は解消されて組合の運営も容易となった。20世紀には農業人口の減少とともにチーズ組合の統廃合も進んでいくが、それでもチーズ組合はジュラ農業の中心を担う組織であり続けている(図2参照)。

　この中世に生まれた組織が、現代の資本主義社会でも個人主義的なジュラの人々によって維持されているのはどうしてだろうか。ひとつは明らかにその経済的利益による。チーズの協同生産は生産コストを下げ、農民たちは流通業者に対して個別に対応するよりも価格交渉力を得ることができる。そして、チーズが高く売れればそれだけ個々の農民たちも多くの経済的利益を手にすることができる。しかしそれだけではチーズ組合の意義は説明できない。というのも、より有利な条件で農民たちと取引するチーズ製造業者が現れても、農民たちはしばしばチーズ組合に留まることを望むからである。この傾向は特にジュラ県で顕著に見られる。こうした農民たちの態度は、経済的利益よりも彼らの日常生活の社会秩序に由来するものである。それでは彼らの社会生活の秩序はどのように協同組合を支え、協同組合を通じたジュラ社会の動態を生み出しているのだろうか。

4　日常の社会秩序と社会的連帯

紛争の過程

　日常生活を支える社会秩序はさまざまな日常の行為を通して維持され再生産される。このような秩序の再生産過程はさまざまな場面で観察されるが、特に紛争状況では各人が自らの正当性や相手の落ち度を、あるべき秩序との対比によって主張しようとするため、紛争は社会秩序の再生産の検討には適切な対象となる。そこで、ジュラ山脈の中腹にあるF村でのチーズ組合解散をめぐる紛争を例に、ジュラの社会秩序を検討してみよう。

　この村には、人口がまだ200人以上あった19世紀初頭に設立されたチーズ組合があったのだが、人口が80人を切った1988年には廃止されることになっ

た。当時村にあった8つの農業経営体はすべて酪農を行い牛乳を村のチーズ組合に持ち寄っていたが、その頃チーズ組合は数年続いた経済的な困難に直面していた（ただし統計的には規模の大きなチーズ組合に効率の悪いところが多く、小さいチーズ組合が経営的に劣るというわけでは必ずしもない）。そしてチーズ組合の廃止の直接のきっかけとなったのが、村人の間に生まれた紛争であった（以下の人物名はすべて仮名である）。

　紛争は、村で父や兄と共同で農業経営を行い生産量も大きいフランソワが、チーズ職人ともめ事を起こしたことに始まる。ある朝、彼は家庭の都合でいつもより少し遅れてチーズ組合に牛乳を持って行ったのだが、チーズ職人は仕事の手順を狂わされたと彼に殴りかかったのである。喧嘩はすぐに収まったが、フランソワとその家族は組合長のジャックにチーズ職人の謝罪を要求した。しかしジャックはフランソワのほうが悪いと取り合わず、納得しなかったフランソワとその父や兄は裁判所に訴えた。結果としてフランソワの正当性は認められ争いは終息したが、この出来事により組合の協同の雰囲気は失われてしまった。

　フランソワはいつも自分の利益ばかり主張しているという評判をもつ人物で、村の人はそのような性格を彼の家系に数世代にわたって見られるものと見なしていた。フランソワは、こうした評判は生産量の多い彼の農業経営に対するみんなの嫉妬だと反論するが、村人から見れば裁判に訴えるという彼のやり方は村人を馬鹿にしたものだった。

　経済的困難の上に協同の雰囲気も失われてチーズ組合の維持は難しいものにみえたのだが、任期の切れたジャックに代わって組合長になったミシェルは、協同組合こそ最も望ましいと考える理想主義者だったため、組合解散を回避しようとした。しかし紛争以来チーズ組合の運営に不満をもつフランソワは、彼の知り合いの農民のピエールがたまたまその時期に別の村で新しいチーズ組合を作ろうとしていたのを知り、父や兄とともにF村のチーズ組合を辞めてそちらのチーズ組合に参加することに決めてしまった。ピエールは別の村で村長を務めている人で、切れ者として知られた人物だった。こうして比較的生産量の大きいフランソワとその家族が辞めてしまったため、F村のチーズ組合は経営的に回復する見通しがまったくなくなり、解散を余儀なくされることになった。そして村の農民たちは各々、自分たちが最もよいと考える別の村のチーズ組合に、新たに牛乳を出荷することになったのである。

1 ユートピアのヨーロッパ

写真1 ジュラ地方の村（フランス，モラン村，1993年）

写真2 ジュラ地方のチーズ組合（フランス，ピカロ村，1991年）

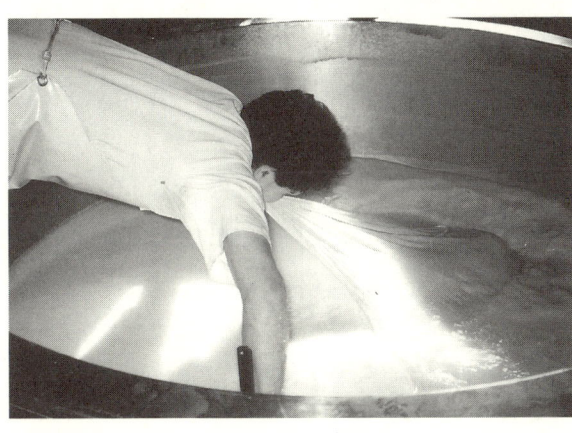

写真3 チーズ組合でのチーズの製造（同上）

社会的行為の秩序

　F村のチーズ組合の解散をめぐる紛争過程には，チーズ組合を基礎づける社会的連帯は個人に利益をもたらす限りで維持され，また行政や司法をはじめとする外的権威は拒否されるというジュラ社会の特徴を見ることができる。それぞれについて見てみよう。

　ジュラの人々は社会的連帯よりも個人の利益を優先して強く自己を主張する。とはいえここではこの「個人」に注意が必要である。フランソワの行動に見られるように，個人の行動には家族の行動がともなう。ここでいう家族はまず生活を共にする世帯＝核家族と両親や兄弟であり，頻繁に行き来をする祖父母やイトコなどの近親がそこに加わる。個人とその家族の行動が一致するのは，農業経営など個人の行動にかかわる意思決定が，ともに仕事や食事をしたり頻繁に行き来をする家族のなかで行われるためである。このとき家族の人間関係が意思決定の前提となるので，家族との社会生活の維持は意思決定の第一の目的となる。さらにこの家族関係の延長には友人関係があり，頻繁な日常的交渉のなかで友人同士も生活上の意見や考えを共有していく。こうして個人の主体性は家族や友人との関係のなかで決まり（フランソワの性格が家族に由来するとされるのもそのためである），家族関係や友人関係が彼らの社会的連帯の基盤となる。

　こうしてみると利己的な個人主義とアソシエーションを通じた社会的連帯は，実は連続したものであることがわかる。ジュラでは個人は日常生活を共有する家族や友人のなかで決まる存在なのであり，個人の利益と社会的連帯が対立し社会関係に亀裂が入る危険が高くなるのは，相続争いのようなものを除けば親しさの度合いが低い者同士でのことなのである。ここには，よくいわれる「西洋的個人」（自己の利益に基づいて合理的な判断をする個的な個人）なるもの（デュモン 1993）は存在しない（喜安 1994）。

嫉妬の権力作用

　親族関係や友人関係を重視することは，自律（自主独立）を志向し外的権威を拒否することと表裏の関係にある。現代社会の正当な紛争解決手段である裁判を村人が自分たちを馬鹿にするものと考えるのは，法制度を支える国家が村人の日常生活からは独立しその自律性を脅かす外的権威だからである。この自律への志向は，各個人の農業経営や家族生活の自律の追求としてまず現れる。そしてこの自主独立を堅持していくことのできる人物は高い評価を得，反対に

自主独立を維持できない人物は評判を落としていく。このとき，もし自主独立を維持できないと見なされるような人物がいざこざを起こしたならば，彼のその行動は，フランソワの主張に見られるようにほかの人に対する嫉妬によるものと見なされる。

嫉妬は自主独立に向けた自信の欠如の現れと解釈されるため，日々の生活においては周囲の人の嫉妬を買わないように，そして人から嫉妬していると思われないように行動することが重要となる（ここでは本当に嫉妬しているかどうかではなく，周囲から嫉妬していると見なされるかどうかが問題となる）。そのためにはつねに周囲の人と親しく接することが重要になる。ここには，人々を自律と連帯に突き動かす「嫉妬」の権力作用が見て取れる。

そしてもし，過度の自己主張などにより人間関係に亀裂が入って嫉妬という言葉による非難合戦が始まると，紛争はエスカレートして社会的連帯の基盤は失われ，F村の事例に見られたように修復はほぼ不可能になる。F村のある農民は言う。「協同組合方式は一番いいやり方だ，互いに仲良くやれたらのはなしだけどね」。

アソシエーションによる公共空間の構造化

以上のようなジュラ社会の特徴は，ジュラのほかの紛争や通常の日常生活においても頻繁に見られる。そして実は，こうした日常的社会行為を円滑に進める一方で，個々人の自律性を維持する装置として機能しているのが，協同組合なのである。つまり，協同組合は民主的意思決定と各メンバーの生産に応じた利益分配に基づく協同生産によって，それぞれの人や家族の経済的および社会的な自主独立を保障しつつ，嫉妬によるいざこざを回避するのである（もちろんF村の例が示すようにその役割にも限界はあるが）。そして，ジュラの農民たちがチーズ製造業者に牛乳を売るよりもチーズ組合に参加するほうを好むのも，チーズ組合が各農家に経済的利益をもたらすとともにその自律性を保障するからである。

同様に，類似したさまざまなアソシエーションがジュラにおいて発達したのは，それらの組織が個人の利益と自律性を社会的連帯を通じて保障するからである。そしてこれらのアソシエーションは原則的には誰にでも開かれた公共的組織であるため，全体として各成員の経済的・社会的生活の改善に貢献する独自の公共空間を創り上げる。こうしてジュラの人々の日常生活の社会秩序は，さまざまなアソシエーションの形成を通じてジュラ社会の公共空間を構造化す

る。そしてさらに意見の形成が日常の社会関係を前提になされるため，家族や友人関係の重視や「嫉妬」による人物評価は，公共空間において形成される意見の方向性を左右する。

このようなジュラの人々の社会関係の特徴は，ジュラ社会のもうひとつの特徴である地域主義の欠如という事実（Leresche 1991）も説明する。ヨーロッパの各地においていまやさまざまな地域主義が台頭しているが，ジュラではまったくそうしたものは見られず，相手にもされない。ジュラの人々にとって家族や友人関係をはるかに超えた地域という「想像の共同体」も，国家（さらには統合ヨーロッパ）と同様に自分たちの生活の自律性を脅かしかねない外的権威なのである。

このようにジュラの人々の公共空間での社会的連帯は，家族や友人関係という私的領域に根ざす日常的社会関係によって構造化されており，そこで形成される公論も社会関係を基礎づける自主独立や嫉妬といった言葉を通じて形成されている。その意味でジュラの公共空間は，ハーバーマスのいう理性の解放の場というよりは権力作用の場といえるが（ハーバーマス 1973），それでも社会に向けた人々の公論と行動を生み出す場なのである。こうしたジュラの人々の社会関係の特質は，アソシエーションに基づく社会を理想としたフーリエやプルードンの社会関係の理解に通じるものである。ジュラ社会に生まれ育った彼らは，ジュラ的な社会関係の理解をひとつの基礎に独自の社会理論を創り上げたのである。

5　ヨーロッパという公共空間と地域社会

社会的ヨーロッパを支える社会的連帯の思想は，ヨーロッパの人々の地域社会における数百年以上に及ぶ複雑な歴史から生まれたものである。ジュラの場合その経験とは，農民たちによる協同組合やアソシエーションを核とした公共空間の構造化による，公正と自律の追求であった。そしてジュラ出身の社会主義思想家たちは，その経験に刺激を受けながら古代から続くユートピア思想の伝統のなかで，独特の社会理論を生み出した。やがて彼らのアソシエーションの社会理論は，社会的ヨーロッパを支える理論の基礎のひとつとなっていく。たとえば1950-70年代にフランシュ＝コンテ地方を地盤に国会議員や閣僚として活躍し，ヨーロッパ統合とともに地方分権化に大きく貢献したエドガール・フォールは，ジュラのユートピア的社会理論の現代における重要性を主張

した1人だった。

　同様に，ヨーロッパのほかの地域に見られる社会的連帯のあり方もまた，それぞれの地域社会の現実に根ざした独自性をもつ。たとえば，北欧的社会民主主義モデルのひとつの典型であるスウェーデンの場合，その社会民主主義の起源のひとつは19世紀の国民運動といわれる独特の社会運動にあるが，この運動は，個人の独立性を維持しようとする傍ら，各人の間の共通の社会的特性や志向を強調することを通じて社会関係を構築し，自己主張の回避を重視する，スウェーデン社会での私的領域の独自の社会関係と人格のあり方を基礎にしている（Daun 1991; Stromberg 1991）。そしてこの独自の特徴ゆえに，スウェーデンの社会民主主義が創り出す公共空間での社会的連帯は，無教会主義運動との融合や国家規模での展開という，ジュラとは異なる歴史をたどってきた。

　このように，各地域社会は独自の社会的連帯のモデルをもっている。そのため社会的ヨーロッパが構築しようとしている新たな公共空間の構造も，その社会的連帯の理論が背景とする地域社会の私的領域の多様な構造を反映する。このことは単一のヨーロッパ的社会的連帯のモデルの構築が困難であることを示している。

　とはいえ，社会的ヨーロッパという新たな公共空間の形成は，18世紀以来の一連のさまざまな社会的連帯を求めたユートピア的社会変革のひとつの集大成である。その過程は決して順調のものではなく，数々のクーデター，革命，さらにはナチスをはじめとする人種差別と虐殺，そしてさまざまなかたちで負の遺産を残した帝国主義的植民地支配など，数多くの失敗と悲劇がその間に繰り返されてきた。そしてその試行錯誤のなかで，単に人々が公論の形成に参加するだけでなく，さまざまな人の公論への参加を可能にするような条件の整備がなされてきた。こうして生まれた現在のEUの社会政策は，単一の政策や社会モデルを全加盟国に一律に適用するのではなく，各国の社会政策の歴史的独自性を認めつつ，それらの政策を互いに調整しながら，欧州の共通のヨーロッパ社会モデルをめざすものとされている（Commission of the European Communities 2000）。ここでは，地域的多様性を維持したままどのようにヨーロッパ・レベルで社会的連帯を実現していくかが課題となっている。

　しかしここで最後に，こうして長い困難の末に実現しつつある新たな公共空間が，はたして人々の求めるものであったのかを，もう一度問い直す必要がある。古来，ユートピアは調和と幸福の自律的社会として描かれてきた。そしてジュラの人々も独特のかたちの自律的な理想社会を追求してきた。しかしひと

つの理想の実現としての統合ヨーロッパでは，実質的な意思決定権はブリュッセルのエリート官僚集団に握られてしまっている。確かに地方分権化が唱えられ，権力は地方や県レベルに委譲されつつある。しかし地方での権力の再編は，ジュラでは地方政治家の台頭とともに，行政サービスや学校，消防団などの統廃合を通じた末端の農村からの自律性の排除をもたらしている。

　こうして制度的外観とは裏腹に，実質的には農民をはじめ一般の市民は公共空間から排除されていく。農民たちは，農産物市場における価格の低迷と，生産制限のような共通農業政策によるさまざまな規制のなかで，身動きがとれないと不満をつのらせ時には直接行動に打って出る。しかも社会的連帯の必要が強調される一方で，ヨーロッパ各地で民族的・宗教的対立や移民に対する差別は絶えることはない。地域社会レベルでの社会的連帯はヨーロッパ・レベルでの社会的連帯に帰結せず，ユートピアを実現しようとヨーロッパ・レベルで社会的連帯を強調すればするほど，政策は一般の人々の手から離れてしまい，公共性は名ばかりのものとなってしまうのである。

　公共空間が私的領域の構造を反映している以上，ヨーロッパの人々にとってこのような公共性の変質はひとつの歴史のアイロニーということができる。それは，理性の解放が抑圧を生み出すという「啓蒙の弁証法」とはまた別のアイロニーである。このユートピア的社会運動のアイロニーのゆくえは，いったいどのようなものになるのだろうか。

参考文献

Brunhes, Bernard, 1989, "Trois modèles de culture sociale", *Projet* 217: 9-15.
Daun, Åke, 1991, "Individualism and Collectivity among the Swedes", *Ethnos* 56: 165-172.
デュモン，ルイ，渡辺公三・浅野房一訳 1993『個人主義論考―近代イデオロギーについての人類学的展望』言叢社.
Commission of the European Communities, 2000, *Social Policy Agenda,* COM（2000）379 final.
ハーバーマス，ユルゲン，細谷貞雄訳 1973『公共性の構造転換』未来社.
ハーバーマス，ユルゲン，河上倫逸ほか訳 1985-87『コミュニケイション的行為の理論』上・中・下，未来社.
喜安朗 1994『近代フランス民衆の〈個と共同性〉』平凡社.
Leresche, Jean-Philippe, 1991, *La Franche-Comté réinventée: La décentralisation en pratique (1982-1986).* Berne: Peter Lang（Publications Universitaires Européennes）.
Ministère de l'Agriculture et de la Pêche, 1993, *Les chiffres du lait 1992, Franche-Comté, l'année laitière* (numéro spécial, *Agresta: la statistique agricole-Franche-Comté*). Besançon.

セルヴィエ，ジャン，朝倉剛・篠田浩一郎訳 1972『ユートピアの歴史』筑摩書房.
Stromberg, Peter G., 1991, "Cooperative Individualism in Swedish Society", *Ethnos* 56: 153-164.
Todd, Emmanuel, 1981, *L'invention de la France*. Paris: Librairie Générale Française.

文献案内

①J・セルヴィエ『ユートピアの歴史』朝倉剛・篠田浩一郎訳，筑摩書房，1972年.
　社会主義思想，社会科学，都市計画思想，ドキュメンタリー理論，植民地理論など，近代ヨーロッパのさまざまな思想や理論に，古代から受け継がれてきたユートピア思想は大きな影響を与えており，したがって今日のヨーロッパ，さらには世界のさまざまな社会制度もユートピア思想の刻印を深く残している．本書はそうしたヨーロッパ思想史の根底にあるユートピア思想の流れを，わかりやすく説明したものである．

②E・トッド『新ヨーロッパ大全』1・2，石崎晴己ほか訳，藤原書店，1992-93年.
　ひとつのヨーロッパがあるわけではなく複数の多様なヨーロッパが存在するという認識は，いまやヨーロッパ研究者には自明な事実である．本書はそうしたヨーロッパに見られるさまざまな領域での社会的文化的多様性を，文化地理的な分析を通して体系的に示してくれる．資料的問題からEU域内が中心となっている点が難点だが，それでもヨーロッパ社会の多様性の全体的見取り図を得るには十分である．

③M・ブロック『フランス農村史の基本性格』河野健二・飯沼二郎訳，創文社，1959年.
　現在のヨーロッパ研究はアナール学派を抜きには語れないが，マルク・ブロックはそのおおもとの雑誌『アナール』の創始者のひとりである．本書は，国家史とは異なる社会史という視点から，中世から近世にかけてのフランスの農業と農村社会の歴史を検討した彼の代表作で，フランス農村社会研究のみならず，ヨーロッパ各地の農村社会研究，さらにはヨーロッパ文化の社会的背景の考察の上でも欠かせない，最も基本的な文献のひとつである．

コラム　ヨーロッパ農業のゆくえ
　　　——もうひとつの経済システムの可能性（三浦　敦）

　「三浦さん，いまのフランスの農業の姿は10年後の日本の農業の姿だからね，よく見ておけよ」。フランスで出会った日本の農業大学校で教える高橋さんは，私にこう言った。西ヨーロッパの農業大国フランスは，EUの共通農業政策（CAP）やWTOでのヨーロッパとアメリカの交渉のなかで重要な役割を果たしている。そしてそのフランス農業の中心を担ってその対外政策を左右しているのは，大規模経営を行うアメリカ的な農家ではなく，家族経営を行う中小規模の農家である。高橋さんはその中小農家の可能性を見ていたのだ。

　従来，中小農家は経済的には遅れた経営形態と見なされ，ヨーロッパ各国の政府も農家の規模拡大政策を推進してきたが，にもかかわらず中小農家はヨーロッパで存続しつづけた。この存続はしばしば農民の保守的で非合理な態度ゆえとされてきたが，20世紀末になって，中小農家は取引費用を低下させ生態系にも適合的な，独自の合理性をもつ農業経営形態として見直されはじめた（セルヴォラン1992）。1992年のCAP改革にもそうした流れの変化の一端が表れていた（フェネル1999）。利潤と効率性の追求という経済合理性に支えられた，アメリカ的大規模農業経営が環境的に破綻しつつある今日，このような中小農家独自の合理性の解明は重要な課題となっている。そして人類学がさまざまな行為様式の社会における機能と変化を検討するものであれば（Netting 1993），この問題は非純粋性原理を提示する経済学とともに，人類学の中心課題のひとつでもある。

　現実の中小農民は伝統や社会的規制の奴隷ではなく，最新技術を駆使してグローバル化する市場経済のなかで戦略的に経営を展開している。そこで，なぜ，そしてどのようにして，中小農民は市場経済のなかで家族経営という形態を経済的に維持しているのかが問題となる（Barlett 1980）。これは「日常における抵抗」というような単純なことではなく，多様な要素が関わる高度な理論的解明が求められる問題である。

　従来，人類学では世界各地のこうした中小農家経営の論理は，土地所有や家族関係などに規定された小商品生産システムという枠組みで議論されてきた。そして1980年代からは，それに加えて，一定の社会関係と価値生産システムのなかでの農民の意思決定が注目されるようになった。こうして小商品生産の問題は各世帯の家計戦略（household strategy）の問題として，個々

の農民（および各世帯構成員）の意思決定がどのように社会システムにより規定され，そしてその社会システムをどのように経済的に再生産するのかが議論されるようになった（Clay and Schwarzweller 1991）。ここでは，市場経済というシステムと各農家の意思決定の相互作用が，どのようにして中小農家経営を可能にしているのかが問題となる。

　ヨーロッパ研究の分野では，従来はマルクス主義経済学者がこうした問題を議論してきたが，社会システムや意思決定が重視されるようになるとともに，人類学者も議論に加わりはじめた（Netting 1981）。こうした研究は従来の農業近代化論に修正を迫り，大規模経営化とは異なる別の農業の近代化のあり方，さらには持続可能な農業開発の可能性の解明に寄与する。これは日本や途上国の農業にとっても重要な課題であり，さらには農業を含めた新たな経済システムの検討につながるものである（アレール，ボワイエ 1997）。

　「僕はね，ますます，農業は21世紀型産業だと確信しているんだよね」。高橋さんは言う。ヨーロッパの中小農家の検討は，独自の合理性による新たな経済システムの可能性の解明につながる。そして人類学もその解明に貢献することが期待されているのである。

参考文献

アレール，G., ボワイエ，R. 編著，津守英夫ほか訳 1997『市場原理を超える農業の大転換』農山漁村文化協会．
Barlett, P. (ed.), 1980, *Agricultural Decision Making.* New York: Academic Press.
セルヴォラン，C., 是永東彦訳 1992『現代フランス農業』農山漁村文化協会．
Clay, D. and H. Schwarzweller (eds.), 1991, *Household Strategy* (*Research in Rural Sociology and Development,* vol. 5). Greenwich, Conn.: JAI Press.
フェネル，R., 荏開津典生監訳 1999『EU共通農業政策の歴史と展望』農山漁村文化協会．
Netting, R. McC., 1981, *Balancing on an Alp.* Cambridge : Cambridge University Press.
Netting, R. McC., 1993, *Smallholders, Householders.* Stanford : Stanford University Press.

2 イタリアの名誉と男と性

宇田川妙子

1 ある風景

事例1

1986年，筆者がイタリアのローマ近郊の某町（以下，R町という仮称）でフィールドワークをしていた最中の出来事。当時つきあいのあった男性とドライブに出かけた帰り道で，彼は突然，半分冗談めかして，こんなことを言いだした。

「おれ，おまえの兄弟に殺されるかもしれないな。ハラキリとかね」

彼の言いたかったことは，もちろん私たち2人の関係についてなのだが，私には，そこになぜ私の兄弟が関係してくるのか，一瞬わからなかった。

「えっ，兄弟に？ 父親に，じゃなくて？」

「おまえ，兄弟がいると言ってたじゃないか」

「うん。でもそういうことじゃなくて……」

「おまえの兄弟が，姉妹であるおまえに，なんにも言わないなんてことあるか？」

「いや，言わない。いままでだって一度も言ったことはない」

すると今度は，彼のほうが私の言っていることにとまどいを隠せなくなってしまった。

事例2

1999年2月22日，ナポリで23歳の青年Aが，彼の幼友達Bによって射殺されるという事件が起きた。新聞の報道によると原因は，Aが，Bの妹でもある恋人との婚約を破棄したことにあった。

AはBとの友人関係が縁で，彼の妹と婚約し，スポーツクラブのインストラクターの職も得て順調に過ごしていた。しかし98年に交通事故に遭い，足に

障害が残ってしまったため、彼は新たな生活を模索しようと、その後北イタリアに移住した。その過程で婚約者ともうまくいかなくなり、婚約を破棄したものの、婚約者の兄であるBは納得できなかった。そしてナポリに休暇で戻ってきたAに、Bは婚約破棄を考え直すように説得したが、聞き入れられず、Aを殺す決心をして実行したのである。

この事件を報じた新聞の見出しには「妹と結婚しない友人を殺す──ナポリの名誉の犯罪」（レプッブリカ紙）、「カモッラ[1]ではなく、名誉の犯罪」（メッサッジェーロ紙）など、「名誉の犯罪」という文字が躍っていた。

議論の所在

以上の2例は、イタリア社会における性観念の一端を示すものである。イタリアはしばしば、非常に男尊女卑的で、明確な男女分業に基づいた家父長的な性規範をもっている社会であるといわれる。また、特に性的な関係に関しては、男性の性行動が是認・称揚される一方、女性は貞節でなければならないとする二重規範的な考え方も根強い。これまでのイタリア研究でも、こうした性のあり方は主要なテーマのひとつだった。そしてなかでも高い関心を呼んできたのが、「名誉」（オノーレ onore）という概念である。本章は、この名誉に代表される彼らの性規範が、実は彼らの性行動すべてを規定しているものではなく、非常に限定されたある文脈、すなわち、男たちの社会関係の次元で作用する規範であることを明らかにしていこうとするものである。

さて名誉の概念とは、端的にいってしまえば、男性が自分の名誉を自分の妻・母・姉妹などの貞節や処女性に直結するものと見なしているため、それが侵犯された場合は、自らの名誉回復のために復讐しなければならないとする考え方である。ゆえにそれは、彼らの極端なまでの男性中心主義的な性規範を説明する原理であるともいえるだろう。上記の2例も、まさにこうした規範の応用例であった。

確かにこの性規範は、彼らの生活を、少なくともつい最近までは強く支配してきたものである。そこには、処女性を重視し性に対して厳格な規律を有するカトリック教の影響があると見なす研究者も多い。筆者もそうした実態のすべてを否定するつもりはない。しかし、この規範がはたして彼らの性行動をすべて支配しているのか、という問題になると、話が別である。たとえばイタリア社会では、この規範の存在にもかかわらず、いわゆる姦通など、彼らの名誉に抵触するような事件は以前から数多く起こっている。また、すべての不貞や婚

前の処女喪失が問題とされるわけではなく、実は多くの抜け道があるということもすでに知られてきた。つまり、彼らの男性中心主義的な性規範は、時には死にいたるほどの制裁につながるため、一見きわめて厳格にみえるが、絶対的なものではないのである。

そもそも性に関する規範は、どんな社会にあっても決してひとつではないと考えられる。互いに矛盾するような複数の規範が、時に競合し、あるいは棲み分けをしながら共存している。このことは、男性優位の社会においても女性はまったくの無力ではないことを示した近年のジェンダー研究の成果から明らかになってきたものである。実際、きわめて家父長的な性格をもつとされるイタリア社会においても、女性の力が非常に強いことはすでにしばしば報告されている[2]。

とはいえ、こうした議論は、これまでの研究では男性中心的な性規範以外の規範や基準を探し出すことによってなされており、その一方で、支配的な性規範そのものに対する考察は放置されてきた。しかし、支配的な性規範に関しても、あらためて性規範の多層性・文脈性という見解に照らして見るならば、議論すべき点は数多く残されている。つまり、支配的な性規範とはいえ、それが機能する文脈はどこなのか、また、その文脈が支配的な性規範と密接な関係にあるということは、いったい何を意味するのか、等々の問いである。

男性社会という問題

そして実際、この視点から上記のイタリアの性規範を振り返ってみると、そこには、「男性社会」という文脈が浮かび上がってくる。

イタリア社会の場合、この男性中心主義的な性規範が意味をもってくるのは、おもに男たちがほかの男たちとの関係のなかで行動する場面である。たとえば事例1において、筆者には、彼がなぜ、父よりも兄弟を気にするのかがはかりかねたわけだが、この問題も、のちにくわしく見るように、彼がある男性社会を想定しており、その地平で自らの性行動を解釈していると考えるならば合点がいく。つまり彼らにとって性行動・性的能力とは、男性社会における力関係のメタファーでもあり、とするならば、この事例において、彼が最も配慮すべき相手とは、筆者の父よりも、年齢的に近いがゆえに自分との関係が想定しやすい兄弟であると推察されるのである。また、近年、確かにこの性規範は急激に衰退しつつあるが、その変化も、後述するように男性社会の変化と機を同じくしていることは興味深い。

2 イタリアの名誉と男と性

　したがって，本章のこの議論は，男性社会，あるいは男性中心主義的な社会そのものの再考にもつながっていく。周知の通り，「社会」とは，一見ジェンダーフリーを装ってはいるが，事実上は男たちの関係を中心に構成されてきたものであった。この点を指摘したのは，やはりジェンダー研究だったが，これまでその研究は，この問題に関しても「社会」からはじき出されていた女性を可視化させることに重きをおき，「社会」の主役である男たちに対しては，あまり関心を払ってこなかった。しかし「社会」の男性中心性を徹底的に解明し相対化していくためには，むしろ男たちの実態の考察こそが必要となってくる。

　そもそも男性社会とは，何のことなのか——男たちが，彼らの間でいかなる関係を築き，そうした男性同士の関係が，女性を含めた社会全体とどのようにかかわり，男性中心主義的な社会体制といかなる関連にあるのか等々という問いは，意外にもいまだ十分に考察されていないが，なかでも，彼らの性観念はきわめて重要な課題のひとつである。性とは，男性にとっては単なる女性との関係を意味しているだけでなく，それが男らしさの規定につながるという意味において，しばしば男性社会への加入資格や男性同士の関係性（連帯および競合）の表象としても機能しているからである。

　ゆえに本章も，イタリアという具体的な事例において，彼らの性規範の考察を出発点にしながら，最終的には，彼らの男性社会の実態と，それが社会全体に対してもつ意味を明らかにしていく。そして，あらゆる意味でいまだ女性の分析に偏りがちなジェンダー研究に，単なる男らしさの研究にとどまらない男性研究を導入するきっかけとなることを望みたい。

　なお本章では，名誉をイタリア社会の支配的な性規範と見なしていくが，その見解そのものに問題や異論がないわけではない。特に彼らの社会におけるカトリック教の影響力や位置づけを考えた場合，カトリック教の性規範こそを支配的とする見方もある。その性規範は，既述のように名誉のそれと共通する部分もある。しかし両者には，内容的にも，それが適用される文脈に関しても本質的な差異も少なくない。このため，ここではとりあえず，カトリック的な規範は宗教的な次元での規範であると見なし，今回の考察の対象からは外す。

　また，イタリアは，その地域的な多様性を考えると，その特徴を一括して議論することはできないという問題もある。特に南北の地域差についてはよく知られており，名誉概念に関しても，南部のほうが強いといわれる。しかし本章では，この点に関しては，まずは彼らの性規範がもつ意味を明らかにしたうえで，最後に新たな視点から若干の付言をすることにしたい。

49

2　性と名誉

名誉に表れる性規範

　すでに述べたように、イタリア社会の性規範を論ずる際、必ず問題とされるのが「名誉」という概念である。もっとも、日常的にはこの言葉はあまり使われていない。しかしこのことは、名誉に関する人々の関心が低いことを意味しているのでなく、性をめぐる問題がいったん表面化する否や、急に人々の口の端にのぼってくるし、近代刑法が制定された1889年から1981年までは、刑法上の罪名でもあった。

　「名誉の犯罪」とは、不貞をなした妻の殺害や、未婚女性が出産した嬰児の殺害などに関しては、家族の名誉を守るための行為であれば刑が減じられるというものである。現在ではこの罪状はすでに廃止されているが、この種の犯罪が起こると、事例2のように「名誉の犯罪」として報道されることが多い。名誉とは、実はほかにもさまざまな意味を含む観念ではあるが[3]、「名誉の社会」とも呼ばれるマフィア社会を除けば、一般的にはまず性にかかわる問題として連想されるといっても過言ではないだろう。

　ではあらためて、この名誉概念を通して表されている性規範とは、どのようなものなのか。まず注目すべきは、それが、男性を主体とする性規範であるという点である。

　名誉には、もちろん女性の性も深くかかわっている。既述のように、女性の貞節性・処女性は名誉概念によって厳しく監視され、その厳しさは、むしろ男性以上であるといってもよい。実際、イタリアでは、近年まで女たちの行動は大きく制限されていた。R町でも、戦後しばらくたっても、女性（特に未婚女性）が外出する際には必ず誰かの付き添いが必要だったという。しかし注目すべきは、女性がこの規範を侵犯したとき、問題となるのは、彼女の名誉ではなく、彼女の近親男性の名誉であるという点である。このとき彼女は、もちろん強い非難を浴び、さまざまな制裁を受けるが、男性のように名誉回復のため自ら復讐をする主体になることはない。

　また、こうした女性の性規範は、実は「恥」という言葉で表現され、そもそも名誉という言葉が、女性と直接的に結びつくことは稀である。性規範に反した女性は、名誉を失ったというよりも、「恥知らず」という非難を浴び、女性はつねに「恥」を知って行動すべきであるともいわれる。こうした「恥」の用

法とは，女性の性が，あくまでも男性の名誉のために規範化されていることの証左であろう。女たちは，名誉に大きな影響を与える存在ではあるが，その主体ではなく，男性の名誉の道具および象徴なのである。「恥」という言葉は，そうした男性中心主義的な規範を女たちが積極的に内面化する装置であるともいえる。

男性の性的能力という言説

では，これに対して，男性側の性にとっての名誉とは何なのか。ここで，女性の貞節が男性にとってなぜ重要なのかを問うてみると，そこには，男性の性的能力という言説が浮かび上がってくる。すなわち名誉の中核には，男性たる者，自分の女性をほかの男性の性的侵略から守り支配するのに十分な性的能力をもっているべきであるという考え方が見い出されるのである。

実際，男性が名誉失墜に際して最も恐れているのは，具体的にいえば，自らの性的能力を疑われることである。たとえば，その典型である「寝取られ男」，すなわち妻や婚約者をほかの男によって性的に侵犯された夫や婚約者は，女性を満足させる性的能力を欠いた男として揶揄される。「寝取られ男」を意味するコルヌート cornuto という言葉は，悪魔を象徴する山羊の角 corno に由来する非常に強い侮蔑語である。この言葉を公衆の面前で投げつけられたら，現在でも，事実の如何を問わず，最大の侮辱として流血沙汰の喧嘩が起こることは少なくない。

それゆえイタリアでは，逆に，性的な力に秀でた男性が積極的に評価されるという事態も数多く見い出すことができる。実際，彼らは，女性に対する関心が非常に高く，老若，既婚・未婚を問わず，女性に対してはさまざまな機会を利用して性的な接近を試みようとするし，成功すれば手柄話として好んで吹聴する。彼らがしばしばプレイボーイであるといわれる所以である。もっとも，その実態に関してはかなり疑問があり，誇張や単なる見せかけにすぎない場合も多いが，そうした画策がなされること自体に，多くの女性を征服しうる男性に対する評価の高さがうかがえるだろう。より多くの女性との性的関係は，後述のようにそれがほかの男性の名誉と直接的に抵触しない限り，賞賛される。しかし，逆になかなかガールフレンドをつくらなかったりすると，しばしば同性愛者をさす侮蔑語のフローチョ frocio と呼ばれ，十分な男とは見なされず，変人扱いされるのである。

また，こうした男性の性的能力に関する観念は，男性性がペニス（とその機

能）に象徴されていることにも端的に表れている。イタリアでは，男女それぞれの人格をその生殖器と同一視し，極端に異性愛主義的な性行動を称揚する言説がある。日常的な会話のなかでは，男性はしばしばカッツォ cazzo（ペニスの意），女性はフレーニャ fregna（ヴァギナの意）という言葉で代替され，特に前者の用法は非常に多い。たとえば，「あの男 quell' uomo」は「あのカッツォ qeul cazzo」として表現される。また，男性が攻撃的な性格を有していることもペニスに関連づけて説明されたり，「茹でたソラマメ」（萎えたペニス，ゆえに男らしくない男）のように，ペニス絡みの言い回しも多い[4]。

そして近年では，メディアもその例外ではない。たとえば，イタリアでは主要な新聞紙上でも自分たちイタリア人の性生活に関する統計などの記事が頻繁に見られるが，その多くは男性の勃起力についてである。国際比較の資料を用いてイタリア男性の能力の健在ぶりをアピールしたり，ストレス社会での能力の衰えを憂えたりしている様子は，彼らがペニスの機能を，単に個々人の身体的機能の問題ではなく，あたかもイタリア男性全体の尊厳にかかわる問題としてとらえていることを示している。

3　表象としての性的能力

男性社会のなかの名誉

さてこうしてみると，名誉概念の背景に浮かび上がってくるのは，あくまでも男性の性を主体とし，その性的な能力を積極的に評価することによって，女性の性を保護および攻撃の対象として形象化していくという性規範である。この性規範は，冒頭で記した男尊女卑的なイタリア社会像とも符合し，一見，彼らの生活全体に強い影響力をもっているかにみえる。しかし，ここでもう一度振り返ってみると，名誉というかたちで男性の性的能力が問題となるのは，実はある文脈に限定されているという，もうひとつの特徴が見えてくる。それは簡単にいってしまえば，男性社会という文脈である。

たとえば事例1において，彼が気にしていたのは筆者の兄弟であった。事例2でも，事件はBとAという2人の男性の間で起こったのであって，Bの妹でありAの元婚約者の女性は，この事件に直接関与することはなかった[5]。また，事例2の事件では，Bのほかに彼の男友達3名も関与していたが，このように「名誉の犯罪」には，しばしば第三者的な男性がかかわっていることも興味深い。

2　イタリアの名誉と男と性

　確かに彼らは，大抵は見張りや付き添い程度で，犯行自体に積極的な役割を担うことは少ない。事例2の報道でも同様であった。しかし彼らの存在からは，名誉の争いが基本的に男たちの社会を舞台に展開されている様子が浮かび上がってくる。名誉に積極的にかかわっているのは，その当事者も観客もすべて男たちであり，ゆえに名誉とは，男たちの，男たちによる，男たちのための問題であると考えられるのである。

　実際，男性の性的能力とは，これまでの記述からも明らかなように，字義どおりの精力だけを意味しているのではない。たとえば事例1，2のように，男性の名誉には，彼とは性的には関係のない姉妹や母などの血縁近親女性も関与している。この場合，彼女たちに対するほかの男性の性的侵略を，彼の性的能力の不足とみなす説明は，適当ではないように思えるかもしれない。しかし，ここでの彼の関心が，自分の女性の性を侵略した相手男性の性的能力と，それとの比較で浮かび上がってくる自らの力不足にあることに気づくなら，その言説が含意するところは明らかだろう。男たちは，性的能力という言説を通して，男たちの関係におけるおのれの力について語っているのである。

守るべき女性の範囲

　それゆえ，どこまでの範囲の女性を守護すべきかは，男性にとって最大の関心事である。その範囲は，大抵は，既述のように彼の妻や婚約者，母，娘，姉妹とされている。男たちはつねにこの範囲の女たちの性をほかの男性の誘惑から守らねばならず，万が一彼女たちの性が侵犯された場合は，ただちにその男性に対して報復行動をとらなければならない。さもなければ，既述のように「寝取られ男」，すなわちほかの男性との性的な力比べに負けた者としてほかの男たちから嘲られる。このことが，男性社会からの脱落を意味することはいうまでもない。

　しかし，以上の女性の範囲とは，男性が男性社会で認められるための最低限のそれであって，なかには，その範囲をさらに広げ，自らの力を誇示しようとする者もいる。たとえば，妻に裏切られた兄弟の代わりにその妻の愛人を自分の友人と共謀して殺害した男性の事件（97年8月ミラノ）や，自分の婚約者の姉妹がある男性に捨てられたため，その男性を，兄弟と父親の手を借りて殺害したという事件（95年6月カセルタ）などでは，いわゆる義理の関係に当たる女性の性行動が「名誉の犯罪」の原因となっている。また，このカセルタの事例のように，女性の守護という名目が，複数の近親男性たちの結束を促し，

彼らの集団としての力をアピールする機会になることも多い。

イタリアは，核家族を越えた親族が組織化されることの非常に少ない社会であるといわれる。そうした社会にあって，たとえばマフィアのように政治的・経済的な力をもつ者が，親族的な絆を通して集団化し，力を伸ばそうとする場合には，守護すべき女性の範囲を広げ，そこにかかわってくるより多くの男性たちと名誉を同じくすることによって，男性間の連帯を創り上げていくという手法はきわめて有効である。実際，何らかの力をもつと見なされている者は，守るべき女性の範囲を相対的に広く意識しており，それを通してより広い範囲の近親男性と密接な連帯関係を結んでいることが多い。そしてこのことは当然，名誉に敏感な者という積極的な評価にもつながっていく。

男同士の競合関係

ただし，この男性の性的能力は，同時に，つねにほかの男性からの侵略にさらされていると見なされているという点にももう一度注意する必要がある。男たちは，自分の名誉にかかわる女たちを守護する際，その範囲が必要最低限なものであっても，彼女たちがほかの男性に誘惑されないようつねに気を配っていることはすでに述べた。また，より広い範囲の女性を守護すれば，既述のように彼の評価は高まるのだが，現実にはそうした行動を起こす者はそれほど多くない。というのも，それは同時に，ほかの男たちからの侵略の可能性を増やすことにつながってしまうからである。よほどの力量がない限り，いたずらに多くの女性を守護することはあまりに危険である。

また，力の誇示には，このほかにも，できるだけ多くの女性と性的関係を結ぶ方法もあるし，実際，彼らが自分の女性関係を（それが本当か否かにかかわらず）好んで喧伝していることは先に述べたとおりである。しかし，これもほかの男性の名誉侵害につながってしまうため，実際にはなるべく発覚しないように行動しており，誰かに吹聴しようとする際にも，相手女性が彼らのコミュニティ外部の者（ゆえに発覚しにくい）か，相手女性が特定されないような語りをするなどの工夫をほどこしている。男たちにとっては，自分の女好きをさまざまなかたちでほのめかすことは，確かに有効なのだが，そこには同時に危険性が含まれていることも十分に認識されているのである。

さてこうしてみると，性的能力をめぐる彼らの言説の背後には，男性間の競合関係の論理が存在していることが容易に浮かび上がってくる。それは，性的能力を各男性が本来的に有しているものというよりは，男同士の駆け引きのな

かで主張し評価されるべきものと見なし、ゆえに男たちは、それをめぐって互いにしのぎを削っているという考え方である。とするならば、既述のように、この性的能力の称揚を主眼とする彼らの性規範とは、決して男性の性行動そのものの問題ではなく、むしろ、男たちの社会におけるゲームの規則として考えていくべきだろう。

しかし、これらの問題をさらに考えていくためには、われわれはここで、イタリアの男性社会の実態に目を向けてみる必要がある。以上のような性規範の言説とその論理は、実際の彼らの生活と、どの側面でどのような関連にあるのか、という問題である。

4　イタリアの男性社会

男性社会と異性愛

ところで、このように男性の性的能力に関する言説が、男性同士の人間関係や組織化と密接な関連性をもっているという指摘は、実は、イタリア以外の文化社会に関する研究でもすでになされている。特に近年では、現代の同性愛嫌悪という現象に着目し、近代西欧社会における男性支配の構図を露呈させたセジウィック（2001）やモッセ（1996）らによる議論がめざましい。すなわち、近代以降、男性支配が強まり、女性が公の場から排除され、必然的に男性同士の関係が緊密になっていくが、この過程とは、女性（およびその生殖能力）が男性同士の絆を結ぶ道具と見なされ、異性愛主義が強化される過程であるとともに、より密接になった男性同士の関係を同性愛と弁別するために、同性愛嫌悪が強まった過程でもあったという見解である。つまり、近代においては、男性たちの強い異性愛主義こそが、男性たちの安定的な連帯を生み出し、男性支配を支えてきたと考えられるのである。

こうした議論は、イタリア社会に関する本章のこれまでの考察ともかなり類似しているようにみえるに違いない。確かに男性支配社会においては、一般的に、男性の性的能力にかかわる言説が重要な役割を果たしていると考えられる。しかしながら、たとえば、同性愛嫌悪と男性支配とが共存せず、むしろ同性愛的な関係が男性の絆を強化している古代ギリシャの事例のように、男性社会の構造や、それと男性の性との関連の仕方は決して一様ではなく、社会によって異なっているはずである。では、イタリアの場合はどうなのか、ここでその実態についてあらためて見ていくことにしよう。

男性だけの広場空間

　イタリアの男性社会の特徴とは，まず，文字通り男性だけの密接な関係によって展開されている場が存在しているという点にある。これは，のちにくわしく述べるように，イタリアでは男女の生活空間が明瞭に分離しているためである。それゆえ，男性社会という言葉は，通常は男性中心主義的な社会という意味で使われているが，ここでは（少なくともイタリアの考察に限って）文字どおり男性だけの社会空間に対して用いていく。すなわち，イタリア社会の特徴とは，男たちだけの男性社会が存在する点にあると言い換えることもできるのである。したがって，彼らの社会の男性優位的な性格も，そうした男性社会の存在とともに考察していく必要がある。

　さて，イタリアの社会生活にとって最も重要な単位のひとつは，町である。イタリアの町は一般的に，丘の上に作られた集村形態を基本として，政治的・経済的・社会的・文化的にも高いまとまりを呈している。その中心には，教会や町庁舎などの町の象徴的な建物が配置され，その周辺にアパートメント形式の住居が立ち並ぶ。この構成は都市部でも基本的には変わらない。そして，この町の生活空間が，性によって大きく二分されていることは，これまでにもしばしば指摘されてきた。

　実際，町の中心部にある教会の前にはどこでも広場が設けられており（大きい町では広場も複数存在する），夕方になると，仕事を終えた男たちが町中から集まってくる。一方，その周辺部は女たちの場であり，彼女たちは住宅内で家事に従事するばかりでなく，この区域に迷路のごとく張り巡らされている路地で，近隣の人々や友人たちと活発な交流を繰り広げている。こうした性による空間分離は非常に厳格で，女性はできるだけ広場に出向くのを避け，他方，男性は路地をさっさと通り抜けようとする。それを犯した場合には，男性であれば男らしくないと揶揄され，女性であれば娼婦扱いされることも少なくない。

　ところで，筆者のいうイタリアの男性社会とは，この広場で展開されている諸関係をさすものである。男性は仕事を終えると，いったんは帰宅するが，すぐに身支度を整えて広場へと出かけていく。広場には大抵，バール bar と呼ばれるカウンター式の喫茶店があり，男性はまず，それぞれ自分のお気に入りのバールに顔を出してから，知り合いや友人たちがやってくるのを待つ。このため夕方になると，広場は，身振りを交えておしゃべりに熱中し，互いに挨拶を交わす男たちでごった返す。そしてその後も帰宅することなく，数人の気の合う者と連れだって，広場の裏手にある居酒屋で夕食を済ませてしまう者も多い。

2 イタリアの名誉と男と性

写真1 教会前広場に集まる男たち（イタリア，ローマ近郊，2003年）

写真2 バールの前の広場での談笑（同上，2002年）

男たちは，生活のかなりの部分を男たちだけで過ごしているのである。
　こうした男たちの行動が，一見，単なる暇つぶしにみえるとはいえ，きわめて実利的な機能をもっていることはよく知られている。彼らは広場でさまざまな友人や知り合いに会い，政治活動，祭りの企画，さまざまな情報収集などを行っている。特に職を探そうとする場合には，広場での情報収集は不可欠であ

57

る。イタリア社会は，オフィシャルな制度があっても十分に機能せず，実質的にはインフォーマルでパーソナルな関係によって動いているといわれるが，広場空間とは，まさにそうしたインフォーマルな関係が形成・組織され，事実上の社会関係が展開されている場なのである。R町の男性のなかには，自分たちも毎日戸外に出ることは煩わしいが，外に出ないと何が起きているかわからなくなってしまう，と筆者に語った者もいた。

接触・駆け引き・競合

　しかし問題はそれだけではない。実際，男たちの広場での行動をよく見ていると，彼らの最大の関心事とは，第一に，なるべく多くの人々と直接的に接触することにある。彼らは，外出をジーロ giro という言葉で表現しているが，これはもともと「回転」を意味する言葉である。彼らは，この言葉どおり，一ヵ所にずっととどまっているのではなく，ほかの広場に行ったり友人の家を訪ねたりと頻繁に動き回っている。この行動が，より多くの人々との直接的な接触を促すことはいうまでもない。

　そして，そうした直接的な対面の場で彼らが腐心するのは，いかに自分を主張し，よりよく見せるかである。既述のように，彼らは広場に出かける前に必ず身だしなみを整える。広場で展開される身振り手振りを交えた活発なおしゃべりも，そうした自己主張の駆け引きである。そもそも喋るという行為自体が，自己の表出であり主張であることは明らかだが，事実，この戸外空間で黙っていると，存在を無視されてしまう。彼らは，広場では大抵，相手のペースに巻き込まれることなく会話の主導権を取ろうとして，互いに摑みかからんばかりに激しいやりとりをしている。

　また，バールや居酒屋では，誰が支払うかでもめている男たちの姿もよく見かける。相手に奢るということは，自分の寛容さを示すとともに相手に貸しを作ることである。しかし奢ってばかりいると，逆に相手につけこまれやすいフェッソ fesso（お人好し）と見なされてしまう。このため奢り合いとは，いかに自分の体面を傷つけることなく相手より優位に立ち，フルボ furbo（賢い，はしっこい）になれるかという，駆け引きのゲームなのである。

　こうしてみると，男たちが広場で毎日展開している社会関係とは，そのたびごとにフルボになるか，逆にフェッソとして侮られるかという競合性を本質的に有しているといえるだろう。その駆け引きに長けている者ほど，先述のような実利的な場面でも優位に立ち，より大きな利益を得ることが可能となる。実

際，R町でも政治的・経済的な実力者はみな，広場でのこうしたフルボたちであった。

また，そうした関係こそ，男性たちにとっては，自らの社会的存在の基盤となっていることも見逃してはならない。ほかの男性とのつきあいは，確かにフェッソとなる危険性をともなうが，だからといってそれを嫌って交渉を避ければ，本人の存在そのものが社会的に消滅してしまうのである。

たとえば，R町で筆者の調査中に，町の人々とほとんどつきあわず，町から離れたところでひとり暮らしをしていた男性が亡くなったが，彼の死が報じられると，多くの町の者たちは，彼がいったい誰だったか，彼の親族関係や名前すら確かめ合っていた。彼の存在は，それまでほとんど誰の関心にものぼらなかったせいか，その情報の多くが忘れられてしまっていたためである。彼らが，先述のようにたとえ億劫に感じても外出をやめない最大の理由は，ここにあるといえるかもしれない。すなわちイタリア社会においては，男性の社会的な存在とは，男性社会における競合的な関係の絶えざる積み重ねのなかで，初めて発現し認知されていくものなのである。

5 ひとつではない性観念

男性支配の文脈性

さて以上から，イタリアの男性社会での行動の論理とは，先に考察した性規範の言説と符合していることが，鮮明に浮かび上がってきたに違いない。これまで筆者は，イタリアの性規範が問題としている性的能力とは，ほかの男性との比較で浮かび上がる男性の力であるとともに，彼の存在そのものの表象であることを明らかにしてきたが，それはまさに，男たちが男同士で自らの存在と力を主張するために競合しつつ接触を繰り返しているという，男性社会の論理に合致する。

また，以上の男性社会のあり方は，彼らの性規範が，既述のように極端に異性愛主義的であるという点とも密接に関連している。イタリアの男性社会は，女性とは明確に切り離された男性だけの社会である。ゆえにそこに参加するためには，何よりも男であることが必要とされるわけだが，その方法のひとつが，女性を性的対象とすることによって男になることである。とするならば，極端なまでに異性愛主義的な彼らの性規範とは，イタリア社会の場合，男たちが男になって男性社会に参加するためのパスポートになっているとともに，そうし

た男性だけの社会を形成し維持していくための言説であると考えられるのである。

したがって彼らの性規範が，男性社会という限定性を有していることも，もはや十分に明らかになってきたであろう。たとえば，R町でも，婚姻外の性的交渉に関しては，虚実を問わずさまざまな噂が流れていたが，そのほとんどは表面上は不問に付されていた。妻を寝取られたと噂され，しかもその噂を察している男性本人が，何事もなかったかのように人々と会話をしている様子は，彼らの名誉規範に照らし合わせると奇妙ですらあった。しかし，そもそも性的能力が，いわば男性のパワーゲームと密接な関係にあり，それ以外の文脈では効力を失うとするなら，理解はできる。実際，当該男性が，町で政治的な力をもっているなど，男性社会にとって重要性が高かったりする場合は，名誉規範が積極的に適用され，本人も敏感に反応して復讐事件につながりやすいが，そうでなければ放っておかれる。性的能力とは，あくまでも男性社会におけるゲームの文脈でのみ通用する言語なのである。

そして，とするならば，このことからは，イタリア社会には，それとは異なる性に対する考え方が存在する可能性も浮かび上がってくるだろう。

確かにイタリア社会は全体的に男性支配的である。しかも，カトリック教がやはり男性中心主義的な性規範を背景にもっているため，男性の性を主体とする性規範は，男性社会という場のみならず人々の生活全般に強く浸透している。女たちも，「恥」という言葉を通してその規範を内面化していることはすでに述べた。しかしながら，実際には，あまりにも性的能力に拘泥し，自分の妻や姉妹の行動を厳しく監視・制限し，時に暴力を振るったり，ほかの女性を追いかけ回したりする男性は，ことに男性社会を一歩外れると評判が悪い。特に女たちは，男たちのそうした行動を，「男はセッソ sesso（性）ばかり考えている」と批判する。セッソとは，男性のペニス（カッツォ）中心主義的な性のあり方であり，それゆえ女性がヴァギナ（フレーニャ）へと形象化される男女関係を指し示していることは明らかだが，このとき，セッソに対置されて言及されるのが，アモーレ amore（愛）という言葉である。

アモーレをめぐって

実は男たちも，男性社会を外れて具体的な女性との1対1の関係になると，自らの性的能力を強調したり，男性ゆえの優位性を主張したりすることは稀である。むしろ，相手の反応こそを重視し，その反応に一喜一憂し不安に駆られ

るのが，ありうべき男女関係，すなわちアモーレであるとされている。男性自身もこのアモーレを重視することにやぶさかではない。実際イタリアでは，男性が恋愛において女性に主導権を奪われたり，失恋を嘆いたりする様はかなり頻繁に観察される。男同士の間では男らしさを誇示していた男性が，好きな女性の前では別人のように弱々しさを見せることもある。こうした様子は，名誉の規範に則して考えればあってはならないことだが，アモーレの次元の問題としては当然視されているのである。

こうしてみると，アモーレの最大の特徴とは，それが名誉観念に見られるような一方的な力関係や，相手に対する一方的な決めつけを前提とする関係ではないという点にあるに違いない。アモーレの次元では，男も女も基本的に対等であり，実際の力関係や関係のあり方は，個々のカップルにおける具体的な二人の問題として考えられている。それは，男性と女性という範疇間の関係ではなく，徹底した個人と個人との関係である。R町で実際に見られたカップルもきわめて多様であり，彼らの支配的な性規範が想定している男らしさ・女らしさとは大きく異なっている組み合わせも少なくなかった。また，アモーレが，そもそも男性・女性という範疇にこだわっていないならば，それは異性愛関係にのみ限定されるものではないことになる。実際イタリアでは，特にカトリック教が同性愛に対してきわめて厳しい態度をとっており，また名誉の規範に照らし合わせても同性愛は男らしくないとして非難される一方で，同性愛を問題視しない人々も非常に多い。こうした一種の寛容さも，アモーレの次元とのかかわりから考察していくことができるだろう。

紙面の都合上，アモーレに関するこれ以上の考察は別稿（宇田川 2004）に譲ることとするが，アモーレは，確かに名誉の規範に比べれば公の場で取り扱われることは少ないとはいえ，彼らの全生活を見渡せばいたるところに見られる言説である。筆者はR町で，人々がいわゆる不倫の関係に対して一応非難はするものの，アモーレだからしかたがないとその関係を認めている場面に何度も出会った。彼らにとっては，もちろん男性にとっても，事実上の男女関係は，支配的な性規範よりもこのアモーレの論理に依拠しているというべきかもしれない。いずれにせよイタリア社会の性観念は，単に男性中心主義的なものだけではなく，このアモーレも含めた多元的なものであるということを，われわれはもう一度真剣に考えていく必要があるだろう。

6 風景の変容

名誉規範の衰退

さてイタリア社会は，ほかの多くの社会と同様，男性優位社会であり，その性規範もきわめて男性中心主義的である。しかし本章ではこれまで，その男性支配のあり方が，イタリアの場合は男性だけで緊密に形成された男性社会という存在と密接に関連しており，したがって彼らの一見厳格で絶対的な性規範も，その男性社会が内包する限定性に大きく左右されていることを見てきた。確かにいかなる規範も文脈的かつ限定的なものだが，イタリアの場合，彼らの男性社会の極端な分離性が，その限定性に拍車をかけていると考えられるのである。ゆえに，その厳格さとは裏腹に，さまざまな抜け穴が存在し，時に女たちからは公然と非難されてきたのである。

ただし，無用な誤解を避けるためにも，この名誉に由来する性規範は，実は近年その影響力を失いつつあり，その背景には，男性社会の衰退があるということを最後に触れておこう。R町でも，筆者が調査を始めた1986年に比べると，年々，男たちが戸外で過ごすという習慣は薄れ，家族とともに自宅で過ごす時間が増えてきた。このライフスタイルの変化は，近代家族化という言葉でも表現できるだろうが，いずれにせよ，男たちにとって男性社会の意味は低下し，もはや男性社会における行動が彼の人格を決定的に左右することはなくなりつつある。その過程で，名誉規範が薄れ，女性の処女性に対する考え方も大きく変化してきたと考えられるのである。

また，冒頭の事例2のように，いまでも名誉にこだわっているのは，実は年長者よりもむしろ若年層であるという傾向も同様に説明できる。そもそも若年の男たちは，独身者も多いため年長者以上に男同士で過ごす機会が多く，さらにイタリアでは，若年層の失業率が非常に高いという事情がその傾向を助長している。若年層のほうが相対的に男性社会に依存しているのである。

新たなかたちの男性支配

ところで地域的には，すでに1節でも述べたように「名誉の犯罪」は南イタリアのほうが北部よりも多いが，この地域差も，南部では上記のような近代家族的なライフスタイルがまだ定着せず，男性社会がいまだ健在であることを考えるならば，当然かもしれない。近代化がいち早く進んだ北部では，核家族を

単位とする生活が浸透する一方で，男性社会の重要性は早々に薄らいでいった。しかしこのことから，南イタリアを単純に男性支配がいまだ強い「後進」地域であると見なすことは危険である。

というのも，確かに北部地域では「名誉の犯罪」は少ないが，その一方で，女性の男性関係をめぐる殺傷事件自体は現在でも数多く起きているからである。もちろんその多くは，「名誉の犯罪」とは違って男性同士の争いにはならず，男性が自分を裏切った女性（妻や恋人）を殺傷するにとどまる。したがって，男性社会に向けた示威的行為という人々の耳目を引くような派手さはなく，あくまでも男女間の「嫉妬」による事件として報道されている。つまりそれは，近代家族化が浸透する過程で重視されるようになった私的領域における男女の問題と見なされているわけだが，とはいえ，これも，女性の犠牲のあり方にも示されているように，やはり男性中心主義的な論理の一形態であることに変わりはない。名誉の規範は確かに薄れてきたが，それとは入れ違いに，新たなかたちの，より密室化された男性支配的な性観念が生まれてきた（または，表面化してきた）ということもできるのである。

このように名誉規範の衰退とは，そのままイタリア社会における男性支配の衰退を意味するものではない。そもそも男性優位的な性規範もひとつではなく，さらにはその時々の社会状況のなかで変化していくと考えられる。とするならば，かつては強い影響力を発揮していた名誉規範も，ある社会状況のなかでつくられた歴史的産物なのかもしれない。性とは，それ自体として存在するものではなく，さまざまな社会的現実と絡み合い，そのなかで意味づけられて初めて出現する概念である。それゆえわれわれは，ある性規範が，ある時期，いかに支配的に見えようとも，その文脈性を的確に考察していく必要があるだろう。

イタリアでも今後，男性社会がさらに崩れるにともない，性に対する彼らの規範が大きく変化していくことは確かだが，その変化を過大評価することも過小評価することもない考察は，ようやく始まったばかりである。

注
（1）ナポリ社会の裏側に存在するといわれる犯罪組織の名称。しばしばマフィアと並び称される。
（2）たとえば筆者も，R町の女性の事例をもちいてイタリア女性の強さについて考察したことがある（宇田川 1997）。
（3）たとえば，適切に親としての務めを果たしていること，立ち居振る舞いが立派

であること，他人からの侮辱に敏感であること等々，彼らの社会において積極的に評価されているさまざまな要素が含まれている。
（4）男性とペニスとのかかわりを最も端的に示しているのは，結婚式の翌朝，新婚夫婦が寝たベッドのシーツを窓に垂らして，そこに付いた処女膜の血を公表するという習慣である。この習慣は現在ではほとんどの地域ですたれているが，初夜の破瓜の血とは，ヴァギナに対するペニスの力，すなわち男性の性的能力の証であると同時に，女性をヴァギナ，すなわち貫通するペニスを受け入れる存在と見なす決定的な道具立てであったと考えられる。ただし，この習慣も厳格に守られていたわけではなく，鶏の血を代用するなどの抜け道があったという。
（5）もちろん名誉をめぐっては，男性の名誉に傷をつけた女性の側もさまざまな制裁を受け，時には死にいたることがあるが，その場合でも，制裁の中心は，女性の性を犯した男性に対してである。たとえば，2000年2月パレルモにて，夫を裏切った妻が，夫に殺されるという事件が起きた。しかしこの夫は，その8年前，すでに妻の愛人を名誉のために殺害しており，彼の関心もまずは相手男性にあったといえる。

参考文献

Cornwall, Andrea and Nancy Lindisfarne (eds.), 1994, *Dislocating Masculinity.* London and New York: Routledge.
Moore, Henrietta L., 1988, *Feminism and Anthropology.* Cambridge: Polity Press.
モッセ，ジョージ・L，佐藤卓己・佐藤八寿子訳 1996『ナショナリズムとセクシュアリティ―市民道徳とナチズム』柏書房．
Peristiany, J. G. and Julian Pitt-Rivers, 1992, *Honor and Grace in Anthropology.* Cambridge: Cambridge University Press.
セジウィック，イヴ・K，上原早苗・亀澤美由紀訳 2001『男同士の絆―イギリス文学とホモソーシャルな欲望』名古屋大学出版会．
宇田川妙子 1997「イタリアの女性―その『強さ』はどこからくるのか」綾部恒雄編『女の民族誌2』弘文堂：15-40．
宇田川妙子 2004「もう一つの男女という問題―イタリアの〔ヘテロ〕セクシズム機制の再考をとおして」『民族学研究』68巻3号（印刷中）．

文献案内

①デイヴィッド・ギルモア『「男らしさ」の人類学』前田俊子訳，春秋社，1994年．
　スペイン研究者である著者が，スペインでの男性性の考察をきっかけにして，オセアニア，アフリカ，アジアなど，ほかの地域の男性性についても比較分析をしたもの。多少，論の甘さが気になるが，男性性に関する人類学的研究のパイオニアとして評価できる。

②J・A・ピット＝リバーズ『シエラの人びと―スペイン・アンダルシア民俗誌』野村雅一訳，弘文堂，1980年．
　ヨーロッパ人類学の先駆的業績。スペインの一村落の民族誌として，村落の生活

が政治・経済，社会階層，性と家族，友人関係などのテーマを通して丹念に描き出されている。これらは，のちの地中海ヨーロッパ研究でも盛んに議論されることになったテーマである。

③ファビオ・ランベッリ『イタリア的考え方―日本人のためのイタリア入門』ちくま新書，1997年．
　日本で研究生活を行っていた著者が，副題にあるように「日本人のためのイタリア入門」として，ステレオタイプ化されたイタリア像を解きほぐしながら，イタリア，さらには日本について語ろうとするユニークな書。文化という表象の問題までも考えさせられる。

3 開かれゆく参加空間——フランス・ルルド巡礼の世界

寺戸　淳子

> こういう男たちのひとりが，ある日，洞窟でミサがあげられていたとき，群集に向かっていうのを聞いたことがあった。「わたしたちは，これから聖体拝受をすることになります」と。ここでいわれる「わたしたち」とは，ひとつの世界である。(ユイスマンス 1994: 140)

1　はじめに

ルルド概略

パリから直通の高速列車ＴＧＶで5時間半行ったピレネー山脈の麓の町ルルド Lourdes は，1858年に1人の少女が町はずれの洞窟で白く輝く女性を見たことをきっかけに，その運命を大きく変えた。1862年，少女が見たのはイエス・キリストの母マリアであったと司教が宣言した時から，ルルドは現代カトリック世界を代表する一大巡礼地への道を歩みはじめたのである。

1993年に町が行った調査によれば，この年の来訪者数は497万人で，国別ではフランスが全体の55%を占め，イタリアが20.4%で続き，以下，イギリス，ベルギー，スペイン，ドイツが5%を切ってこの順に並ぶ。町に1泊以上した滞在者は194万人で，平均3.5日滞在している。町の観光収入は24億フランにのぼるといわれ，1990年の統計によればルルドはパリに次ぐホテルの部屋数を誇るフランス第二の観光地である。

ヨーロッパの三大巡礼地

フランスのルルド，スペインのサンチャゴ・デ・コンポステラ，そしてイタリアのローマは，ヨーロッパの三大巡礼地といわれる。

ローマ市内にあるヴァチカン市国は教皇を頂点とするカトリック教会機構の中心地であり，そこに聳える総本山サン・ピエトロ大聖堂には来訪者の絶えることがない。またローマはキリスト教会の歴史をいまに伝えるさまざまな遺産の宝庫としても，多くの人々を惹きつけている。一方，ヨーロッパ大陸の西端に位置するサンチャゴ・デ・コンポステラへの巡礼は，中世ヨーロッパ社会の諸体制が整備・確立された11-13世紀に頂点を迎えたといわれる。イスラー

ム勢力からイベリア半島を奪回しキリスト教世界をうち立てようとした国土回復運動の一環と位置づけられ，ヨーロッパ型政治・経済・文化圏の拡大とヨーロッパ意識の形成に一定の役割を果たしたと考えられている。1990年代半ばにヨーロッパ統合が目前となるとリバイバル運動が起き，特に若者の支持を集めた。ローマもコンポステラもこのように，ヨーロッパ意識の形成と歴史に密接にかかわると考えられている。

　これに対して，フランス革命後の19世紀に成立したルルドは，そのような意味で「ヨーロッパの聖地」になったことはなかった。後述するように，ルルドはもともとフランス・カトリック王国の復興を望む人々が巡礼に訪れる「フランスの聖地」だったものが，第二次世界大戦後に世界的聖地へと意識的に脱皮を図っていまのような姿になったのである。だが，ローマのようなヨーロッパの歴史の証人であるわけでもなく，コンポステラのようにヨーロッパ意識と範図の形成に利用されたわけでもないとしても，ルルド巡礼が，ヨーロッパと呼ばれる地域空間にヨーロッパ文明の礎のひとつであるカトリック教会の伝統が花開いたものであることには違いない。

　そこで本稿では，近代ヨーロッパから発信されたキリスト教をベースとする共同体形成運動のひとつのかたちとして，公共空間への諸グループの参画という観点から，ルルドの巡礼世界を見ていく。あらかじめ概要を述べるなら，それは，傷病者を中心に人々を束ねようとする試みが，結果として，何者も排除しない公開空間と柔軟な仲間意識・参加意識を形成していく，100年余りの歴史を辿る作業となる。以下，巡礼の歴史については聖域発行の新聞や雑誌をおもな資料に，現在の様子については私が1992-99年にかけて行ったフィールドワークをもとに，記述していく。

2　ルルド巡礼の歴史

地方の巡礼地から全国規模の巡礼地へ

　ルルドの泉の水が病や傷を癒すという評判がたったこともあって，町には早くから大勢の人々が個人的にやって来ていた。1862年に聖地として正式に認可された後には，近隣の町や村から，司祭に先導された巡礼団が訪れるようになっていった。

　そのルルドを全国規模の巡礼地へと発展させるきっかけになったのが，1872年に行われた〈御旗巡礼〉である。前年にプロシアとの戦争に敗れたフランス

では、この敗北はカトリックの信仰を失ったフランスに対する神の罰であるという観念が信徒たちの間に広がっていた。いまこそフランスは国をあげて悔い改め、革命によって倒されたカトリック王国を復興しなければならない、ということで企画されたのが、フランス全土に散らばる聖母マリアゆかりの聖地から、代表者が旗をルルドにもち寄って聖母に捧げ、「フランスの救い」を祈る全国一斉巡礼であった。

　上流階級の篤志家婦人による実行委員会が組織され、各司教区(1)で発行されていた『司教区広報』と連携して全国規模のネットワークを創り上げ、当時フランスに 84 あった司教区のうち 77 から巡礼団が組織された。集まった旗の数は 252 にのぼり、敗戦の結果プロシアに割譲されたアルザス・ロレーヌ地方からも代表者が旗を手に駆けつけ、人々の涙を誘ったという。この後、フランス全土から司教区単位の巡礼団がやってくるようになった。

「傷病者巡礼」とボランティア組織の誕生

　翌 1873 年、〈御旗巡礼〉の成功にヒントを得て、上流階級の婦人たちが作る平信徒ネットワークを駆使した巡礼が行われた。この〈全国巡礼〉が 1874 年に始めた、寄付金を募り病気や障害のある人々を無料で巡礼団に参加させる「傷病者巡礼」が、のちのルルド巡礼のスタンダードとなる。しかしこのスタイルは、傷病者の利益のために始まったわけではなかった。〈全国巡礼〉では、傷病者の苦しみを犠牲として神に捧げることで、フランスを救いカトリック王国を復興しようとした。すなわち傷病者巡礼は、フランスを救うための「苦しみの捧げもの」として構想されたのである。この構想を支えるのは、神であるイエス・キリストが十字架にかかり自らの肉体に課せられた苦しみと死によって人類の罪を贖ったという、カトリックの救済観である。〈全国巡礼〉では傷病者の肉体的苦痛に世の罪を贖う犠牲としての力があると考え、また、彼らが奇蹟的に治癒することは、神が犠牲として差し出された苦しみを受け取りフランスの救いを約束した証であると考えられた。

　この犠牲に基づく救済の観念はさらに、「諸聖人の通功」というカトリックの共同体観と深くかかわっている。これは、人々（生者も死者も）が互いの救済のために祈りと犠牲を捧げ合うことによって、神の恩寵を譲渡し合う恩寵の流通圏としての共同体を形成している、という観念である。傷病者巡礼では、傷病者が自らの苦しみを巡礼団全体のために神に捧げ、健常者が彼らのために祈ることによって、巡礼参加者の間に犠牲と祈りを捧げ合う恩寵の流通圏とし

ての「わたしたち」が生まれるとされた。すなわち、傷病者は健康を害することで社会の厄介者となる代わりに共同体のなかで果たすべき役割を獲得し、「わたしたちの傷病者」や「わたしたちの奇蹟の人」として共同体の一員になるのである。このように傷病者巡礼では、通常社会からの排除の原因となる肉体的苦痛に、「わたしたち」を形成するための積極的な役割が与えられた。

　1880年代に入り、〈全国巡礼〉で起こる奇蹟的治癒が評判を呼んで参加傷病者が増え、数百人規模になると、今度は上流階級の男性を中心とするボランティア団体が結成された。ボランティアたちは傷病者の世話を寝食を忘れ昼夜を問わず行い、身を粉にして彼らに奉仕した。貧しい労働者階級からリクルートされた重病人に、かつての貴族階級を中心とする社会的エリートが過酷な肉体労働によって奉仕するという傷病者巡礼のスタイルが、こうして確立された。

　実はこのボランティア活動は、資本主義体制下に生まれた貧困の問題を、下層労働者と上流階級の男性が犠牲を捧げ合いながら「わたしたち」を作ることで乗り切ろうとする、階級間の協調をめざした社会活動の一環として構想された。だが会の機関誌を見ると、そのような目論見は19世紀末頃には意味を失っていったようである。上流階級以外の人々がボランティアに参加するようになるにつれ、ボランティアと傷病者の関係よりも、ボランティア同士の横の関係の方に関心が移ったことが、大きな要因と考えられる。「ボランティア活動を通してできた友は真の友」といわれるように、その活動は、社会的ステイタスを度外視した人間同士の出会いの場になっていったのである。

ルルド巡礼の確立と展開——フランスの聖地から国際的聖地へ

　傷病者巡礼というスタイルは、すぐにほかの司教区単位の巡礼団に取り入れられていった。というのも、傷病者が参加することによって巡礼者の祈り・他者への愛が深まるという評価が高まり、そのような傷病者巡礼こそ、（カトリック教会の主張によれば）フランス革命によって否定され崩壊した家族や小教区といった伝統的共同体を立て直す最善かつ最短の方法と考えられたからである。傷病者は巡礼団にとって「必要不可欠な至宝」となり、傷病者をともなった司教区巡礼というスタイルがルルド巡礼のスタンダードになる。修道会主催の巡礼団や国外からの巡礼団（1870年代のベルギーに始まり、イタリア・ドイツ・アイルランド・スペイン・ポルトガル・スイスと続き、80年代にハンガリー・オランダ・イギリス・ルーマニアへと拡大した）も順次このスタイルを採用していった。

傷病者巡礼が定着する一方で，第一次世界大戦を契機にフランスの国内情勢が変化し国外からの巡礼団も増加すると，〈全国巡礼〉が当初掲げていた「フランスの救い」というスローガンはルルドの巡礼世界にとって不適切なものとなり，聖域で言及されることがなくなっていった。この流れは第二次世界大戦後に行われた聖域空間の改革により決定的となった。
　フランス王国がカトリックの信仰を失ったために革命が起きたのであり，人々が悔い改めることで国家も教会も救われる，というフランスの罪と罰，悔悛と勝利をテーマにしたモニュメントや装飾が取り払われ，聖域の中心部には広々と開放的でニュートラルな屋外祭儀空間が確保された。聖域空間は，フランスの過去と未来にまつわる物語空間から，より普遍性の高い公共空間への転換を果たしたのである。また傷病者自身が組織する新しいタイプの巡礼団も生まれ，巡礼世界の様相を変えていった。「フランスの救い」というストーリーを脱ぎ捨てた傷病者巡礼は，開放的な公共空間のなかで新たな意味を獲得していくのである。

3　現在のルルド巡礼

巡礼概略――多様なグループの混在

　現在，聖域は専有面積22ヘクタール，遮るもののない大きく開いた広場空間と，収容人数の異なる6つの聖堂をはじめとする大小さまざまな集会スペースを備え，聖域司祭団と300人弱の常勤職員が運営にあたっている。聖域で提供される祭儀や信心業の中心となるのは，巡礼団単位で行うミサなど，グループごとに行われる集団的祭儀と，聖体行列に代表される聖域主催の祭儀であり，後者は，巡礼団という枠を越えてその場に集まった全員が参加することのできる共同行為として，重要な役割を果たしている。
　ルルド巡礼の中核を占めるのは，聖域運営者によって「公式巡礼団」と呼ばれるもので，100人から大型になると数千・数万人に達し，平均5日ほどルルドに滞在する。1993年に訪れた公式巡礼団の数は2,001，参加者は678,395人。傷病者（1993年には65,144人）をともなうのはほとんどが公式巡礼団で，ほぼ例外なく独自のボランティア組織を有する。
　だが一口に公式巡礼団といっても，国際規模の大型巡礼団からオートバイ愛好家など特定カテゴリーの人々を集めた平信徒団体の巡礼団まで，さまざまなタイプがある。各巡礼団が掲げる理想の社会関係は異なっており，参加者に求

3　開かれゆく参加空間

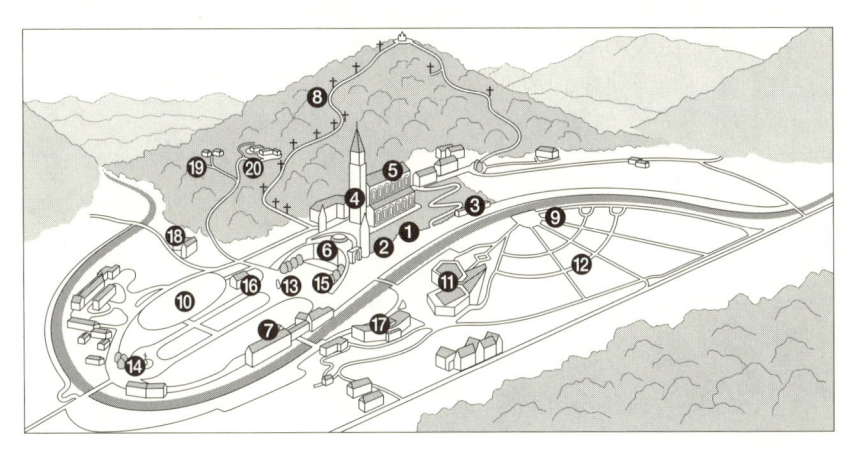

❶ 洞窟／泉
❷ 水汲み場
❸ 沐浴場
❹ 礼拝堂
❺ 無原罪の宿り大聖堂
❻ ロザリオ大聖堂
❼ 悔悛の礼拝堂
❽ 十字架の道
❾ 傷病者のための十字架の道
❿ 聖ピウスⅩ世　地下大聖堂
⓫ 聖ベルナデット聖堂
⓬ 屋外集会場
⓭ 〈戴冠の聖母〉像
⓮ 磔刑群像
⓯ 医局
⓰ 案内所
⓱ 〈ノートル・ダム・センター〉
　 （傷病者宿泊施設）
⓲ 〈サン・フレイ・センター〉
　 （傷病者宿泊施設）
⓳ 〈シテ・サン・ピエール〉
　 （貧窮者宿泊施設）
⓴ キャンプ場

図　ルルド聖域案内図（出典）*Lourdes. Des apparitions au pèlerinage,* MSM, 1994: 32 より作成

写真1　ルルドの大聖堂と屋外祭儀空間（フランス，ルルド，1994年2月）
　　　　洞窟を囲むように聖堂が建てられていった。

められ実践を心がけられる適切な言動もそれにともない違ってくる。ルルド巡礼という「ひとつの世界」は，唯一の理想のもとに統括され維持されているわけではないのである。以下ではまず，私が参加した巡礼グループのなかから代表的なものを上述の歴史の流れに沿うかたちで紹介し，各グループの参加者が示していた関心と配慮の違いを通して諸グループがめざすものの相違を見たのち，それらを「ひとつの世界」に束ねているものについて考察する。

フランス司教区巡礼—地域共同体としてのグループ

　ルルド巡礼が始まった当初，巡礼団を組んでやってきたのはもっぱら司教区単位の信徒集団であった。どの司教区も巡礼の時期が年によって大きく変わることはなく，毎年同じ司教区巡礼団が聖域で顔を合わせ，互いにほめ合ったり競い合ったりしていたという。『司教区広報』の記事などを資料に研究を重ねる必要があるが，フランス共和国がパリを中心に地方連合としての国家像を形成した時期に，フランス・カトリック教会もこのような巡礼団単位の交流を通して，国家共同体に対峙する教会共同体のイメージ（司教区を下部構成単位とし，その全体としてのフランス・カトリック教会，さらに教皇を頂点とし国境を越えて広がる全ローマ・カトリック教会にいたる，ピラミッド状のイメージ）(2)を醸成していった可能性が考えられる（Kselman 1983）。

　このことは，司教区巡礼という形態がフランス以外の国では決して中心的・特権的なものでないばかりか，ルルドが国際的巡礼地となった現在では，フランスにおいても司教区巡礼を重視する意味が見い出されなくなってきていることからも推測される。そのような時流のせいか，あるいはかつての傷病者巡礼のように祈り合う関係が健常者と傷病者の間になかったためか，私が1992年7月に参加したパリ司教区巡礼では，司教区民やフランス教会の一員としての仲間意識を感じる場面はなかった。

　私は司祭1人・神学生2人と互いに面識のない個人・家族からなる19人の下位グループｉに参加した（傷病者はグループに入っていなかった）。大型巡礼団の場合，10-20人で形成される下位グループが通常の活動単位となり，各人はその最小単位の一員として，巡礼団全体で行うミサやほかの巡礼団と共に行う祭儀に参加する。すなわち大型巡礼団に参加した場合，各人はいくつもの共同行為に参加しながら，下位グループ，巡礼団全体，そして巡礼団という枠を越えたところにあると感じられる「ルルド巡礼の世界」という，スケールと性格の異なる3つのグループに参加することになる。各巡礼団やその下位グル

ープごとに構成される「わたしたち」とルルドに集まった巡礼者全体で作る「わたしたち」が，並存しているのである。

　そのなかでグループiでは，巡礼団全体で何グループあるのかに参加者の関心が向けられることはなく，集合写真も司祭や神学生同士が知り合いの5つのグループだけで一緒に撮った。また巡礼の感想を述べる時には，わたしたちのグループiは非常に真面目だという自負や，ルルドに集まったすべての人々で行う共同行為のすばらしさを讃える言葉が聞かれた。逆に，パリ司教区巡礼団という単位が評価の対象になることはなかった。このことは，参加者の関心が行動を共にしたグループiという最小単位とルルドに集まったすべての人々という最大単位に二極化していたこと，つまり彼らにグループiとルルドの巡礼世界に参加している意識がある一方，司教区巡礼団員としての意識はなかったことを表していると思われる。評価の対象になるかならないかは，関心の有無を反映すると考えられるのである。

　また以上は巡礼団参加者の帰属意識の問題だが，外部からの評価という点でも，いまや司教区巡礼団という形態が人々の注意を引くことはまずない。現在，聖域に居合わせた人々の間で好悪を取り混ぜた評価の対象になるのは，以下のような大型巡礼団である。

古典的傷病者巡礼―階級秩序と役割分担

　「苦しみの捧げもの」としての傷病者巡礼の世界を今も守りつづけているのが，〈マルタ騎士修道会国際巡礼〉である。そもそもマルタ騎士修道会は，十字軍の時代，エルサレムへの巡礼者のために救護施設を運営し，彼らを異教徒の攻撃から守るために，フランスを中心とするヨーロッパ各国の騎士階級の人々によって結成された。〈全国巡礼〉のボランティア団体は，実はこの誉れ高いマルタ騎士修道会を現代によみがえらせるという目的と自負をもって始まったのである。私は1995年4月末にこの巡礼のフランス・グループに参加した。

　この巡礼団の特徴は，その階級主義にある。内部でも権威主義を批判する声がささやかれるほど，明確で厳格な上下関係と命令・指揮系統をもち，男女の役割分担が強調される。旧貴族階級を成員とする組織だが，現在では一般の人々にも準会員としての参加の道が開かれている。だが，爵位保持者とそうでない人々の間には互いに住む世界が違うという意識があり，「貴族だけど全然お高くとまっていなくて話がわかる」というのが一般参加者から爵位保持者に対するほめ言葉になっていた。また，ある爵位保持者に間違った名前で呼びか

写真2　マルタ騎士修道会国際巡礼の聖体行列（同，1995年4月）

けた別の爵位保持者の失敗談で雑談の場が盛り上がったことがあった。きょとんとしている私に，その場にいた保持者も非保持者も，〈マルタ〉には名前を間違えてはいけないという鉄則があるのだと口々に説明してくれた。名を重んじる，誇り高い人々なのである。

　自らの階級の社会的地位と役割に誇りをもった人々は，聖域でその強さ・偉大さを誇示する。彼らが聖域の中心的祭儀である聖体行列の先頭を務める時の威風堂々ぶりは，ほかに類を見ない。正式会員はマルタ十字を刺繍した真っ黒な式服・マントや軍服を思わせる制服に身を包み，マルタ十字入りの深紅の膝掛けがかけられた傷病者の車椅子を押して進む。社会的責任を負う立場にある階級の人々が，社会的弱者を守り彼らに奉仕するという理想の社会関係が，そこには表されている。しかし，この誇りと強さを巡礼世界に不適切だと判断する人々もいて，「あの人たちは特別」「自信たっぷり」という批判の声も聞かれた。

　〈マルタ〉のもうひとつの特徴は「貴族的国際主義」と呼ばれるものである（アーレント1972）。この会ではふだんから国単位の活動が中心で，各国間には実績をめぐるライバル意識があるというが，同時に家族ぐるみの交流が国境を越えてあり，巡礼の初日には各国の参加者が，挨拶し旧交を温め合う姿が見られた。巡礼中に懇親パーティーが開かれ，子どもたちもある年齢になるとルルド巡礼にボランティアとしてデビューを果たすというように，そこには国際的・家族的なエリート貴族社会という内輪の世界が形成されており，ルルド巡

礼はその「自分たちの世界」と「絆」を確かめ合う場所・機会のようであった。

この〈マルタ〉の参加者たちに強く勧められて1995年5月に参加したのが，次にあげる〈国際軍人巡礼〉である。この巡礼も〈マルタ〉同様，制服姿が町の通りを埋め尽くし，社会を守る強く責任ある男たちの姿をアピールする。またそれは，同じ巡礼に参加することで，互いに闘うために存在するのではなく，ともにひとつの価値を守る同じ社会的使命を負った仲間なのだということ，すなわち，国境を越えた社会的立場・階級の横のつながりをアピールする点でも〈マルタ〉に似ていた。

勇壮さとあふれる若さで評判のこの巡礼は，第二次世界大戦後に和解の巡礼として始まったもので，現在もキャンプ場で交流会が開かれ，バッジ交換や記念撮影をする姿が見られた。95年の参加者は，フランス・イタリア・ドイツを筆頭にヴァチカン市国も含めたヨーロッパ大陸の20ヵ国とアメリカを合わせた約17,000人で，この年は紛争中のボスニア・ヘルツェゴビナとクロアチアからの参加が聖域スタッフにとってデリケートな問題になっていた。

平信徒団体による巡礼―新たな参加者の拡大

カトリック世界には，教会活動の一環として正式に認可された，職業・年齢・問題意識等に基づいて形成されるさまざまな平信徒団体が存在する。ルルドで目立つのは，同じ病や障害をもった人々により構成される同病者グループであり，次の3つのタイプに大別される。

①〈アミシシア〔友愛〕〉―カトリック教会における傷病者の役割・存在意義の模索

1995年6月の巡礼は，傷病者約150人，ボランティア約350人を中心に，700人規模で行われた。私は会の本部があるオルレアンのグループに参加した。

この会は1920年代初めに，傷病者が心を閉ざし自分以外のことに関心がなくなってしまうことを食い止め，ほかの傷病者と助け合いながら豊かな信仰生活を送るための手助けを目的に発足した。教会活動における傷病者の役割を自問するなかで，はじめは健常者によって唱えられていた「苦しみの捧げもの」の観念を傷病者自らが内在化し，人々のために捧げられる犠牲として苦しむことこそ会員の使命であるとされた。小教区内の傷病者の間に回覧ノートをまわすかたちで活動が始まり，手紙と機関誌によってその活動がフランス全土に広まった。会は傷病者の発言の機会を広げ，カトリック世界における大規模な傷

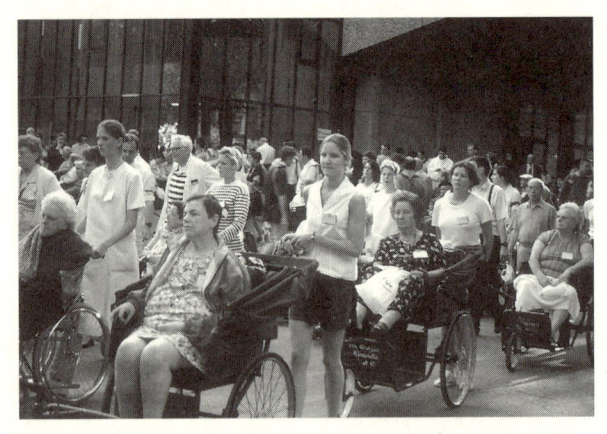

写真3 〈全国巡礼〉のボランティア（同，1998年8月）

病者ネットワークとして意義をもった。会員たちは司教区巡礼団や〈全国巡礼〉に参加してルルドへ行き，そこで親交を深めていたが，1947年に初めて会独自の巡礼団を組織した。

　このように第二次世界大戦後，傷病者の団体が自ら企画する巡礼が行われるようになる。そこでは傷病者の要望と主体性が尊重され，「傷病者は子どもではない」という言い方で，ボランティアが何でも面倒を見ようとする従来の傷病者巡礼が家父長的と批判されるようになった。他方で，傷病者が司教区巡礼に参加せず，同じような問題を抱えた人々だけからなる身内意識の強い巡礼団を独自に作ることは，巡礼運動の精神にもとる「カテゴリー化」だという批判もあった。傷病者も健常者も一緒に何の分け隔てもない共同体を実現することこそ，巡礼のあるべき姿だというのである。

　だが傷病者団体の巡礼を支持する人々にいわせれば，これは単なる傷病者の取り合いだということになる。傷病者巡礼として発展してきた司教区巡礼にとって，傷病者が独自の巡礼団を組織し司教区巡礼に参加しなくなることは，その存亡の危機を意味するのだという。実際これは「傷病者のリクルート問題」として，現在もルルド巡礼関係者たちが頭を悩ませる問題である。傷病者が参加しないと巡礼団として成り立たないという認識が，それほどまでに根強いのである。

　傷病者のネットワークとして先駆的な役割を果たした〈アミシシア〉も，1990年代に組織改革を余儀なくされ，現在は地域共同体的な活動を強化しようとしている。「カトリック教会における傷病者」というアイデンティティが

リアリティを失い，それに基づくネットワークへの参加者が減少したためではないかと思われる。

② 〈盲人十字軍〉と〈ルルド-癌-希望〉——通常の社会生活への参加要求

〈盲人十字軍〉は1928年に会員の精神的相互扶助を目的に創設されたが，のちに盲人の自助独立を援助する社会活動としての側面を強化した。1946年に初めて独自の巡礼団を組織し，1995年4月の巡礼には20ヵ国から約1500人が参加した（私は北部カンブレーのグループで話を聞かせてもらった）。巡礼の間はつねに盲人と付き添いの2人1組で行動し，黒いサングラスをかけ白い杖をもった姿で大勢がと

写真4 「十字架の道行き」を行う〈盲人十字軍〉（同，1995年4月）

もに歩きながら，自分たちがそこにいること，ほかの人々と同じ社会の一員であることをアピールする。

盲人であることが見た目にはっきりわかってしまうのに対して，癌患者の巡礼団〈ルルド-癌-希望〉は，「誰が患者なのか話を聞くまではわからない」という言い方で自分たちが健常者と変わらないことを強調していた。と同時に，癌患者とその家族であることによる社会的ストレスや困難が巡礼の間じゅう繰り返し祭儀や対話のテーマになり，打開策が模索され，互いに慰め力づけ合うことの大切さが訴えられていた。1994年9月の参加者は約2000人で，病気の性質上，ほかの巡礼団に比べて参加者の入れ替わりが激しいという話であった。死が身近な団体であるためか，「わたしたちはひとつの家族である」という発言が繰り返され，また，私が1人でいるとあとで必ず「1人でいたけどどうしたの？」と声をかけられた。ここでは1人でいることは不適切なことなのだと，強く感じさせられた。

この2つの巡礼団では，普通の社会生活を送ることができなくなってしまった人々の困難とそれへの挑戦が巡礼のテーマになっていた。それゆえそこでは，自らの意志と力で積極的に社会活動に参加することが価値として評価されてい

た。だがその評価にはひとつの大きな特徴がある。傷病者でも健常者でも話を聞かせてもらうとすぐに，自分のことではなく「自分の知っているすばらしい人」の話になってしまう。すなわち，そこで評価される強さは「私」の強さではなく誰かほかの人の強さなのである。またこのように，自分のことよりも，自分が感銘を受けたり感動した対象について伝えようとすることは，実は，自分自身に関心が集中していないという，彼らが理想とする人としてのあり方にかかわっている。

③〈英国障害児巡礼協会〉と〈信仰と光〉―現行社会システム・価値へのアンチ・テーゼ

　1995年4月の〈英国障害児巡礼協会〉巡礼は，心身に障害をもつ子ども約2,500人とボランティア約2,500人で行われた。1グループは子どもとボランティア各10人ほどで構成され，基本的にこの単位で活動する。この巡礼団は巡礼スタイルの定番であるボランティア組織の形をとらなかったため，聖域の慣行を無視する勝手な巡礼団だと思われて当初は軋轢があったという（ちなみに，イギリスでは司教区巡礼にボランティア方式が根づかなかったために発展しなかったと，長年ルルド巡礼に携わっているイギリス人女性が述べていた）。

　この巡礼は〈マルタ〉の対極にある。規律・統率への配慮はなく，ましてや上下関係や階級秩序とは無縁で，徹底的に祝祭気分を演出する。カフェに集い，バスで遠足に出かけるなど，子どもたちが楽しめそうなことをどんどんやっていく。迎える町の雰囲気，商店やカフェの人たちの対応もほかの巡礼団に対するものとは違っていた。代金を受け取ろうとしなかったり割引をしたりお土産を渡したりと，機会をとらえては好意を表わそうとする。町の通常の経済活動ルールの方が，彼らを前にして変化してしまうのである。

　この「町中へ出かける」感じは，フランスの〈信仰と光〉という知的障害児巡礼にも共通するようである（こちらは10年に1度大規模な巡礼を行うが，いまだに参加の機会に恵まれていないため，調査はパリ本部とルルド支部で行った。1991年の巡礼には60ヵ国から13,000人以上が参加した）。知的障害児をともなって司教区巡礼団に参加することを拒まれた家族を支えるかたちで始まった巡礼であることから，参加資格や生きる資格を問わない社会をめざすという明確な目標を掲げる。何ももたない・できないということを社会的な絆の端緒にしようと呼びかけ，生産性と効率で頭がいっぱいの現代社会に反省を促そうとする。問題意識をもち社会的な発言を行う団体なので，はじめは活動全

3　開かれゆく参加空間

写真5　〈英国障害児巡礼協会〉全体ミサに向かう人々（同，1995年4月）

体のなかで巡礼のもつ意味が疑問視されていたが，やがてその意義と必要性が了解されたという。

〈信仰と光〉が1971年に初めて巡礼を行った時の興味深い逸話が残されている。それによれば，知的障害児が大勢やってくると知ったルルドの町の商店主たちは，店を荒らされないようにシャッターを下ろし，行政も事故を警戒して多くの警察官を聖域周辺に配備した。町は彼らを闖入者と見なし，仲間として迎え入れようとはしなかったというのである。それがいまでは，障害児が一般のホテルに宿泊することもめずらしくなくなり，先述のように商店主たちも，店の門戸を開くだけでなく，彼らとの間に店と客以上の関係を築こうとしているように見える。この2つの巡礼団は，理不尽な社会に討議や闘争を仕掛けるのではなく，お祭り騒ぎのペースに巻き込んでしまうことで，混ざり合い共に在ることを既成事実化することに，一定の成果を上げていると考えられる。

4　「わたしたち」という「ひとつの世界」はいかにしてできあがるか

「わたしたち」の多様性

以上，ルルドに集まるグループを，教会ネットワークとしての司教区巡礼，中世騎士社会の名残のようにみえる古典的巡礼，平信徒団体によるカテゴリー巡礼と，3つに大別してあげた。この3分類は，ポミアン（1993）がヨーロッ

79

パ概念に内実を与えた3つの文化としてあげる，聖職者ネットワークに基づくスコラ文化，騎士文化，市民文化に，期せずして対応しているようにみえるが，ルルドの巡礼世界ではそれらのグループ間に序列がつくことはなく，巡礼団として対等に同じ空間に場を占めている。グループづくりの動機も参加者の社会的ステイタスも利害もめざす社会的紐帯のかたちも違う「わたしたち」，異なるネットワークでつながれている諸グループが，ルルドではひとつの空間に集うのである。

とはいえ，そこでは主要グループが時代とともに移り変わってきた。当初は司教区巡礼という地域共同体に基づく巡礼が聖域の刊行物で花形としてとりあげられていたが，現在は参加者の社会的カテゴリーに基づく平信徒団体がそれに代わっており，そこにもまた，注目の的となる巡礼団の交代がある。現在は〈ルルド-癌-希望〉や〈英国障害児巡礼協会〉などが高い評価を得ているが，これはルルドの巡礼世界が，治癒・快復し健常者として通常の社会生活を送ることを何の疑問もなく善しとすることから，治癒の可能性のない人々を排除しない社会の模索へと，方向を転じていることに関係がある。花形巡礼団の推移は，理想の社会関係・好ましい「わたしたち」の変化と，連動しているのである。

傷病者を中心に社会関係を構想するという出発点は同じでも，追求される理想の社会関係のかたちは異なっている。傷病者を中心に地域共同体の再建をめざす司教区巡礼の役割が終わり，傷病者や障害者が社会参加を要求するようになったのち，既存の「わたしたち」に参加できなかった知的障害児とその家族が，今度は自ら「わたしたち」の新しい姿を提案し，人々を参加へと誘っている。このような変化は，どのようにして可能となったのだろうか。

聖域空間の公開・公共性

ルルドは，大勢の傷病者を車椅子に乗せて屋外で人目にさらす「苦しみの展示場」，他者の苦しみをスペクタクルとして消費する倫理的に不適切な場所と見なされ，批判されることがある。だが実際に巡礼空間に身を置いてみると，そこが展示場とは異なる，公の開陳の場であることに気づく。ルルドは凝視の対象を隔離し閉じ込め覗きに行く見世物小屋ではなく，隠されていたものをそこにもち出していって白日の下に曝す広場なのである。その場への参加資格を問わず何ものも排除しない空間，どのような「わたしたち」の一員にもなることができなかった人々が，その存在をグループとして公にすることで状況の打

開を図るための公開空間が、そこには広がっている。それは、ほかの選択肢を公にする場として機能しており、花形巡礼団の変化も、そのような公開空間だからこそ可能だったのである。

と同時に、この公開空間はさまざまな「わたしたち」の受け皿となることで、その公共性を強化してきた。フランス・カトリック教会の司教区ネットワークに参加する「わたしたち」の空間に、国外からの巡礼団や平信徒団体など、ほかの「わたしたち」が参入することで、フランスの聖地から国際的聖地への転換が図られたように、「わたしたち」が多様になればなるほど空間は特定の「わたしたち」にしかかかわらない要素を排し、内輪色を弱めていく。このように、グループの多様性と空間の公共性は、互いに支え合う関係にある。

しかしこの公開空間は、各巡礼団がもち込む「わたしたち」の単なる寄せ集めではない。先述のように、そこには巡礼団という垣根が取り払われてできる、巡礼団に参加していない人々も含めた「わたしたち」も存在するのである。最後に、この巡礼世界全体としての「わたしたち」を成り立たせるものについて考える。

「ディスポニーブル」というルール

多様な「わたしたち」の集うこの空間が冒頭の言葉にあるような「ひとつの世界」となるのは、そこに、集まった人々が尊重する共通の規範・ルールがあるからと考えられる。

ゴッフマン（1980）は、人は社会的状況における適切な行為のルールを守ることによって集団への帰属意識を表明する、と述べる。ある集団で尊重されている適切な言動のルールを守ることは、その集団に帰属する意思を表すと同時にその集団に実際に参加することであり、逆に、不適切な行為をする者は集団に参加していない（する意志がない）とほかの成員に感じさせるというのである。

この考えに基づけば、「ひとつの世界」とは、あるルールの束が尊重され実践を心がけられる範囲であり、その世界の一貫性・独自性とは、そこに見られる諸ルールの一貫性・独自性であると考えられる。そして、人々が適切な言動を実践することによって自ら帰属することになる世界を構成しながらそこに参加するのだとすれば、その世界は適切な言動を実践しようとする参加者各人の注意深さと習熟によって堅固となり、また「適切さ」によって支えられていればこそ、それは評価・評判の圏域となるであろう（このような考え方には、

「同じ信仰をもつ人々」というかたちでグループを規定することが避けられるという利点がある)。

　ルルドの巡礼世界には，ほかのカトリックの聖地と比べた時にそれを「ひとつの世界」として際だたせる独自のものがある。大勢の傷病者の存在である。そして，傷病者の存在によって要請されることになるのが，諸グループに共通する規範，ルルドでの適切な言動の核心にある「ディスポニーブル disponible」(他者に応える準備ができている・「空き」がある) という心身の状態である。聖域の印刷物でも説教でも繰り返しとりあげられ，私が参加したどの巡礼団でも重視されていたこの態度は，聖書に描かれた，目の前の苦しみに留保なく手をさしのべよというキリストの教え (「よきサマリア人」のたとえ話) をモデルとしている。すなわちそれは，聖典によって基礎づけられうるキリスト教的な規範と考えられているのである。しかしこの規範は，傷病者巡礼を考案した〈全国巡礼〉によって，はじめから確立されたルールとして巡礼世界にもち込まれたわけではない。ディスポニーブルという適切な言動の指針は，傷病者巡礼を実践するグループが増え，彼らが発言や振る舞いを積み重ねるなかで試されながら，練り上げられ，鍛えられていったのである。

　ではなぜ傷病者の存在が，ディスポニーブルという適切な言動のルールを要請するのだろうか。それは，傷病者が巡礼世界に肉体の弱さをもち込むことによっている。健常者は傷病者の弱く傷んだ肉体に接することで，肉体が絶えざるメンテナンスを必要とすることに思いをいたらせ，その必要を満たすために何かできることはないか，手を貸さなければならないのではないかと思わされる。傷病者には，車椅子の上から人々に対して手助けや配慮を求める存在，という役割が割り当てられ，健常者がそれに応えようとするという関係のモデルができあがるのである。巡礼団に傷病者とボランティアが参加していなければならない理由はここにある。そしてこの，他者の必要に応えることで生まれる人間関係というモデルは，傷病者と健常者という枠組みを越えて適用され，巡礼団への参加・不参加にかかわらず，ルルドでは人は誰に対してもできる限り親切になろうとする。譲り合い，声を掛けられたら応え，頼まれたら引き受け，他者に応えよう，ディスポニーブルであろうとするのである。

　これがルルドを「ひとつの世界」にする規範だということは，次のことからも推察される。新人のボランティアは，ルルドでは傷病者に軽々しく，手紙を書く・電話をする等の約束をしてはいけない，とアドバイスされる。ルルドにいる時にはそれができるような気がしてしまうが，日常生活に戻ってしまうと

傷病者に時間を割くこと・ディスポニーブルであり続けることが難しいからである。だがそれは，単に実際問題として日常生活では時間に追われてしまうことが原因なのではない。ディスポニーブルであれという共通ルールが「ひとつの世界」を作り上げるために実践されているルルドでは参加（希望）者は容易にそれを実行できるのに対し，それがルールとされていないところでは実践が難しいということなのである。日常生活世界にはその世界で尊重される規範があり，その規範に照らして適切な言動をとることが，そこでは優先されるのである。

　先述のように，ルルドを訪れるさまざまな巡礼団では，その掲げる理想の社会関係や社会参加の姿が異なっていた。それは，各巡礼団参加者たちの社会的立場の違い（健常者・傷病者・上流階級など）に由来していた。だが，そのような立場を度外視したところでは，ディスポニーブルが最重要・最優先の規範として，人々の言動の指針となっている。困っている人がいれば手をさしのべ，他者に関心を抱くことは適切なことであるという評価は，参加したどの巡礼団でも共通していた。そのような準拠枠を共有している，みんながその価値を尊重し実践しているという思いが，人々を「ひとつの世界」の参加者にしているのである。

　そしてこのディスポニーブルの要請が，巡礼空間の公開性を強化し，花形巡礼団の変遷を可能にしたと考えられる。最初にルルドを訪れた健常者のグループは，社会から排除されていた傷病者に自分たちに都合のよい役割を与え，巡礼空間と活動の中心に位置づけた。そこに生まれたディスポニーブルを旨とする巡礼世界は，必然的に，新たにやってくる，部外者扱いされていた人々を次々と受け入れていき，結果的に，どのようなグループの参入も拒むことがないディスポニーブルな空間が生まれたのである。こうして，健常者・傷病者・知的障害児と参加グループが拡大し，参加者の立場や抱える問題が変わると，それに合わせて，そこで評価される理想の社会関係や好ましい「わたしたち」も，変わっていったのである。

　このことは，知的障害児巡礼を例に考えるとわかりやすい。知的障害児を考慮せずに構想されたルールの世界に知的障害児が適応できないという理由で，彼らは教会の提供する祭儀などの共同行為からさえ排除されていた。これに対し，知的障害児を考慮に入れ彼らが参加できるルールを構想したのが知的障害児巡礼であった。すなわち，先行ルールを基準に参加者を選別するのではなく，新たな参加希望者も参加できるように適切な言動のルールの方を変えていくの

である。こうしてディスポニーブルな空間が参加者の枠を広げたことにより，参加者自らが構想する「適切さ」が変化する可能性が生まれたのであった。

　近代カトリック世界が伝統的共同体の復興をめざして始めた巡礼運動は，聖典に基づく価値を指針としながら，結果的に，さまざまな「わたしたち」の共存を可能にする公開空間と公共性を鍛え上げてきた。こうしてできあがった，適切な言動のルールを共有する立場の異なる人々の集まり，さまざまな「わたしたち」が公開空間に自らの尊重する言動のルールをもち込みつつ，自分たちは同じ「ひとつの世界」にも参加しているという認識を維持している集まりは，限定的・条件付きの他者（仲間内の他者）の圏域のようにみえる。そして，本書の主題である「ヨーロッパ」との関連からイメージを広げるなら，このような他者の圏域（をもつという自負）は，現在のEUがめざす「わたしたち」の姿にも通じるものであるように思われる。

5　おわりに―規範と評判の圏域としての「ひとつの世界」

　ここでは「ひとつの世界」を，どのような言動のルールがいかに形成され，どのようなメンバーがそこに参加（を希望・拒否）し相互評価をしているのか，というように，ルールと評判の参加圏として考えた。本書が掲げる「ヨーロッパ研究」という枠組みをこの観点から考えるなら，それは，ある適切な言動のルールの内容やつくられ方，ルールの参加者である「わたしたち」の形成とその相互関係が，ヨーロッパという圏域の構成・確定に果たして関与するのかどうかを問うこと，あるいは，ヨーロッパという圏域に参加したいと思っている人々が実践を心がける共通の規範というものがあるのかどうかを問うことであろう。

注
（1）最高責任者としての司教が統括する地域・区画で，教会行政上の基本単位。日常の教会活動は司教区を下位分割した小教区単位で行われる。
（2）ちなみに「ガリカン教会」というフランス・カトリック教会イメージは，フランスの王権と教皇権の対立を軸に生まれたもので，全体教会の構成単位としての司教区意識とは無関係である。

参考文献
　アーレント，ハナ，大島通義・大島かおり訳 1972『全体主義の起源2　帝国主義』

みすず書房.
ゴッフマン，アーヴィング，丸木恵祐・本名信行訳 1980『集まりの構造——新しい日常行動論を求めて』誠信書房.
ユイスマンス，J.K., 田辺保訳 1994『ルルドの群集』国書刊行会.
Kselman, Thomas A., 1983, *Miracles and Prophecies in 19th Century France.* New Jersey: Rutgers University Press.
ポミアン，クシシトフ，松村剛訳 1993『ヨーロッパとは何か——分裂と統合の 1500 年』平凡社.

文献案内

① Michel Dubost（ed.），*théo. L'encyclopédie catholique pour tous.* Paris: Droguet-Ardant / Fayard, 1993.

フランスの一般向けカトリック事典。カトリック世界に関するあらゆる疑問に答えるべく，歴史・教義からカトリック世界の現状まで多岐にわたる内容を網羅して平明に解説・紹介し，読み物としても充実している。「カトリック世界」を 1 冊の本にした趣があり，それがさまざまなグループやネットワークの集まりとして存在してきたことがわかる。くわしい索引付き。読み方や関係のつけ方が上達するにつれ，いろいろな楽しみ方ができるようになる。（1327p.）

② John Eade and Michael J. Sallnow（ed.），*Contesting the Sacred: The Anthropology of Christian Pilgrimage.* London and New York: Routledge, 1991.

巡礼とは，さまざまな対立や競合のアリーナ（競技場）であり，かつ，分断に対する対抗運動のアリーナでもある，という認識に立つ（「序」2 頁）論文集で，一時大きな影響力をもったターナー巡礼論の批判的な乗り越えをめざす。ルルド，エルサレムのほか，南イタリア，スリ・ランカ，ペルーの，おもにカトリックの巡礼（地）が，そこに見られるさまざまな対立（教義と習俗・住人と巡礼者等）と交渉の過程に焦点を合わせて分析されている。

③ 関一敏『聖母の出現——近代フォーク・カトリシズム考』日本エディタースクール出版部，1993 年.

19 世紀フランスで起きた 4 つの「聖母出現」の分析を柱に，「他界からのメッセージ」のような「不思議」を，合理的な解釈や解説を考案するのとは違ったやり方で「研究」するための方途を探る論文集。ここでは，傍目にはいかがわしい「不思議」が適切な社会的現実として認知されるための状況・条件の分析が中心となっているが，それ以外の研究の可能性についてもアイデアとヒントが散りばめられている。

4 家族の再編と現代都市
―― ベルリンのトルコ移民第二世代をめぐって

森　明子

1　主題としての都市の移民家族

　本章は，ヨーロッパ現代の都市社会は，ローカルなレベルからどのようにとらえることができるのか，それを具体的な人類学研究としてどのように扱うことができるのか考え，その一端を示すことを目的とする。ここには，マクロなレベルで把握されるヨーロッパの大規模なシステムとしての位置づけと，個々の人間関係から構成される生活空間としてのヨーロッパ社会の双方を視野に含め，その結節点においてヨーロッパをとらえようとする関心がある。そこで私は，都市の移民家族に注目する。私が意図するところを，次に述べよう。

都市への関心
　都市は，さまざまな地域の人々が集まり拡散していく，たえまのないやりとりのおこなわれる場である。ひとつの都市は，同時にさまざまな地域と，政治的，経済的，文化的にかかわりをもっている。都市は，決して都市だけで自立している空間ではない。
　ヨーロッパの都市において，このかかわりは，ヨーロッパの外に世界大に広がる。ロンドン，パリ，ウィーンなどの現代の大都市は，19-20世紀にかけて，植民地経営と帝国主義の発展によって飛躍的に発展した。それは人とモノの不均衡な交換関係を内包していた。近代都市の市民文化の形成は，植民地からもたらされた富なしには，考えることができない（Rotenberg 2001）。
　現代，特に1980年代以降の世界において，この人やモノおよび情報の移動は，空間的に拡大し，量的に大規模化し，時間的に瞬時のうちに起こっている。それは，グローバル化現象と呼ばれ，経済学，社会学をはじめ，カルチュラル・スタディーズなどの研究対象となっている。これを人類学の研究対象とし

4 家族の再編と現代都市

てとりあげ，そこにどのような可能性を提示できるのか考えるのが，本章のテーマである。

これらの現象は，マクロなレベルでとらえる視点が求められる一方で，その具体的な状況を明らかにしようと思うならば，個々の都市でどのような状況がどのように起こっているかを詳細に検討していく必要がある。人類学からおこなう都市研究には，そのようなボトムアップの視線によって，個別性からグローバル現象をとらえる可能性を求めることができよう。

ヨーロッパの都市に対する関心には，さらに別の要素も加えられる。19世紀の市民文化は，ヨーロッパの近代都市がつくりあげたものであり，それは今日まで，近代以降の世界全体を構成する重要な骨組みでありつづけている。今日問われているのは，19世紀以来の市民文化が現代において，いかに再編されようとしているのか，その過程に，現代の人やモノや情報の大量移動がどのように作用し，そこで何が再生産されていくのか，ということである。ヨーロッパ都市の市民文化がになった近代性が，世界に播種され，それぞれの国の「近代」の形成にあずかったことを考え合わせれば，そこから展開する問題は，じつにさまざまに広がっていく。

このような関心のもとに，本稿では，現代都市としてベルリンを対象として選び，その再編過程に注目する。

移民家族への関心

移民現象は，現代の都市社会，そのグローバル化する様相を端的に表すものである。したがって移民研究は，現代の社会科学のさまざまな領域で注目されている。本章では文化人類学の立場から，移民家族の世代交代のプロセスに注目する。

移民家族に注目するのは，彼らが家族という関係を再編しながら家族，国家，都市，故郷を再定義していると考えるからである。そのプロセスはさらに，自己の帰属意識も編成する。この場合の帰属意識は，単一の首尾一貫したものとしてあるのではない。一方において移民としての自己の意識が形成され，他方において居住する都市住民としての意識が形成されて，相互に作用しながら複雑な帰属意識を編成していくと考えられる。自己という主体を維持するために，この意味はつねに再考され，調整されるのであるから，私たちもこれを過程としてとらえる必要がある。

見方をかえれば，これはヨーロッパの近代市民文化が，移民を組み込み，自

らを再編しつつある過程でもある。それまでの住民意識や市民文化が、まったく変更を受けずに無傷で維持されるわけではなく、またその逆に、新しい統一的な住民意識がつくりあげられるわけでもない。何らかのものは再生産され、あるものは侵食され、あるものは風化し、そのような過程を含みながら、現代世界における住民意識、住民文化が、統一されることなく、複数性をもったままで、再編される。

　このような複数性への視線を確保したうえで、ここでは具体例として、あるトルコ人移民家族をとりあげることにする。ベルリンに「トルコ人」として生活する人々が、どのような意識をもってベルリンの都市社会に参加しようとしていくのか、また「トルコ人」としての自己の意識をいかに構築していくのか、注目していく。

　本章でとりあげる現代都市における移民家族の世代交代というテーマは、文化の異種混淆という状況のなかで、どのようにしてある文化が再生産されるのかという問いに連続している。それは、1人ひとりの人間の問題としてとらえるならば、自分は何者であるのか、そのモラルは何によればよいのか、異種の文化が混在するなかでそれをいかにつかみ取り、あるいはつくり出していくのか、という自己の存在に関して発せられる問いである。スチュアート・ホールは、「私たちは、どうやって新しいアイデンティティがどんなものであるか、考えることができるだろうか。同じものよりもむしろ異なったものを通じて形成されるアイデンティティとはどのようなものだろうか」(Hall 1997a: 39) と問うている。この問いへの、人類学からのひとつの応答を、ここでは示してみたい。

2　移民家族の研究

　都市の移民家族の研究から、現代世界の現象を理解しようとすることが、どのような可能性をもっているのか、この問題を扱ったほかの研究をひきながら、さらに考えていきたい。まず、現代都市をとらえる視角について、社会学やカルチュラル・スタディーズの分野で近年注目されている「グローバル・シティ」という概念を見ていこう。

グローバル・シティ

　世界システムあるいはグローバルな経済過程では、いくつかの主要大都市が

重要な拠点をなしている。このような都市に注目することで世界システムをとらえ直そうとするのが，サスキア・サッセンの提示する「グローバル・シティ global city」という概念である。都市という空間に注目し，それをサイトとしてとらえて分析する視点である。これによって，マクロ視点から現象をとらえることでは把握しきれなかったさまざまな問題をとらえる視座が確保される。私がグローバル・シティ概念に注目するのは，この概念が大規模な経済過程に関する理論でありながら，同時に，人類学の個別性への視点を排除せず，むしろそれと組み合わせることによって，新しい経済—社会—文化的現象を説明する有力な枠組みを提供すると考えるからである。

　サッセンは，ニューヨーク，ロンドン，東京などの都市が，主要な資本蓄積の場であり，またグローバルな経済過程の調整の場であることをとらえて，そのような都市をグローバル・シティと名づけた。グローバル・シティは，世界経済を運営するとともに，世界経済にサービスを提供する拠点である。グローバル・シティにおいて注目されることは，そこに集中した高度の専門的なサービス産業が，高所得の職種をつくってきたが，それと同時に大量の低所得の職種もつくり出してきたということ，そして専門的サービス部門へ種々のサービスを提供する低所得のサービス部門の労働に，女性と移民が統合されているということである。すなわち，世界大に展開する現代の資本と労働が，グローバル・シティにおいて，現実に遭遇しているのである（サッセン 1992; Sassen 1998; 足立 1999）。

　私たちが本章で関心を寄せている都市の移民家族は，この世界規模の経済システムの内部に位置づけられる。世界規模の政治経済の展開が，人類学の立場からとらえる個人の人間関係のレベルにおいていかに作用するか，その実態をとらえようとするとき，移民家族に焦点をあてて「グローバル・シティ」という概念を導入することが，立体的でダイナミックな視座を与えると期待されるのである。私は，ベルリンが，資本蓄積という側面ではニューヨークなどの三都市に達しないとしても，国際移民の統合という側面に注目するとき，グローバル・シティという概念がかなりの程度有効であると考えている。

移民家族（世帯）の社会関係と経済システム

　さらに，移民家族の世代交代に注目することがどのような意味をもっているのか，理解しておく必要がある。個別性を重視し，ミクロな問題への接近を得意とする人類学が，グローバルなマクロ現象をどのようにとらえるのかという

ことは、ひとつの課題である。私は、移民家族がミクロレベルの社会行動とマクロレベルの現象を接合するサイトに位置づけられるととらえており、移民家族へのアプローチは、人類学のこの課題に対するひとつの突破口になると考えている。

ここでは、グローバルな経済過程に移民家族を位置づけ、その理論化をめざした人類学研究として、パトリシア・ペッサーの論考に言及したい。ペッサーは、ニューヨークにおけるドミニカ移民を扱っているのであるが、その理論的な枠組み、問題のとらえ方は、ヨーロッパの移民家族を研究する場合にも、参考になる。

あらかじめことわっておくと、ペッサーを含めて研究者の一部は「移民世帯 migrant household」という用語を用いていて、別の研究者は「移民家族 migrant family」という語を用いている。人類学においては、これまで家族と世帯の概念をめぐる議論もおこなわれてきたが、本章の議論の範囲においては、家族と世帯の概念上の区別は重要な意味をもたない。本章では、主として移民家族という語を用いることにする。ただし、研究書の引用や紹介では、その元の用語を残す。

ペッサーは、ウォーラーステインや、メイヤスーなどの研究において、移民の世帯構造や、彼らの戦略が、大規模資本主義経済の原理に従っているかのように描かれていることを批判する。ウォーラーステインやメイヤスーの理論において、世帯は所得プールの単位と見なされ、世帯の機能と形態は、その外部の力によって決定されると考えられている。そこでは移民行動は、外部のシステム、すなわち大規模な資本主義経済の変化に対して、世帯が一体のものとして行使するストラテジーのひとつである（ウォーラーステイン 1997）。ペッサーは、これらの理論が世帯内部において展開する社会関係をまったく考慮していないことを指摘する。実際の世帯内には、ジェンダーと年齢をめぐって社会関係が形成されていて、それが個々の成員の行動を引き起こしている。彼女はこの世帯内社会関係を考慮することを訴える。

ペッサーによれば、世帯は、世代、ジェンダー、親族関係に沿って組織される社会的諸関係のひとつのアリーナである。これらの諸関係は、権力構造、イデオロギー的な意味、感情を生みだし、またそれによって強化され、あるいはヒエラルキーや不平等に貢献する。ここから起こる成員間の競合や闘争は、意思決定、分業、資源をめぐる権力や権威のしくみを制御したり変更しようとする。その一方で、世帯は外部の生態的および政治経済的システムと連関するメ

カニズムも含んでいて，世帯外部で起こる生産戦略や分配，消費のパターンに，そのつど適応しようとする。このような世帯外のシステムとの関係は，世帯内におけるさまざまな関係の変更をもたらす。

　これら世帯の内外で起こる過程が，移民行動を導き，あるいは移民行動によって影響される。したがって，世帯をその内部が見えないブラックボックスとして扱うのは片手落ちである。世帯内の社会関係を分析に取り込むことによって，移民が，マクロレベルとミクロレベルで起こっているプロセスに作用し，またそれを媒介している局面を明らかにするべきである，というのがペッサーの主張である（Pessar 1988）。

　本章でも，現代世界のマクロな経済的・社会的状況と，ミクロレベルでの個別の人間行動とがいかに連関しているのか，それをいかにとらえることができるのか，という関心のもとに，移民家族をとりあげる。特にここでは，現代都市の移民家族の世代交代の過程に注目する。それは，世代交代の過程において，さまざまなアイデンティティの競合や選択が表出すると考えるからである。

　フランスのアルジェリア移民を扱った伊藤るりは，「(移民家族の世代間の再編) 過程は移動（出移民）という行為そのもののなかに始まって，さらにホスト社会における〈差別のなかの同化〉，葛藤を含んだフランス社会への参加と統合によって規定される」と指摘している（伊藤 1998: 63）。

　伊藤が移民家族をとりあげる視角は，フランスに限らず，ドイツにおける移民についてもかなりの蓋然性をもっていて，基本的に同意するものである。しかし，移民の自己意識がいかに構築されるか，という問題を考えるとき，それは「ホスト国」対「出身国」という二項対立の枠組で理解できるものではない，と私は考えている。都市で生活している移民は，特に二世以降の世代では，さまざまな他者と遭遇し，他者との差異化を繰り返しながら，それをとおして自己の意識を構築しようとしていく。そこでは，出身国を同じくする同国人もまた他者となる。その過程に注目していきたい。

3　ベルリンのトルコ人―外国人労働者から移民へ

1960年代から壁崩壊後へ

　この節では，ベルリンにおけるトルコ人移民家族について，全般的に把握したい。ベルリンにおいて外国人の最大多数を占めるのはトルコ人である。ベルリンに多くのトルコ人が生活する契機になったのは，1960年代に地中海地域

の複数の国々に対してドイツ政府が発した労働力「募集」であった。「募集」からの経緯を概観しよう（Greve und Çinar 1998; Jonker und Kapphan 1999）。

　第二次世界大戦後の経済発展によって，西ヨーロッパの各国では労働力需要が高まり，1950年代半ばには，国内労働力でそれをまかないきれない状況に達した。やがて西ヨーロッパの労働力が不足している国々と，その周辺にあって失業問題を抱えた国々のあいだで，労働力をやりとりする協定が締結された。ドイツ－トルコ協定はそのひとつで，1961年に結ばれた。トルコ以外にもイタリア（1955年），スペイン（1960年），ギリシャ（1960年），モロッコ（1963年），ポルトガル（1964年），チュニジア（1965年），ユーゴスラビア（1968年）などと協定を結んだ。

　以下では，トルコとの関係について見ていこう。1950-60年代のトルコは，急速な人口増加による失業問題を抱えていたうえに，農業の近代化政策の影響により土地を失った小農民が流民化し，大都市の周辺にスラムをつくっていた。トルコにとって余剰労働力となったこれらの人々が，イスタンブールに設置された労働者募集窓口を訪れ，ドイツ人医師による厳重な健康チェックを受けた後にドイツ諸州の各都市に送られた。当時ドイツに入国したトルコ人の約3分の2が，もとは農村出身者だったという。

　ドイツにおけるトルコ人人口は，60年代を通じて増大しつづけた。ただし，ベルリンへの外国人労働力の導入は，ほかの西ドイツ諸州より遅れて始まる。壁が建設されて東ドイツとの交通が遮断されるまで，周辺の東ドイツの労働力が供給されていたためである。ドイツ政府は第一次石油危機の1973年，募集を停止したが，この措置によってトルコ人人口が減少したわけではなかった。募集停止によって新たな労働力の大量リクルートは停止したが，同時にこの措置は，すでにドイツに在住していたトルコ人に帰国を思いとどまらせる効果を生んだ。そして滞在の長期化は家族の呼び寄せ（後述）を帰結した。

　70-80年代にかけて，「外国人労働者」は家族生活をいとなむ住民としての「移民」になっていった。このころからベルリンにはトルコ人のためのインフラストラクチャーが整えられていった。トルコ人が特に集中して居住するクロイツベルク区には，ベルリン在住トルコ人のニーズにこたえる店舗や屋台のマーケットが並ぶようになった。果物や野菜，オリーブやチーズ，イスラーム教徒のための肉，茶道具，衣類等々を扱う店舗，トルコ料理店，トルコへの帰郷旅行を斡旋する旅行社，また，トルコの音楽・舞踊を教える学院もできた。ほぼ時を同じくして，トルコ人の子どもたちへのドイツ語教育や宗教教育が，都

4 家族の再編と現代都市

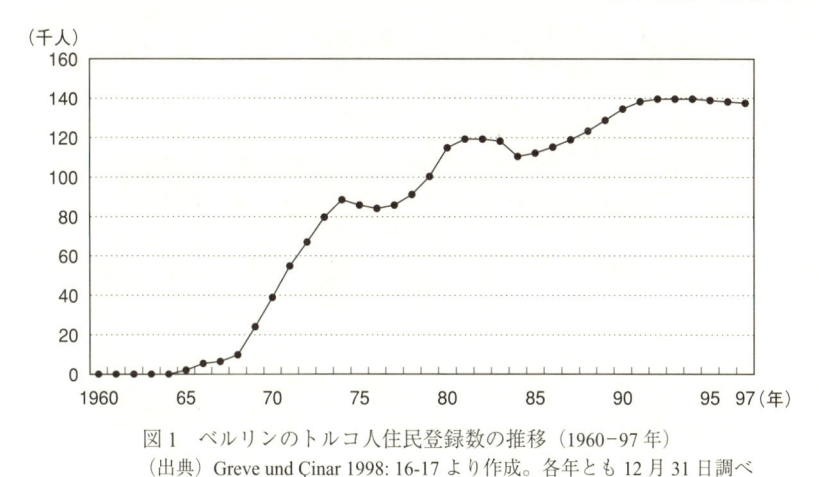

図1 ベルリンのトルコ人住民登録数の推移（1960-97年）
（出典）Greve und Çinar 1998: 16-17 より作成。各年とも 12 月 31 日調べ

	トルコ人数	％
ベルリン全体	137,109	4.0
旧西ベルリン	133,193	6.2
旧東ベルリン	3,916	0.3

図2 ベルリン各区の住民に占めるトルコ人割合
（出典）Senat von Berlin（Die Ausländerbeauftragte des Senats）1998: 41-45 より作成。1997 年 12 月 31 日調べ

写真1 トルコ市場(ベルリン,クロイツベルク区,1999年9月)
運河に沿った道に並ぶ屋台。週2回開かれ、ベルリンで最大規模。ドイツ人やほかの外国人にも好まれている。

写真2 食料品店内部(ベルリン,クロイツベルク区,2000年5月)
中近東地方の食品を扱う店はベルリンに多く、顧客にはドイツ人も含まれる。この店の経営者はアラブ人である。

市の社会問題として浮上していった。

トルコ国内での政治温度の変化も，ドイツのトルコ人の生活に影響を与えた。1980年に軍事クーデターとして表面化することになったトルコの政情は，多くの政治難民をもたらした。またドイツ在住トルコ人のあいだにトルコ政府への抗議運動も起こり，故国政府と緊張関係に陥ったトルコ人も少なくなかった。

1980年代，ドイツ政府はトルコ人人口の増大に対する対抗策をいくつか講じた。1981年，家族呼び寄せを，配偶者あるいは16歳以下の子どもに限定し，1983-84年には，帰国するトルコ人に対して，支度金を支給した。しかし，いずれの政策も大きな成果をあげたとはいえない。

1990年代のドイツは東西ドイツの統一を果たし，同時にEUへ向けて動きはじめた。東欧ブロックの崩壊は，ヨーロッパ経済の不況期と重なり，大量の難民が失業者として現前した。それは移民や難民のホスト国としての西ヨーロッパの国々における外国人嫌悪を悪化させることになった。一方で，この時期はドイツ文化のなかで成長したドイツ語を話すトルコ移民の第二世代が，職業についたり，結婚して自らの家族をもつにいたった時期と重なっている。

現在ベルリンで生活しているトルコ人たちの職業は，議員から野菜売り，詩人にいたるまで，ほとんどすべての社会階層にわたっている。その民族的および文化的・社会的な背景も多様で，「募集」によってベルリンにやってきた当時のトルコ人たちの多くが農村出身者であった状況と，かなり異なる。またベルリンで生まれた第二世代の多くは，ベルリンで教育を受け，仕事につき，ドイツ国籍ももっている。このような状況において，法的にはドイツ人である若者が，文化的・社会的にはトルコ人であるということがしばしば起こっている。何をもってトルコ人と呼び，ドイツ人と呼ぶか，一般に通用する基準があるわけではない。

ローテーション原理の影響

ベルリンのトルコ人の現在の状況を説明しようとするとき，ローテーション原理と家族呼び寄せは有効な視座を与えてくれる。この2点に沿って見ていくことにしよう。

「ローテーション原理 Rotationprinzip」とは，募集当初のドイツ政府の思惑だった。「外国人労働者」の募集は1年契約でおこない，ある年に募集した労働者は数年のうちに帰国して，新たに募集した労働者がこれに代わる，という労働力のローテーション・モデルである。この原理によって，労働力は必要な

とき必要なだけ供給されるはずであった。「外国人労働者」と翻訳されている原語 "Gastarbeiter"〔ガストアルバイター〕は客の労働者を意味する。この語は，一時的な「客人」としての労働者を意味していて，ドイツ社会が，彼らを都市で社会生活をともにいとなむパートナーとして，すなわち都市住民として迎えようとする意思がなかったことを示している。

ローテーション原理は，60年代末には破綻した。次々に補充される新人の労働者に，そのたびに仕事を教え込むよりも，仕事に慣れた労働者との労働契約を延長するほうが効率的であるという経済論理が優先した。ドイツに働きに来たトルコ人もまた，すぐに帰国するより，ドイツでより多く蓄財することを好んだ。

ローテーション原理は破綻したが，それがのちのちまで，ベルリンに生活するトルコ人の生活スタイルを方向づけたことは否定できない。ローテーション原理にもとづいて，トルコ人は「数年しかいない」「いずれ故国に帰る」ことが前提とされ，ドイツ政府の受け入れ体制は，コストを最小限に抑えることが容認されたからである。その後，大幅に増加したトルコ人に帰国を促そうとした政府は，当初の方針をひきあいに出し，それを再確認し強化する方途をとった。ベルリンに住むトルコ人は，このような受け入れ側の不十分な体勢のもとに，結局は長期におよぶ生活を送ることになった。

ドイツ政府の受け入れ体制は，外国人労働者に供された住宅に端的に現れた。まもなくとりこわしを予定していて，ドイツ人にはもはや貸与されなくなった，古い劣悪な集合住宅が，外国人労働者に提供された。狭い空間に過密といえる人数のトルコ人が寝泊りしていたことが，知られている。このイメージは今日にいたるまで，ベルリンの「トルコ人像」の原型を構成している。

一時的な滞在である，という前提は，実際には長く滞在することになったトルコ人の意識にも浸透していった。そのことが，トルコ人からドイツ社会に参加しようとする動機づけを，はじめから奪うことになったといえる。たとえば，外国での生活に必須と考えられる言語習得について，苦労してドイツ語を学ぶことにそれほどの必要性を認めない考えが，今日でさえ一部に根強く見られる。与えられた労働は，言語によるコミュニケーションがなくても可能な，単純な仕事であり，収入を得るためにドイツ語習得は必須というわけではなかった。日常生活においてドイツ語を話してドイツ人社会と接触しても，疎外感を味わうことのほうが多い，それならば，ドイツ語を話さないで，ドイツ人との接触も最小限に済ませるほうが安全で実際的だ，と考える人が少なくなかった。そ

れを可能にしたのが、都市の内と外にはりめぐらされたトルコ人同士の強力なネットワークである。受け入れ側の都市にとっても、まもなく帰国する（と考えられていた）外国人がドイツ社会になじもうとしなくても、それが問題になるとは考えられなかった。

　ベルリンのトルコ人は、倹約家である。「十分な財をもって帰国するために、できるだけ倹約する」という考え方が、ベルリンのトルコ人家族の消費生活を基礎づけている、といわれる。それはドイツ人の眼にうつるトルコ人像であると同時に、一部のベルリン在住トルコ人の自画像を構成している。ベルリンでの生活はかりそめのものであり、ほんとうの生活はトルコにある、という定型化した考え方である。

家族呼び寄せと双方向的移動

　「家族呼び寄せ Familiennachzug」とは、ドイツ在住の外国人労働者の家族には、その入国を優遇して認めるという措置である。家族呼び寄せは、移民家族の再編に大きな意味をもつ。「募集」停止後も、トルコ人人口が減少しないのはこの制度を介して入国する人々が絶えないからで、外国人流入人口を抑制したいドイツ政府にとって、これはひとつの抜け穴となっている。

　募集に応じて渡独した労働者は、はじめ単身で移動した。しかし滞在が長期化するにつれて、故国から家族を呼び寄せるのは当然のなりゆきである。ここで注意するべきは、呼び寄せは一度おこなわれたら完了するというものではなく、継続的な過程としてとらえられることである。はじめに呼び寄せるのは、配偶者であることが多い。子どもはトルコの親族に預けられる。配偶者は、自分自身の仕事の口を探し、生活が落ち着くと、トルコに残っている家族を、順に呼び寄せる。どの子どもをいつ呼び寄せるかについては、子どもの学齢が考慮される。ベルリンで家族生活がいとなまれるようになると、さらに親族や知人が、この家族を頼ってベルリンに来る。こうして、移民研究において連鎖移民 chain migration と呼ばれる移動現象が現出する。

　移民家族は、家族呼び寄せの制度を利用して、ベルリンとトルコの故郷とのあいだに、親族関係を介した終わりのない人間の移動回路を形成しているといえる。家族呼び寄せそのものは、トルコからベルリンへという一方向の移動を意味するが、移民家族にとって、家族呼び寄せは家族再編の一環として利用されており、それはトルコとベルリンの双方向的移動という文脈のなかにおかれる。その双方向的な移動を見ていこう。

トルコからベルリンへの移動については，配偶者や子どもの移動に加えて，新たな婚姻関係の形成が，家族呼び寄せと結びつけられ，それによって家族の成員補充がおこなわれると同時に，次世代の形成もおこなわれることに注意したい。それは現在まさに結婚適齢期を迎えた，移民第二世代のあいだで見られる動きである。彼らは結婚相手を，トルコの両親の出身地に求める。そしてトルコで結婚式を済ませたのちに，家族呼び寄せの制度によって，配偶者としてベルリンに迎えるのである。新しい結婚を介して，ベルリンとトルコの故郷を結ぶ家族のネットワークは拡大し，強化される。また結婚相手の家族は，この結婚によって，ベルリンへの足がかりを新たにつくることになる。ここに移民行動の世代交代が実現している，ということもできよう。

　ベルリンからトルコへという，逆方向の移動としては，休暇ごとの帰郷，子どもの移動，帰国の3点があげられる。休暇は，西ヨーロッパの都市で働くトルコ人にとって，帰郷の重要な機会である。毎年あるいは隔年で，家族がそろってトルコの故郷を訪れる。帰郷は，家族のネットワークを再確認する機会になるばかりではない。この休暇中に，「将来帰国したとき住む家」の準備が，着々と進められる。故国に準備される「家」の多くは，ベルリンでの長期にわたる蓄財の成果を示す含意があり，たいていきわめて豪華なものになる。また，家族の休暇は，適齢期の若者の結婚相手を捜す機会にもなる。

　第二は子どもの移動である。子どもの生活場所は，大人よりも流動的である。子どもは学校教育や，家庭での労働力需要にあわせて，ベルリンの両親とトルコの祖父母ないし親族のあいだを移動する。両親とともにベルリンに来ていた娘が適齢期を迎えると，トルコに婚家を求めて帰国するという例もある。子どもは，ドイツの都市とトルコの故郷を結んで形成されたネットワーク上を移動する。

　第三に，ドイツからトルコへの移動の最終的な帰着点として「帰国」がある。ただし「帰国」は，1組の夫婦がドイツで蓄えた財をたずさえて，トルコの故郷に帰ることを意味するのであって，家族がすべてトルコに帰国することを意味するわけではない。若い世代の子どもや親族は，なおベルリンに残って生活しているという例は多い。第一世代が帰国する頃，ベルリンの家族の世代は交代しているのである。ベルリンとトルコを結んで形成された国境を越えるネットワークは，いったん帰国した夫婦にとっても，なお重要な意味をもちつづける。彼らは折あるごとにベルリンの家族を訪問する。

　家族呼び寄せは，募集停止後のベルリンとトルコの故郷を結ぶ家族ネットワ

ークを維持し，再生産するための重要な役割を果たしている。このネットワークの更新をとおして，ベルリンにおけるトルコ人の生活は，トルコからつねに新しいメンバーを取り込み，それを介して次の世代を再生産しているのである。

同時に，トルコへの帰国という還流の経路が，この家族のネットワークのなかに確保されてあることは，ベルリンのトルコ人家族を理解するうえで，注意すべき点である。帰国したトルコ人は，なおトルコの故郷とベルリンを結ぶ家族のネットワークを保持しているのである。このことは，さまざまな問題について，重要な視点を与える。ここではこれ以上触れないが，たとえば国籍に対する意識，その取得をめぐる意思決定，さまざまな社会保険制度への関与なども，この問題と合わせて考察するべきである。

4　移民家族の世代交代

第二世代の結婚

国境を越える家族の再編については，それが実際にどのように展開し，ネットワークの構成をめぐって，どのような緊張や交渉がおこなわれているのか，個別に見ていく必要がある。家族の再編については，ことばの習得，教育や就労，結婚，老後の設計など，複数の局面をとりあげる必要がある。そのすべてをここで論じることはできないので，以下ではそのなかから，結婚について具体的に見ていくことにする。

とりあげるのは，ある移民家族（A家）第二世代の3人キョウダイの結婚である。それぞれがどのような結婚をしようとして，それを家族や隣人がどのように評価したか，またその評価を，彼らはどのように受けとめているのか，述べていく。この叙述を通して，ベルリンのトルコ人第二世代が，いかに自己の意識を構成しようとしているのか，考えていきたい。

A家は，1970年にベルリンに移った。夫婦はトルコで先進地域とされる西南の海岸地方の出身である。ベルリンの前にウィーンに生活していて，第一子はウィーンで生まれた。すでにドイツ語を習得していた夫婦は，ベルリンでもドイツ人を相手にする仕事について，積極的にドイツ人社会と接触してきた。「トルコ人らしくない」と人に言われ，彼ら自身もそれを意識している。ベルリンには，妻の妹の家族が住んでいるが，ほかに親族はない。夫婦の3人の子どもたちは，現在，高等教育を終えてそれぞれ専門職につこうとしている。第一子の娘は税理士，第二子の娘は教師，第三子の息子は弁護士である。3人と

もトルコ人を結婚相手に選び、1996年に両親がトルコに帰国したあとも、ベルリンで生活している。

3人のそれぞれの結婚相手について見ていきたい。第一子は、ベルリンでトルコ人青年と出会った。第二子は、トルコで休暇中に出会った青年を愛するようになった。第三子はイスタンブールに住んでいる娘を結婚相手として選んだ。

A家の子どもたちが、ベルリンのドイツ人社会にとけこんでいるようにみえるにもかかわらず、いずれもトルコ人を結婚相手に選んだことが注目される。ここではまず、家族呼び寄せが、どのような過程として進行しているのか見ていく。トルコから結婚相手を迎えながら、ドイツ人社会に積極的に参加するために、どのような努力をおこなっているか、どのような調整がおこなわれているか、に注意する。第二に注目したいのは、ベルリンのほかのトルコ人との差異化の意識である。A家の人々は、ベルリンの「トルコ人像」に批判的であり、自身をそれから差異化する明確な意識がある。結婚をとおして、その意識がどのようにはたらき、また再生産されているのか、見ていきたい。

家族呼び寄せの実践

まず、家族呼び寄せが、具体的にいかに実践されたか、見ていこう。第二子と第三子の結婚相手は、トルコから迎えられ、家族呼び寄せ制度が利用された。興味深いのは、ビザの発給時期と家族全員がトルコを訪れるための休暇を、合理的に計算して結婚式を計画していることである。配偶者への家族ビザは、結婚後3ヵ月以上経過していることが条件であるので、それを考慮している。

A家の第二子の結婚も第三子の結婚も、アンカラの役所への婚姻届から始められた。国家の管理する書類の上での結婚であるが、それは家族にとって結婚ではなく、その準備段階と見なされている。この時は結婚する当人1人がベルリンからトルコを訪れ、トルコ在住の結婚相手とともに2人で、アンカラの役所に赴いた。まもなく2人は、ベルリンとトルコのそれぞれの生活に戻った。家族にとっての結婚は、それから半年後の夏の休暇におこなわれた祝宴のときが始まりだった。ベルリンのA家とその妹夫婦の家族は全員、トルコの故郷を訪れ、故郷の多くの親族とともに盛大に結婚を祝った。その時までには、2つの国家のあいだで新しい配偶者のビザが発給されていたから、結婚の祝いに続く休暇をトルコで過ごした家族は、秋に新しいメンバーを加えてベルリンに戻った。若い夫婦の新生活は、この時からベルリンで始まった。

さて、トルコでの生活しか知らない新メンバーを迎えたドイツの家族は、そ

の後，どのような経験を重ね，またそれはどのような意識を構成していっただろう。トルコから家族を迎えたことは，ベルリンにおけるA家の人々の社会関係にも，少なからぬ変化を与えた。それは，新しく家族になった者，迎えた家族，またA家とつきあっている友人や隣人のそれぞれに，新たな社会関係の構築，あるいは従来の社会関係の再構築のために，多大な努力を要請するものであった。

トルコからドイツに移った者にとって，最初の難関はことばである。A家の人々は両親をはじめとして，ドイツ語を習得することがドイツで生活する第一歩だと考えている。第二子と第三子のそれぞれの配偶者が数ヵ月のドイツ語集中コースに通うことは，結婚する前からあらかじめ前提とされていた。

それと同時にA家の子どもたちは，家族の新しいメンバーに予想以上に忍耐強い助力を続けなければならないことを経験した。第二子は日常生活のすべて，テレビの内容も友人との会話も，逐一翻訳しなければならない期間が，およそ2年続いたと回顧する。会話の内容ばかりでなく，人々の行動様式やものの考え方も翻訳しなければならなかった。たとえば，自分の配偶者に，自分以上に親しくみえる異性の友人が多数いることは，トルコで育った若者である第二子の夫にとって，当初受け入れがたいことであった。

一方，そのような配偶者につねに気を配ることで，ベルリン育ちの若者とのそれまでの友人関係が，疎遠になるということもあった。A家の第二子は，この時期にそれまで親しかったドイツ人との友人関係が，新しい局面を迎えることになったという。「友人たちは，それまで自分をトルコ人として意識することはあまりなかった。自分がトルコ人と結婚し，苦労しているのを見て，あらためて自分をトルコ人として再認識したのである。そして，面倒にかかわるのを嫌って，私から去っていった」。しかし，多くの友人が離れていった一方で，一時的には深刻な行き違いを経験しながらそれを克服し，親しさを増していった友人もあったという。「それもドイツ人だった。彼女はいまや，以前に増して重要な親友になった」と彼女は語った。

「トルコ人像」との差異化

次に，ベルリンのトルコ人像との差異化の意識について，見ていこう。トルコ人像とここでいうのは，ドイツ人からみたトルコ人像であると同時に，トルコ人の一部の自画像にもなっているものである。具体的には，強力な親族ネットワーク，三-四世代家族，倹約，ドイツ語の不得手，少ない教育年数，スカ

ーフやローブ着用を含む女性の行動様式，等々から構成される。この像との差異化の意識を知るためには，両親が子どもたちの結婚相手をどのように受け容れたか，ということが糸口になる。結婚を家族の問題としてとらえるトルコ人は，結婚相手がどのような家族の子どもであるのか，ということを重視する。その際，重要な意味をもつのがトルコにおける出身地である。トルコの出身地は，ベルリンにおけるトルコ人としての自己の意識の形成に少なからぬ作用を及ぼす。その一端を見ていくことにしよう。

①同郷のもつ意味

第一子の結婚を，父親ははじめ認めなかった。その主たる理由は，父親が，青年自身よりも青年の家族を受け容れることができなかったことによる。青年の両親は，トルコ東部の農村の出身で，30年近くベルリンに住んでいるが，ドイツ語は数語しか話さない。トルコ人ネットワークのなかで生活し，ドイツ人と交わらない，ベルリンの「トルコ人像」に適合する家族であった。青年も含めて，この家族の年長の子どもは，高校卒業資格をもっていない。「トルコ国内にいれば，決して出会うことのない2人が，ベルリンで出会ったのだ」という。父親がこの結婚を受け容れるまで，4年かかった。

その経験があったため，父親は第二子の結婚には寛大だった。第二子はその結婚相手とA家の故郷の避暑地で出会ったが，彼の出身地はトルコ中西部で，A家とは異なる。第三子の息子は，時間をかけて自分にふさわしいと思う配偶者を見つけだした。弁護士という自分の職業に照らしてドイツ社会になじむことができる進歩的な家族の娘であること，父の思いも考慮して同郷の出身であること，などの条件を満たしたその娘は，イスタンブール育ちでしかも両親はA家と同郷である。この結婚に，父親はたいへん満足し，喜んだ。

ここで，父親や息子が，結婚相手が同郷であること，進歩的なトルコ人であることを重視していることを確認したい。結婚は彼らにとって，当事者の個人的な関係を越えて，家族の関係であり，結婚相手はその家族を見て選ばれる。そして家族の属性は，彼らの意識においては，その出身地と不可分の関係にある。このように同郷者にこだわることは，トルコ国内であれば，結婚は同郷者同士がおこなうのが当然だということの陰画的表現といえる。ベルリンではほかの地方出身のトルコ人と出会うことが多くあるが，同郷者を求める意識は潜在していて，それが結婚相手の選択に際して現れている。

②純潔のモラルと結婚年齢

ところで第一子は、父親の許しが出ないままに夫との生活を始めた。ドイツ社会ではめずらしくない行動である。しかしトルコの文化的伝統においては、女性の純潔はきわめて重視され、その影響は家族におよぶとされる。たとえのちに結婚したとしても、それによって結婚前の行動が帳消しになるということはない。ただし、この文化的伝統がどの程度保持されているかは、地方によって大きな差異がある。ベルリンのトルコ人のなかには、この伝統を重視する家族とそうでない家族があり、その違いは出身地によると理解されている。

第一子の行動をめぐってA家を激しく非難したのは、A家と同じ集合住宅に住むトルコ人の隣人たちであった。20家族が生活する集合住宅のなかで、トルコ人の4家族が互いにひじょうに親しい関係をもっている。そのうちの3家族は親族関係にあり、トルコ北岸地方の出身である。この集合住宅には、彼らのほかにもトルコ人家族が住んでいるが、前者の4家族が連帯して、A家を「悪い家族である」と糾弾した。第一子が結婚してからすでに10年以上たつが、いまだにA家とこの隣人たちは口をきかない。

現代のトルコ本国で成長した娘たちが、純潔のモラルに実際にどの程度忠実であるか、一概にはいえない。ただし、ベルリンで純潔を重視するトルコ人家族のあいだでは、子どもの結婚年齢がきわだって低い。こうした家族では、子どもの結婚に両親や親族が大きな役割を果たしていて、子どもは、恋愛を経験する前に結婚することが少なくない。また、結婚後1年以内の出産が強く期待され、若い夫婦に第一子が生まれるまで圧力は続くという。

たとえばA家の隣人の女性は、15歳の時に結婚した。彼女の2人の弟は、いずれも18歳で結婚し、その妻たちは、いずれもトルコの出身地から迎えられた。結婚時は2人とも16歳で、それぞれ1年以内に子どもを産んだ。彼女たちはドイツに来て数年たったいまも、ドイツ語はまったく理解しない。この家族にとって、純潔のモラルは絶対である。そしてそのモラルから見ると、A家はヨーロッパの悪習に染まった堕落した家族とうつるのである。

一方、A家の母親は娘たちに、自分がよいと判断することをするように、ただし結婚前に妊娠することはないように教えたという。成人した娘たちは、それがよい教育であったと振り返っている。彼女たちは、自己についての意識もまだない子どもを、恋愛経験する以前に結婚させ、親族のなかで一生を送る人生へと導くことは間違っている、子どもを産みさえすればよいとするような生活は、人間として生きることを意味しない、という。そして自己の意識をもっ

て社会生活をおこなうためにも，まずドイツ語を学ぶ必要がある，と考えるのである．

A家の3人の子どもの結婚年齢は，それぞれ32歳，25歳，29歳で，隣人のトルコ人と比べるときわめて高い．このことは，彼らが高等教育を受けていて，その結婚が個人の意思決定に基づいて選択されていることと対応している．

自己の意識

A家の人々は，ドイツに長く滞在しながら親族ネットワークの内にこもっているトルコ人の生活スタイルに批判的である．そしてそのようなトルコ人家族と自分たちの差異を，明瞭に意識している．隣人から批判を受けたのに対して，A家の人々が，逆に隣人の生活スタイルやその信奉するモラルを批判し，自らの生活スタイルへの意識を強化していることは注目すべきである．

ただしA家の人々が，親族が互いに助け合うネットワークそのものに否定的であるわけではまったくない．母親の妹夫婦がベルリンに生活していることをすでに言及したが，彼らは，もとはドイツの別の都市で生活していたのを，母親がベルリンに呼び寄せたものである．ベルリンで，親族として互いに助け合おうと考えたためである．A家の第二世代のキョウダイがそれぞれ結婚して子どもをもうけつつある現在，A家の人々は，彼らの「家族」が大きくなっていくことへも，期待をふくらませている．

A家の人々はドイツ人社会に積極的に参加していこうとしているが，決してドイツ人社会に同化しようとしているのではない．ベルリン育ちの第二世代の子どもたちも，配偶者はトルコ人を選択したし，またドイツ人との友人関係を問い直している姿にそれを見い出すことができる．本章では触れる余裕がないが，トルコの故郷との関係も維持している．

ベルリンのトルコ人といっても，そこにさまざまなアイデンティティが構築されていることをここで確認したい．彼らは，ドイツ人に対して，自らはトルコ人であるという意識を明確にもっている点では共通している．しかし自らが，どのようにトルコ人であるのか，ベルリンの「トルコ人像」に対して自分をどのように位置づけるのか，ということについては一致しない．むしろ自分の周囲にいるトルコ人に対して批判的な目を向け，互いを差異化することを通して，ベルリンに生きるトルコ人とはどのようなものであるべきか，模索しているのである．

5　結び—現代ヨーロッパの人類学にむけて

　現代世界としてのヨーロッパをどのようにとらえるか，それについて人類学は何ができるのか。私はまず，ヨーロッパは再編されつつある，という視角からとらえることにした。そして，その過程を人類学の立場からいかにとらえるか，ということを自らの問題にした。本章では，この問題設定について述べ，問題への具体的なアプローチについては，ごく一端を示したにすぎない。本章の小結として，このような問題へのとりくみのさきに何を見通しているのか，どのような可能性があるのか，まとめておくことにしよう。

　ヨーロッパの都市文化は，「近代」の具体的な表現のひとつといってよいだろう。その主人公である「市民」は階級を再編することから生まれた。だが20世紀末から21世紀初頭にかけての現代の都市民の再編が，この近代市民とは別の市民像を創りつつあることは明らかである。ここで私は，新しい都市民が外国人（民族）を取り込んで形成途上にある側面に注目した。それを具体的に体現しているのが移民家族である。彼らは外国人の客人として都市生活を開始し，その後，外国人でありつづけながら，もはや客人ではない都市住民になっている。この過程に注目する必要があると考えたのである。

　伊藤は「国際移動によってもたらされたジェンダーの再編は，移民家族の内部にとどまらず，フランス社会をも変えていく潜在的な可能性を秘めた過程として了解される」（伊藤 1998: 84）と述べている。しかしそれは，ジェンダーに限定されるものではない。スチュアート・ホールが強調するように，アイデンティティはつねに形成の過程にあり，柔軟で，歴史的に構成される（Hall 1997b）。そこではつねに位置どりがしなおされることに注意する必要がある。主体が，複数のアイデンティティのうちのあるものを，その時の位置どりから選択するのであり，その意味でアイデンティティは，柔軟で相対的なものである。そうすることによって，主体はやっと維持されるのであり，そうでなければ，維持することができないともいえよう。

　本章で見てきたことについていえば，トルコ人移民第二世代は，ベルリンのトルコ人として生きている。彼らは自らについて，時によって，〈トルコ人〉，〈いわゆる「トルコ人像」とは違う先進的トルコ人〉，〈ベルリン市民〉，〈（特定の文化の枠を越えた）人間〉などの意識をもつ。これらの自己意識は，さまざまな場面で，他者と自己を差異化し，自らの位置どりを確認していくことをと

おして獲得される。現代のヨーロッパ都市は，このような多様な意識をもった住民をとりこんで成り立っているのであって，このような住民の自己意識の獲得過程に，都市民の再生産，都市の再編を見い出すことができる，と考えるのである。

さて，小稿では「トルコ人」という表現を用いてきた。それは，ドイツ人もトルコ人も他の外国人も含めたベルリンの人々が，日常的に用いている「トルコ人 Türken」という表現によっている。この「トルコ人」が相対的で，暫定的な表現であることを付言しておきたい。ベルリンで生まれ，ドイツ語を話し，ドイツで教育を受けて職業につき，ドイツ国籍をもって家族を築いている若者が，状況によって「自分の中身はトルコ人であり，それについて迷いはない」と明言する。「外国人労働者」から「移民」へという過程のさきに「トルコ系ベルリン市民」が生まれつつある，と私はとらえている。

参考文献

足立眞理子 1999「グローバリゼーションとジェンダー──フェミニスト政治経済学に向けて」『アソシエ』1: 95-108.

Greve, Martin und Tülay Çinar, 1998, *Das Türkische Berlin*. Berlin: Die Ausländerbeauftragte des Senats.

Hall, Stuart, 1997a, "The Local and the Global: Globalization and Ethnicity", in A. King (ed.), 1997: 19-39.

Hall, Stuart, 1997b, "Old and New Identities, Old and New Ethnicities", in A. King (ed.), 1997: 41-68.

伊藤るり 1998「国際移動とジェンダーの再編──フランスのマグレブ出身移民とその家族をめぐって」『思想』886号（4月号）: 60-88.

Jonker, Gerdien und Andreas Kapphan (Hg.), 1999, *Moscheen und Islamisches Leben in Berlin*. Berlin: Die Ausländerbeauftragte des Senats.

King, A.(ed.), 1997, *Culture, Globalization and the World-System: Contemporary Conditions for the Representation of Identity*. Minneapolis: University of Minnesota Press.

Pessar, Patricia R., 1988, "The Constraints on and Release of Female Labor Power: Dominican Migration to the United States", in Daisy Dwyer and Judith Bruce (eds), *A Home Divided: Women and Income in the Third World*. Stanford, California: Stanford University Press: 195-215.

Rotenberg, Robert, 2001, "Metropolitanism and the Transformation of Urban Space in Nineteenth-Century Colonial Metropoles", *American Anthropologist* 103 (1): 7-15.

サッセン，S．，森田桐郎ほか訳 1992『労働と資本の国際移動──世界都市と移民労働者』岩波書店．(Sassen, Saskia, 1988, *The Mobility of Labor and Capital: A Study in International Investment and Labor Flow*. Cambridge : Cambridge University Press.)

4 家族の再編と現代都市

Sassen, Saskia, 1998, "Toward a Feminist Analytics of the Global Economy", in S. Sassen, *Globalization and Its Discontents*. New York: The New Press: 81-109.（伊豫谷登志翁訳 2001「グローバル経済のフェミニスト分析にむけて」伊豫谷登志翁編『経済のグローバリゼーションとジェンダー』叢書現代の経済・社会とジェンダー 5 巻, 明石書店: 245-275）

Senat von Berlin（Die Ausländerbeauftragte des Senats）, 1998, *Bericht zur Integrations- und Ausländerpolitik 1996 / 1997*. Berlin: Senat von Berlin.

ウォーラーステイン, I., 岡田光正訳 1997「資本主義世界経済における世帯構造と労働力の形成」E. バリバール, I. ウォーラーステイン, 若森章孝ほか訳『人種・国民・階級―揺らぐアイデンティティ』大村書店: 195-204.（Etienne Balibar et Immanuel Wallerstein, 1990, *Race, nation, classe: Les identités ambiguës*. Paris: Editions La Découverte.）

文献案内

① ノルベルト・エリアス『文明化の過程』上・下, 波田節夫ほか訳, 法政大学出版会, 1977-78 年.

「文明化」を「過程」として解きほぐしていく本書は, 上巻で礼儀作法をとりあげ（「ヨーロッパ上流階層の風俗の変遷」）, 下巻で国家の社会発生論を展開する（「社会の変遷／文明化の理論のための見取り図」）。ここで問題にされていることは, 外的強制に対する自己抑制, 暴力に対する相互依存の社会である。それを観察可能な事実を通して描こうとする立場, 社会の構成を歴史化してとらえようとする立場は, ヨーロッパ人類学が志向しているものでもある。著者はユダヤ人を両親にもつドイツ人で, 本書はナチス時代, 亡命先のロンドンで書かれた。

② Werner Schiffauer, *Die Migranten aus Subay: Türken in Deutschland, Eine Ethnographie*. Stuttgart: Klett-Cotta, 1991.

著者は, トルコ, 東アナトリアの村を調査し, 2 冊の民族誌を著した。本書はそれらにつづくもので,「ドイツのトルコ人, ある民族誌」という副題をもつ。村からドイツに働きに出た 8 人の労働者に焦点をあてる。越境した労働者が, 家族内, 世代間, 社会間で経験する矛盾や葛藤を描きながら,「下から」の視線で近代化の過程を描いていく。社会学と民族学を修めた著者の記述は重厚で, 人間の内面世界を重視するドイツの伝統を感じさせる, 読み応えのある民族誌である。

③ Saskia Sassen, *Globalization and Its Diskontents: Essays on the New Mobility of People and Money*. New York: The New Press, 1998.

人類学にもヨーロッパにも特定されない論文集であるが, グローバル化という, ともすればイメージが先行する現象を, 経済的, 社会的, 歴史的に分析していく方途をさぐった論文集。なかでもグローバル経済のフェミニスト分析は, 世界システムのエリートと第三世界の労働者家族を組み込んで進行する現象をとらえて, その切り込み方は, 人類学にも大きなヒントを与えてくれる。岩波書店から翻訳が予定されている。

5 村を再考する
―― ギリシャ・カロニ村のフィールドワーク

内山　明子

1　はじめに

　私はかつてギリシャの小さな山村，カロニ村でフィールドワークを行う際に，この村を「ローカルな文化」を継承している「住民」たちから構成される「村」としてとらえようとしたことがある。本章では当時をふり返って調査対象の設定をめぐる問題と，「村」概念の見直しについて述べていく。
　ギリシャでのフィールドワークを準備していた頃の私は，ギリシャに関する2冊の民族誌（Campbell 1964; Du Boulay 1974）の影響を強く受けていた。いずれも，外部の世界と明確な境界線で区切られたコミュニティを想定し，そこを特徴づける固有の社会構造や価値観などを描くという，「古典的」なスタイルの民族誌であったが，実際に自分がフィールドワークを行う立場に立ったとき，拠り所となったのが一番馴染んでいたこのスタイルだったのである。そのため，実際に調査地を探す時も，外部の世界から切り離して扱いやすい「僻地の小さな村」を望み，村の住民，とりわけそこに生まれ育ち暮らしつづけてきた「住民」たちから，その土地固有の伝統的な「ローカルな文化」を聞き取ろうと考えていた。
　もちろん，調査地を探す段階で注意深く選別したところで，このような外部から明確に隔てられた別世界として扱える村が現実に存在するわけではなく，実際には不都合な点を見ないことで辻褄合わせをするのが，調査者の間では暗黙裡に了承されている。カロニ村に出会った私も，現実の村を望ましい調査地に近づけるべくさまざまな操作をしていったのだが，両者の間にはあまりに大きな開きがあったため，対象外として大量に切り捨てた情報を見ないですませられない状況に陥った。そのなかで調査対象を何度も設定してはやり直す作業をしているうちに，おのずとそれまで当然視していた「住民」，「ローカルな文化」，それらからなる「村」について再考を迫られたのである。

5 村を再考する

図 カロニ村位置図（ギリシャ，グレヴェナ県）

なお，筆者はギリシャ，テッサロニキ大学留学中（1985年12月-90年1月）の1987年から89年まで毎夏約3ヵ月間，村に滞在して調査を行ったほか，それ以外の季節は各地に暮らす村の人々に話を聞くかたちをとった。また，1992年と96年には村に約1ヵ月滞在し補足調査を行った。

2 調査対象設定の作業

カロニ村概略

調査地としたカロニ Kalloni 村は，ギリシャ北西部の山岳地帯からなる西マケドニア地方グレヴェナ県に属する標高約800mの山村である。最も近い町であるグレヴェナ町（県庁所在地）と村との間は，週に3本（冬は2本）バスの便がある。西マケドニア地方は，1912年までオスマン帝国の支配下にあり，さまざまな言語や宗教をもった民族が混住していたが，カロニ村はこの時代からギリシャ系正教徒たちが暮らしてきた村である。19世紀末から20世紀の最初の4半世紀に村は最も繁栄し，約500人の人口を抱える，周辺でも大きな村となっていた。当時の主要な生業は，牧畜と出稼ぎであった。出稼ぎの中心は

石工をはじめとする職人仕事で，おもな出稼ぎ先は，周辺の村々やテッサリア，トラキア，ペロポネソスなどであった。オスマン帝国時代には，コンスタンチノープル（イスタンブール）やルーマニアなどに赴く者も一部にいたが，周辺の出稼ぎ職人の村々に比べると少なかったという。19世紀末からはアメリカ合衆国が重要な出稼ぎ先となるが，そこでは多種多様な職についていた。

村は，第二次世界大戦とそれに続く内戦（1946-49年）を機に急速に衰退していった。とりわけ内戦では共産党軍から村を奪回した政府軍が，村に残っていた住民全員を強制的に立ち退かせたため，戦争が終結するまでの2年間，村はまったくの無人状態におかれることとなった。村の人口の約6割から7割を占めていた出稼ぎ職人たちは，働き口のある町で家族とともに暮らす選択をした者が多く，内戦後の村は，牧畜従事者を中心とする人口150人ほどの小さな村となり，年を追うごとに過疎化が進行していった。

しかし，70年代に入る頃から，戦後を村外で過ごした者たちが夏を中心に村に戻りはじめるようになり，私が調査に入った1987年には，冬場の人口が20-30人ほどに減少していたのに対し，夏場の人口は400-500人を越える典型的な避暑村 paratheristiko khorio となっていた。

カロニ村を調査地として選定するまで

概略からわかるように，カロニ村は私が調査の基本前提と想定したものからは大きくはずれている。実際，キャンベルは，最初に調査を予定していたイピロス地方の村がカロニ村同様，過疎化と避暑村化が進行している現状を知り，「同質性」を失った村で調査を行うことに不安を覚え，毎夏，放牧のためにその村にやってきていたサラカッツァニ人を調査することにしたという（Campbell 1992）。では，それでもなお，私がカロニ村を調査地にしようと思ったのはなぜか。

カロニ村を私に紹介してくれたのは，テッサロニキで生まれ育ち父親がカロニ村出身者である女性で，彼女は私が調査地を探す際にあげた「伝統的な生活が残っていそうな僻地の小さな村」という条件によく当てはまるとして，自分の村を教えてくれたのだった。1986年夏に下見のために初めて村に向かった時には，村に着くまで道を間違えたかと不安になるほど荒涼とした山道が続き，この先に未知の別世界が広がっているはずという思いがいやがうえにも高まっていった。ところが，そんな私を出迎えたのは，「ようこそカロニ村へ」と書かれた巨大な看板と，きれいに整備された村の入口の広場であった。そして，

5 村を再考する

写真1 調査時のカロニ村（1987年）

　夕方にはめいっぱいお洒落をした老若男女で村の中央広場は溢れ返り，アテネやテッサロニキの夕方の散策時と同じ光景が展開されていたのである。
　私がこのような「僻地」で期待していたのは，のんびりと草を食む羊や野良仕事に励む村人の姿がよく似合う「素朴な村らしい村」であったがゆえに，カロニ村から受けた「僻地に似つかわしくない妙に都会風な村」という第一印象は非常に強烈であった。もしも，この村がかつて農業と牧畜を生業としてきた村であったなら，この現状を近代化による変化と見なし，より「村らしい村」をほかに捜し求めたかもしれない。だが，人々の語りや書物などから，カロニ村が各地に出稼ぎ職人を輩出してきた職人村 mastrokhori のひとつであり，早くから町の影響を受けてきたことが職人村の「伝統」と見なされていることを知るや，私は，「都会風な印象」を職人村の名残と思い込んだ。そして，出稼ぎ職人が多く暮らしていた1940年代頃までをカロニ村の「職人村時代」として，職人村としての固有の文化を探ることに関心を抱き，過疎化や避暑村化が進行した今日の村の現状には目をつぶったまま調査を開始したのである。

住民，村人を調査対象者とすること

　カロニ村で調査を進めるまで私は，調査地にかかわる人々を住民と非住民に分け，調査対象者としては前者を中心に据え，後者は対象外とするか周辺的な存在として扱うことに取り立てて疑問を感じなかった。調査地のことはそこに

111

暮らす者，とりわけそこで生まれ育ってきた者が最も知悉しており，彼らを調査対象者とするのは当然と見なしていたのである。また，村の住民は，町とは異なる生活様式をもっており，村人という言葉で置き換えても問題はないとも考えていた。年間を通して村に暮らす最も住民らしい住民は，カロニ村には20–30人ほどしかいないと知った時も，住民と呼んで違和感を覚えない程度の期間，村に滞在している者を「住民」として取り込むことで対処できると思っていた。また，そのような人々は，牧畜や野菜作り，豚や鶏の飼養など，村人と呼んでもおかしくない生活を村で送っており，当然村のこともよく知っていると見なしたのである。

　だが，実際に調査に入ってみると，人々の村での滞在期間や訪問頻度，過ごし方はさまざまであり，住民，村人らしく見える人々を調査者側から一方的な基準で定め，そうでない人々と区別することはあまりに無謀であった。また，村のことをよく知っているのは彼らだけではなく，家がないためめったに村には来ない老人や，町で職につき休暇を過ごしに村に来る者など，とても村の住民や村人とは呼べない人々も多く含まれていた。そこで，滞在期間や訪問頻度などには関係なく，かつて村が職人村だった時代に村の住民であった者たちを調査対象者に設定することにしたのである。

　とはいうものの，調査対象者を今までのようには単純に住民や村人と言い換えにくくなった私は，彼らをさすのに「カロニ人」という言葉をもっぱら用いるようになった。ギリシャ語では地名に人を表す語尾をつけて「どこそこの人」を意味する言い方があり，カロニ村の場合は Kalloniotes（男）／Kalloniotisses（女）となる。私にとって，カロニ人とはまず現在であれ過去であれ住民，村人を意味していた。しかし，調査を進めるにつれ，カロニ人と自ら名乗っている人々は，私が意識してこなかった意味をこの言葉に込めていることが明らかになっていった。

3　カロニ人とは誰なのか

身内とよそ者の区別

　1972年に結成された「カロニ人有志の会」では，カロニ人を「親のどちらかを通してカロニ村出身者とわかる者，およびその配偶者」と定義しているが，この定義はカロニ人自身によって広く受け入れられているものである。カロニ人の中心を占めるのは，互いに身内 dikoi mas と呼び合うカロニ村出身者で，

5 村を再考する

現在どこに住んでいるのか,村を訪れたことがあるのかは問題とされない。一度も村を訪れたことがなく村のことを何も知らなくても,カロニ村出身者とわかれば身内として迎え入れられ,村で生まれ育ったカロニ人とともにカロニ人の中心部分を構成することとなる。それに対し,ほかの土地の出身者,すなわちよそ者 xenoi は,カロニ村出身者と結婚することでカロニ人に加えられるものの,よそ者と呼ばれることに変わりはない。たとえ何十年も村で暮らして村の事情に通暁しようとも,カロニ人のなかでは周辺におかれたままである。

では,まったくのよそ者は,カロニ人と結婚しない限り,どんなに長く村に暮らしていてもカロニ人になれないのか,というとそうではない。カロニ村に居を構えて住み着き,そこに根を下ろす意志のある者は,よそ者のままとはいえカロニ人と見なされていく。そして,その子どもたちは,たとえ両親ともによそ者であっても村で生まれ育つことで,カロニ村出身者,すなわち身内として受け入れられていく。そもそもカロニ村は,かつて周辺にあった村々の出身者たちを中心に形成され,その後も各地からやってきた者たちを受け入れながら大きくなってきた村である。カロニ村出身者とは,各時代を通して村に入って住み着きカロニ人となった者たちの子孫ということになる。

そのようなかたちでカロニ村に住み着きカロニ人となった最後のよそ者は,鍛冶と楽器演奏を生業とし,人々からギフティ Gyftoi と呼ばれる一家である。彼らは 19 世紀末に村に住み着き,1940 年代まで村で暮らしていた。ほかのカロニ人たちが互いに婚姻関係で結ばれているのに対し,彼らは,ギフティ以外との結婚を受け入れてこなかったが,村で生まれ育ったその子どもや孫たちは身内のカロニ人として語られている。それに対して,戦後,村の事務員として働きながらコーヒーハウスを経営している近くの村の出身者の夫婦がいるが,彼らは出身村とのつながりを重んじて村では借家住まいを続けており,自他ともにカロニ人とは見なされない。

身内とよそ者を峻別し身内をカロニ人の中心に据える考え方は,避暑村化が進行した今日でも年配者を中心に広く受け入れられている。しかし,その一方で,過疎化,避暑村化は着実に身内とよそ者の関係に変化をもたらしていった。

過疎化,避暑村化によるカロニ人内部の変化

過疎化が本格化する以前,だいたい 1930 年代頃までは,カロニ人は実質的に,村に住んでいる者が大半を占めていた。この時代,村に住むつもりのないカロニ人は家を村に持たず,時とともに村とのつながりを失いよそ者化してい

くのが普通であったためである。村外に出稼ぎに出ていた者たちは、帰るべき家を村に確保して家族を住まわせるのが常であった。また、当時はカロニ人同士の結婚が強く望まれ、村に住むカロニ人の7割方はそのような結婚を行っていた。親の一方がよそ者の場合は、子どもの帰属先は住む家のある方となり、たいていは父親の出身村で生まれ育ちそこの人間となっていった。というのも、カロニ村では結婚後の家は夫方が用意し妻子はそこで暮らすのが通例で、妻方が家を用意するのは婿養子を迎える時くらいだったためである。

　第二次大戦と内戦後、過疎化が本格化したとはいえ、カロニ村はまだそこに暮らすカロニ人を中心とする村であった。人口減少でよそ者との結婚は増えていったが、結婚後の居住先や子どもの帰属先は従来通りに決まっていた。一方、戦争の混乱期を中心に村を離れ戦後も町で暮らしつづけたカロニ人たちは、そのほとんどが村に一度も戻ることなく、よそ者たちと結婚し自分たちの生活を築いていった。しかし、彼らは村に放置した家の所有権を保有したままであり、20年もの空白期間を経て村の家が避暑目的の滞在先として高い価値をもつようになると、男女を問わず多くのカロニ人が親の財産を分割相続して、村に自分の家を持つことを望むようになった。戦後を町で過ごしたカロニ人たちは、娘に持参財 proika として家を持たせる、ギリシャの広い地域に普及した慣行（Skouteri-Didaskalou 1984）になじんでいたため、娘にも村の家を相続させることに抵抗感が少なかった。さらに1983年に民法が改定され、性別を問わず子どもたちが平等に親の財産を相続できるようになると、かつては相続権のなかった娘たちが財産の再分割を要求するような例も出てきた。

村の現状と新しいカロニ人のあり方への模索

　避暑村化したカロニ村にやって来るカロニ人たちは、結婚によってカロニ人となったよそ者を多く含み、またカロニ人の中心を占めるべき身内たちも、戦後生まれになると親の一方をよそ者とする身内がほとんどとなる。彼らは、カロニ村だけでなく、よそ者の親の出身地にも家を持っている場合が多い。家の所在地を出身地とする従来の基準で、カロニ人か否かを判断することは難しく、戦後生まれの若い世代では、自分の出身地は自動的に決まるものではなく選択されるものになってきているようだ。

　たとえば、アメリカ合衆国で生まれ育ちいまもアメリカ合衆国に暮らす女性は、母親の出身地であるカロニ村に関心をもち、アメリカ人男性との結婚式を村の教会であげている。一方、村で生まれ育ち、いまでも頻繁に村にやって来

5 村を再考する

写真2 テッサロニキ在住者による「伝統的」な結婚式（カロニ村, 1986年）
カロニ村出身のギフトスたちが演奏者として呼ばれている。

ては長期滞在する若者は，周囲から身内のカロニ人と当然視されていることを承知のうえで，自分の本当の出身地は父親の村であると考えている。彼は婿養子としてカロニ村に来た父親がその後，親の財産を相続して得た家のことを自分の家として言及している。町で生まれ，幼い時に家族全員でオーストラリアに移住した若者は，自分のギリシャ人としてのアイデンティティを考えるために両親の出身地であるカロニ村を訪れていたが，自分のルーツをカロニ村に求めて安心感を得ることには抵抗を感じている。

避暑村化によって互いに顔も名前も知らないようなカロニ人たちが大勢，村に集まるようになり，しかも彼らは多くが村のことを知らず，カロニ人という自覚もどこまであるのかわからない。カロニ人といえば実質的に村に暮らしていた人々だけをさしていた時代を知っている年配者たちは，毎夏，村に押し寄せる見知らぬ人々に対し，直接，またはまわりの人にその人の親族関係を尋ね，身内もしくはよそ者のカロニ人か，それともまったくのよそ者なのか知ろうとする。しかし，そうやって確認できる範囲は狭く，年配者たちは素性のわからない者たちが大勢村にあふれる状況を快く思っていない。

この状況を「村が壊れる」として強い危機感を抱き積極的に対策をとろうとしているのは，ふだんは町に暮らしているが，カロニ人としての自覚を強くもつ高学歴のカロニ人である。なかでも，結婚してカロニ人となった一部のよそ

115

者女性たちは,「村の危機」を打開するために,1982年,「女性有志の会」を結成して新しいカロニ人のあり方を提言した。彼女たちは,身内,よそ者の区別なく,村の歴史や文化を学んでいくことで本当の意味でのカロニ人になることを訴え,支持を集めている。

だが,1988年に開かれた有志の会の総会の場で,カロニ人ではないよそ者も村を愛しているのであればカロニ人として扱おうという提案に対しては強い反対の声があがった。提案そのものは,村に家を購入して有志の会にも熱心に参加するよそ者の女性の処遇をきっかけに出されたのだが,カロニ村出身者たちは年配者を中心に,カロニ村を自分たちカロニ人のものであると意思表示したのだった。

住民に代わる調査対象者の設定

調査地の住民を調査対象者としたものの彼らをカロニ人と呼んだことから,私は上述したようにカロニ村にかかわる非住民たちに目を向けていくこととなった。私の関心は職人村時代のカロニ村にあり,当時のことを知る者たちを調査対象者の中心に据えようとしたからである。ところがカロニ人自身は職人村時代の住民を表すのに,「引退者」syntaxioukhoi や「老人」geroi という言葉を用いていた。これは,カロニ人たちが自らを村とのかかわり方で分類している3つのカテゴリーの1つにあたる。私が,村とのかかわり方をそこに居住しているか否かでとらえようとしていたのに対して,彼らは以下に述べるように別の基準でカロニ人を「定住者」,「引退者」,「訪問者」の3つに分けている。

「定住者」ntopoi とは,戦後もずっと村で暮らし,村で生業を営んできた人々をさし,20人ほどがそう呼ばれている。今日では多くが生業から引退しており,引退者と区別がつかなくなっているが,引退後も村で暮らしつづけている者は定住者と呼ばれることが多いようだ。誰もが定住者と見なすのは最近まで牧畜業に従事していたりいまでも現役で行っている者たちで,定住者全体の約7割を占めている。

「引退者」は,仕事を引退し村を余生を送る場としている者たちで90-100人ほどおり,その大半は,戦前は出稼ぎ職人,戦後は町で暮らしつづけてきた者たちである。彼らのなかには,引退を機に町の家を完全に引き払い年間を通して村で暮らす者もいるが,ほとんどは気候のよい夏を中心に村で暮らすかたちをとっている。

「訪問者」episkeptes は,ふだんは町で暮らしているが休暇を過ごすために村

を訪れる者たちであり，現役世代とその子どもたちが中心である。

引退者の子どもたちは親が村に戻るまで村を知らなかった者たちが多いが，定住者の子どもたちは子ども時代を戦後の村で過ごしており，村のことをよく知っている。また，年齢的には引退者にあたるが，避暑村化以前から休暇を過ごすために時々村を訪れていた者たちは，引退後も訪問者の方に分類されることが多い。訪問者が集中するのは夏の最盛期で，その数は300-400人にのぼる。

私は，職人村時代に村で暮らしていたカロニ人の引退者と高齢の定住者や訪問者を調査対象者の中心において，職人村時代に子どもであった若い世代の定住者や訪問者も含め，大多数の訪問者を調査対象外においた。だが，引退しているのであれ現役であれ，訪問者のなかには村に高い関心をもち，人から話を聞いたり本を読んだりして村のことを調べ，それを積極的に語る者たちがいた。彼らはほとんどが高学歴で，教師や医師などの職についているか，いた者が多く，村について知りえたことを自分の関心に沿ってよどみなく語っていく。似たような語り方をする者は引退者や定住者のなかにもいたのだが，私は彼らの語りは村の生活のなかで直接見聞きした「生の情報」と見なした。それに対して，訪問者の語りの方は，間接的に得た情報を彼らなりに脚色していると判断し，そのなかから「生の情報」を選びだす必要があると考えた。しかし，次第に村を語る訪問者と調査者である私の間に大した違いがないことに気がつき，その結果，それまで気にしていなかった彼らの語り方に注意を向けるようになった。

4　村をいかに語るか

女性有志の会による語り

私が調査していた時点で最も影響力ある発言を行っていたのは，前節で触れた女性有志の会の主要メンバーたちである。彼女たちの夫も村のことを積極的に語る訪問者たちの中心的存在であるが，彼女たちは，夫たちが語る村の姿を共有しつつも，より意識的にカロニ村とは何かを考え，周辺の村々やギリシャ全体にも目を向けながら村の特徴を探り出し，有志の会の活動を通してそれをカロニ人の間に広めている。

彼女たちがカロニ村の特徴として強調しているのは，新しいものを早くから取り込んできた進歩的な精神である。それを示すために，会が主催する祭りの席や発行する新聞の記事などさまざまな機会に，自分たちの，または嫁ぎ先の

家族が直接かかわった話をとりあげている。とりわけ，彼女たちの姑や母親などが，村の美化や慈善活動を目的に1920年に結成した女性有志の会のことは，村の先進性を示す最もよい証拠として高く評価している。

彼女たちはカロニ村のかつての姿を職人村ととらえることで，このような進歩的な特徴の存在を説明している。そして，職人村としての特徴を際立たせるため，自分たちとは正反対の「他者」として南側に隣接する牧畜中心の村々をとりあげて対比している。すなわち，町／村，進歩／停滞，洗練／粗野，整備／未整備，清潔／不潔，男女平等もしくは女性上位／男尊女卑といった二項対立を駆使し，自分たちをプラスの価値で，牧畜中心の村々をマイナスの価値で特徴づけたのである。

だが，カロニ村にも牧畜業者が定住者の代表として暮らしている。彼らは，いままでどおり家畜を連れて村の中を通り，豚を飼う生活を続けているが，避暑村化の進行によって，ところ構わず落ちている家畜の糞や豚小屋の悪臭に苦情を言う者が増えていった。女性有志の会は，この問題の解決に会として積極的にとりくんできてはいない。しかし，このような苦情を，職人村としての進歩的特徴を損なう牧畜の後進性という観点で把握する枠組みを用意した面があることは否めない。その結果，それまで特に苦情が出ることもなかったトタン張りの家畜小屋，子どもの教育にあまり熱心でない牧畜業者の一家などに対しても，カロニ村の景観やあり方にふさわしくないとして批判の声が聞かれるようになっている。

しかし，女性有志の会はその一方で，ふだん暮らす町とカロニ村の対比も行い，町を近代文明がもたらした悪，村を近代文明が失いつつある美徳ととらえ，村の美しい自然や人間らしい生活，伝統的な固有の文化などを肯定的にとらえていく。ここでは，牧畜業者は，村自慢の美味しいチーズやのどかな放牧風景などを提供してくれる者として称賛されている。

そもそもカロニ村を職人村として積極的に語ってきたのは，女性有志の会の主要メンバーをはじめとする高学歴の訪問者たちであった。私はカロニ村に初めて出会った時から，彼らの職人村としての語りを聞き，その影響をまともに受けながら，カロニ村を職人村として思い描いていたのである。

人々の反応

実際に職人として出稼ぎ生活を送ってきた人々や，出稼ぎ職人が多くいた時代を直接知る人々は，女性有志の会が描く村の姿に対して，個別に賛同したり

批判したり沈黙したりしているものの，それに対抗して職人村の「本当の姿」をまとめあげ語っていくことはない。むしろそれをしようとしていたのは私であり，彼らを情報提供者に位置づけ，彼らの話をもとに女性有志の会が示したのとは別の村の姿を語ろうとしていたのである。彼らは私だけでなく，女性有志の会の主要メンバーたちをはじめとする村に高い関心を示す訪問者たちによっても情報提供者として扱われており，よく聞かれる事柄については，みな同じような一般的な話を用意している。

会の示す村の姿によって，イメージのうえでも実際の経済活動のうえでも大きな不利益を被っていたのは，牧畜業者である。彼らは，家畜の糞の問題では夏の間，村の住宅密集地には家畜を入れないことで折れたものの，その他の非難に対しては，その場その場で適当にやり過ごしている。調査をした時点では村会の役員の半分は定住者が占めており，最近まで牧畜業を営んでいた男性が村長を務めていたが，村を定住者である牧畜業者に望ましい方向に導くための活動を行った形跡は見当たらない。牧畜業者たちも自分たちの経済活動を守るため結束しようとはしない。その理由は，1戸を除いて引退の時期を迎えているうえ，子どもたちが後を継がず町で暮らしており，村へは訪問者としてやってくるような状況にあるためである。

女性有志の会の示す村の姿に最も影響を受けているのは，訪問者たちである。とりわけ引退者の子や孫たちは，実際に職人をしていた父親や祖父をもつ者が多く，職人村の話を受け入れやすい。また，会の主要メンバーたちが求める職人村にふさわしい村の整備は，快適な休息と余暇の空間を村に求める訪問者たちにとっては都合のよいものとなる。しかし，同じ訪問者であっても，第二次大戦と内戦後，牧畜が盛んだった村で生まれ育った定住者の子どもたちの場合は，状況が少し異なる。彼らのなかにも町で教師や医師などの職につき，村に高い関心をもっている者がおり，時がたつにつれ女性有志の会の示す村の姿とは異なる村の姿を語りはじめるようになっている。

当初，女性有志の会に賛同していた彼らが袂を分かったのは，家畜の糞の問題などで牧畜業者を悪者扱いする声が高まってきてからである。彼らは，職人村としての美化や整備のしすぎは，カロニ村の村らしさを奪っていると考える。多少の家畜の糞や悪臭，未整備，不便さなどは村にはつきものであり，都会と同じ快適さを村に求めるべきではないと語ることで，牧畜業を営む親の立場を擁護する発言をしている。だが，親の仕事を継ぐわけではない彼らは，牧畜業者など定住者の一員としてその利益を守る立場にはなく，結局，彼らの示す村

の姿は，女性有志の会の村のイメージにもう少し村らしさを加える程度のものとなっている。

5　「われわれ」と「他者」

ヨーロッパの視線でみるギリシャ

　本稿では，村のメンバーシップが重層して存在すること，メンバーがイメージし，語る「村」もまた，重層して存在することを見てきた。そこに調査に入った私は，伝統的で「ローカルな文化」をもつ「住民」からなる調査に適した「村」を，「住民」が多く存在していた戦前に求めた。そして，重層する「村」の語りのなかから，女性有志の会が積極的に語る「職人村」の語りを手掛かりに当時の村をイメージし，「村」に関するほかの語りは，調査対象外とした「今日の村の現状」を伝えるものと見なしたのだった。

　さて，私は早くから出稼ぎ者を送り出し町とつながっていたカロニ村を，近代化された村とは受け取らなかった。この特徴を，女性有志の会の語りや民俗学，歴史学などの先行研究（Moutsopoulos 1976; Vacalopoulos 1973）に従って職人村の特徴ととらえ，さらに職人村を，近代世界とは異質なローカルな伝統世界の側に置いた。女性有志の会や民俗学，歴史学などが，職人村をオスマン帝国時代のギリシャと結びつけて語る傾向があることから，オスマン帝国→オリエント→エキゾチックな他者と連想したためである。

　だが，当の女性有志の会は，近代世界＝ヨーロッパの側に自分たちカロニ人がいることを示すものとして職人村を見なしていた。このような見方は彼女たちに固有のものではなく，民俗学関係の書物などで一般的に見受けられるものである。職人や職人村のとらえ方に見られる，私と女性有志の会やギリシャ人の間にあるねじれは，私が自分を帰属させてきた近代世界，それを生み出しその中心を占めるヨーロッパ（西欧，欧米）とギリシャとの関係を映し出しているといえる。

　この関係をよく表しているのが，現代ギリシャを語る際よくあげられる「ヨーロッパ＝われわれとオリエント＝他者の2つの顔を同時にもつ両義的存在」，「ヨーロッパの周縁」といった，ヨーロッパの視線で現代ギリシャをとらえた特徴である。ヨーロッパ人が，現代ギリシャを「われわれヨーロッパ」に含めるのは，自分たちのヨーロッパ＝近代文明の発祥地，「われわれの偉大な祖先」である古代ギリシャ人の面影をしのぶことができる場所としてである。

「現実のギリシャ（人）」がもつ，偉大な祖先のイメージを壊す部分はすべて，「オリエント＝他者」へと追いやることで，ヨーロッパ＝近代文明の起源を汚れのない純粋な状態に維持してきたのだった。近代文明との関係では，現代ギリシャ人は，近代文明の基礎を築いた古代ギリシャ人の末裔なのかもしれないが，オリエント世界で停滞，堕落した結果，近代文明の形成には参加せず，その受け入れも容易に進まない状態にあると見なされてきた（Herzfeld 1987; Dubisch 1998）。

　一方，当のギリシャ人たちは，近代的な民族意識を形成し国民国家を立ち上げた時からずっと，このヨーロッパからの視線を意識させられてきた。オスマン帝国からの独立を果たす頃までは，自分たちをヨーロッパ人が望む古代ギリシャ人の末裔にふさわしい民族にすることが課題であった。古代ギリシャ人が名乗っていたエリネス（ヘレネス）ellines を新しい民族名に採用し，それまで名乗ってきたロミイ romioi（東ローマ／ビザンツ帝国人，ギリシャ正教徒）とそれが象徴する世界を「他者」として切り捨てた。

　しかし，このヨーロッパ人と同じ視線は，独立後，ギリシャが近代国家としてヨーロッパの仲間入りを望む段階になって変化する。ロミイが象徴する「オリエント」の部分を，古代から現代にいたるまでのエリネス＝ギリシャ民族の連続した発展の歴史のなかに「われわれ」として取り込んだのである。すなわちビザンツ帝国時代は，キリスト教を受け入れることで古代の文明をより発展させた時代，オスマン帝国時代は，古代の精神を生きたかたちで受け継いできた人々の間で民族の覚醒が始まった時代ととらえ直したのだった。

　これは，民俗学や歴史学などの協力のもと，公式の民族の歴史＝物語として創出され，学校教育の場などで繰り返し語られてきたものである（Kyriakidou-Nestoros 1978; Herztfeld 1982; Meraklis 1999）。カロニ村の女性有志の会による職人村の語りは，この公式の民族の歴史＝物語に従っていたといえる。すなわちオスマン帝国時代に早くから近代化をなしとげたギリシャの例として職人村をとりあげた民俗学の多くの研究と同じ流れのなかに，女性有志の会の語りもあったのだ。

「われわれヨーロッパ」の中心性を脱して

　カロニ村で調査を開始したとき，私は，人類学が依拠する「普遍的な近代世界」の側に自分を置き，そことは正反対の別世界の「他者」を調査対象とすることに取り立てて疑問を覚えなかった。しかし，1980年代以降提起されてい

る人類学者による人類学批判（杉島 2001）の流れのなかで，欧米の人類学者たちは私が普遍的と思っていた人類学の基本的な枠組みを「われわれヨーロッパ」の人類学として語りはじめている（Vermeulen and Roldán 1995）。

　日本人である私は，彼らのいう「われわれ」のなかにいままでのようには居場所を見つけられない。ギリシャを「われわれ」と「他者」の2つの顔をもつ「両義的な存在」，「ヨーロッパの周縁」と語る私はどこに身を置いているのか。欧米の人類学者たちが「われわれヨーロッパ」とためらいもなく言い，その中心からギリシャをそのように見ているのだとしたら，権威ある中心が他者を一方的に設定して語っていた従来のあり方と同じ構図なのではないだろうか。そこから抜け出すひとつのあり方として，いまの私がしなければならないのは，安定した場からさまよい出てしまったこの状況を大切にしながら，ギリシャにあらためて向き合っていくことではないだろうか。

参考文献

Campbell, John K., 1964, *Honour, Family and Patronage: A Study of Institutions and Moral Values in a Greek Mountain Community.* Oxford: Clarendon Press.

Campbell, John K., 1992, "Fieldwork among the Sarakatsani, 1954-55", in João de Pina-Cabral and John Campbell, *Europe Observed.* Oxford: St. Antony's College.

Dubisch, Jill, 1998, "Europe through the Back Door: Doing Anthropology in Greece", in Susan Parman (ed.), *Europe in the Anthropological Imagination.* New Jersey: Prentice Hall, Upper Saddle River.

Du Boulay, Juliet, 1974, *Portrait of a Greek Mountain Village.* Oxford: Clarendon Press.

Herzfeld, Michael, 1982, *Ours Once More: Folklore, Ideology and the Making of Modern Greece.* Austin: University of Texas Press.

Herzfeld, Michael, 1987, *Anthropology through the Looking-Glass: Critical Ethnography in the Margins of Europe.* Cambridge, NewYork, Melbourne : Cambridge University Press.

Kyriakidou-Nestoros, Alki, 1978, *I Theoria tis Ellinikis Laografias.* Athens: Skholi Moraïti.

Meraklis, M.G., 1999, *Themata Laografias.* Athens: Kastaniotis.

Moutsopoulos, N., 1976, *Oi Prodromoi ton Proton Ellinon Teknikon Epistimonon Koudaraioi Makedones kai Ipeirotes Maïstores,* Tekniko Epimelitirio.

Skouteri-Didaskalou, Nora, 1984, *Anthropologika gia to Gynaikeịo Zitima.* Athens: O Politis.

杉島敬志編 2001『人類学的実践の再構築——ポストコロニアル転回以降』世界思想社.

Vacalopoulos, Apostolos, 1973, *History of Macedonia 1354-1833.* Thessaloniki: Institute for Balkan Studies.

Vermeulen, Han F. and Arturo Alvarez Roldán (eds.), 1995, *Fieldwork and Footnotes: Studies in the History of European Anthropology.* London and New York: Routledge.

5 村を再考する

文献案内

① William H. Mcneill, *The Metamorphosis of Greece since World War II*, Chicago and London: The University of Chicago Press, 1978.

　この本は，私のような外国人が多方面から広い視野で今日のギリシャを知るために必要な本として，ギリシャの留学先の指導教授であった故キリアキドゥーネストロス教授が紹介してくれたものである。ギリシャを世界の政治，経済，歴史の動向のなかに置いて，全体が見渡せるように書いてあるだけでなく，ギリシャ各地の町や村で実際に調査をして得た具体的な事例がふんだんに用いられている点でも魅力的な本である。

② Richard Clogg (ed.), *The Greek Diaspora in the Twentieth Century*. London: Macmillan Press, 1999.

　世界中に散らばっているギリシャ人に関しては，彼らが暮らす国単位での個別の研究は盛んだが，ギリシャ本国に関心がある場合，そのようなギリシャ人を全体として把握できるような本が必要となる。この本は，その目的で書かれた数少ない本のひとつである。なお，この本のロシアのギリシャ人に関する章は，近年，大きな社会問題となっているロシアからのギリシャ系難民（ロソポンディ）について知るうえでよい参考になる。

③ Reneé Hirschon, *Heirs of the Greek Catastrophe*. Oxford: Clarendon Press, 1989.

　1922年，小アジアに侵攻したギリシャ軍が敗退したのをきっかけに起きた小アジアのギリシャ人コミュニティの崩壊と，その後に続くギリシャ本国への大量難民の流入は，現在にいたるまでギリシャに深い傷を残している。この本はアテネのピレウスに住み着いた難民たちを扱った人類学者による本格的な民族誌であり，現代ギリシャを語るうえで無視できない難民問題について英語で読める基本文献のひとつである。

第二部　周縁・越境・統合

6　移民の歴史をいかに語るか──南イタリアの事例から

北村　暁夫

1　南イタリアと移民の経験

南イタリアと移民

　イタリアは長い移民の歴史をもつ国である。1861年のイタリア統一から1970年代まで、イタリアが送り出した移民の数はのべにして2,700万人ともいわれている。とりわけ、年平均で60万人に及ぶ人々が諸外国に向かった20世紀最初の15年間は、イタリアのあらゆる地域から移民が送り出された。この時期に移民という現象を経験しなかった農村はイタリア全体でひとつもなかったといっても過言ではない。けれども、この100年余りの間、つねに移民を送り出しつづけ、しかも時期によって移民のあり方（単身か家族同伴か、男性が多数を占めるか否かなど）や目的地を変えていったという点で、南部イタリアにおける移民の経験は北部や中部のそれとは大きく異なる。

　具体的にいえば、自由主義期（イタリア統一から1922年のファシズム政権成立までの時期）には、北部・中部の移民の約4分の3がヨーロッパ諸国に向けて移民したのに対し、南部からの移民はそのほとんどがアメリカ合衆国、アルゼンチン、ブラジルといった南北アメリカに向かった。この時期には、移民の大半は成人男性から構成されていた。ファシズム期にはイタリア移民は全般的に減少するが、すでに移民先に定住した男性が家族を呼び寄せたことにより、南部からの人口の流出がやむことはなかった。第二次世界大戦後になると、北部・中部が外部から人口を吸収する地域に転じたのに対し、南部は1970年代までヨーロッパ諸国や北部・中部イタリアに向けて家族単位の移民を送り出す地域であり続けたのである。

移民と「南部問題」

　南イタリアはまた、国家統一以来、イタリアのなかで特殊な地域であると見

なす認識のあり方、いわゆる「南部問題」の対象とされてきた地域である。経済的に停滞し貧困な状態にある、家族の絆を絶対的な中心とする価値観のために公共的な精神が欠如している、犯罪組織が跳梁跋扈しているといった理由により、歴史的に南部は北部や中部とは異なる地域と見なされてきた（Schneider, J. 1998）。これに対し、今日では歴史研究の分野で、南部もほかの地域と同様に一定の経済的、社会的な発展を遂げてきたのであり、発展から取り残された停滞主義 immobilismo に満ちた社会として認識するのは不当であるという見方が台頭している。さらには、「南部問題」自体が社会的、経済的実態を反映したものというよりは、国民統合を目的とする表象行為にすぎなかったとする見解すら現れている。

その一方で、国家主導の南部振興策を抑制し、南部から北部への移民を外国人移民とともに排斥することを主張する「北部同盟」に象徴されるように、南部と北部・中部との差異を実体化しようとする動きも顕著である。

確かに1950年代から1970年代まで続いた南部から北部への人口移動の波は大規模なものであったが、今日ではそれに比べるとはるかに小さなものとなっている。にもかかわらず、現在でも南イタリアから多数の移民が到来しているかのようなレトリックに訴えかける人々が、北イタリアには存在する。しかも、北イタリアにもかつて大量の移民を諸外国に送り出した歴史があることを考えると、事態はいっそう深刻であるといわざるをえない。こうした言説を弄する人々は、過ぎ去った時代の記憶のうち不都合な部分を忘却し、都合のよい部分を想起することにより、「南イタリア人」と「北イタリア人」の差異を本質主義的に実体化しようとしているのだ。

もちろん、北イタリアのなかにもこうした言説に対する反発は根強く存在する。だが、「北部同盟」が地域によっては20％以上の得票を獲得し、しかも現時点（2003年）で政権党の一翼を担っていることの意味は見過ごせない。ヨーロッパ連合（ＥＵ）内で移民問題が最大の政治的イシューとなるなかで、南イタリアに生きる人々は、この問題に絡めて南部を「問題化」しようとする言説の圧力につねに晒されているのだ。このような状況で、南イタリアの人々は、かつての移民の経験をどのように記憶し、語っているのだろうか。また、そうした移民に関する記憶や語りを通して、自らの生きる社会を「問題化」しようとする言説にどのように対抗しようとしているのだろうか。

本稿ではこうした問題をめぐって、私がかつて1990年代前半に史料調査を行ったカラブリア州コセンツァ県のモラーノ・カーラブロ Morano Calabro（以

下モラーノと略す）という町を事例に考察することにしたいと思う。

モラーノ概略

モラーノはコセンツァ県の最北部に位置する山間部の町である（図1）。標高は500mほどで、現在の人口は約5,000人を数える。この町は、イタリア半島中部からシチリアにかけて見られる、丘陵部に住居が集中した農民都市（英語でアグロタウンと呼ばれる）の典型である。希少な水資源を確保するため、マラリアの害を避けるため、不安定な治安状況から集団で身を守るためといったさまざまな理由から、アグロタウンは形成されていった。就業人口の過半が農業に従事していた第二次世界大戦以前においては、都市的空間に居住する農民たちは日々労働のために町からおりて周辺の耕地に向かった。

図1　モラーノ・カーラブロ位置図（イタリア、カラブリア州コセンツァ県）

こうしたアグロタウンのひとつであるモラーノは、どのように移民を送り出していったのか。次節ではまず、モラーノにおける移民の経験を概観しよう。

2　重層化された移民の経験

移民の始まり

モラーノは南イタリアのなかでも最も早い時期から移民が行われていた町のひとつである。イタリア統一の前後からヨーロッパ諸国や南北アメリカへの移民を多く生んでいた北イタリアと比べ、南イタリアで移民が急増するのは農業不況が深刻化した1880年代の後半であった。だが、モラーノでは、すでに1860年代に南米への移民が存在したことが公証人文書などから確認できる（北村2000）。南イタリアのほかの多くの地域とは異なり、モラーノでは農業不況は移民の直接的な原因ではなかった。

モラーノを含むコセンツァ県山間地域では、19世紀初頭以来、農地の細分

化が進んでいた。モラーノでは1866年に町の住民の5人に1人が農地の所有者であったが，10トーモロ（3.3ha）以下の小土地所有者が全土地所有者の93％を占めるという状態であった。これほど農地が細分化された状況では，農民家族は自らが所有する農地だけでは生計を維持していくことができず，ほかのさまざまな経済活動によって家計を補填する必要があった。たとえば，牧羊や養蚕，それと結びついた毛織物業や生糸生産などはその典型的なものであった。また，山間部と平野部との播種・収穫時期のずれを利用した平野部での日雇い労働や，河川の護岸工事，灌漑水路の掘削などのように，ほかの場所への移動をともなう労働に従事することもあった（北村1999）。

　だが，1860年代のモラーノはさまざまな困難に見舞われた。イタリア統一により新たな租税負担を求められ，新たな現金収入が必要となった。租税負担の増大や徴兵制の導入に抵抗する匪賊の横行は，この地域一帯の経済活動を収縮させた。さらに，統一にともなって北イタリアから毛織物が流入し，蚕の微粒子病が流行したことにより，毛織物業と生糸生産が大きな打撃を受けた。こうしたなかで，現金収入を獲得する新たな方法として，南アメリカへの移民が選択されるようになったのである。

自由主義期の移民

　南アメリカへの移民の目的は，家計を補填するための現金収入を獲得することにあった。したがって，それは当初から，移民先で数年間過ごしたのちに帰郷することを前提としており，そのため労働年齢に達した男性が単身で移民することが基本であった。初期の移民は，毛織物職人や靴職人など，渡航資金を自ら工面することのできる職人層から構成されていたが，1870年代には渡航資金を前借りして移民する農民が急増した（北村2000）。移民の向かう先は，当初は南米一帯に広がっていたが，次第にアルゼンチンのブエノスアイレスやロサリオ，ブラジルのポルトアレグレ，コロンビアのバランキリャ，コスタリカのサンホセといった都市に集中していった。移民たちは都市部で衣服や靴などの製造・販売や行商といった零細な商業活動に従事したり，道路や港湾など都市基盤の整備のための建設業などに従事したりして，蓄財をめざした。

　移民たちはある程度の蓄財をなすと帰郷し，もち帰った資金で住宅を改修し，新たな耕地を購入した。郷里に残る人々からしばしば「アメリカ人」と呼ばれた彼らは，小麦と肉を中心とする食生活に変更し，住宅をリバティー様式（「アメリカ風」と呼ばれた）に改築することを試みるなど，町の生活に革新を

もたらした。また、移民たちの多くは帰郷を前提としていたので、婚姻に際しても配偶者をモラーノの女性に求めた。そのため、結婚のためにモラーノに一時帰郷し、式をあげると妻を郷里に残して再び単身で移民をするという事例も頻繁に見られた（北村 1994）。

　その一方で、移民先での経済活動が成功したことにより、移民先への定住を決断する人々が次第に現れるようになった。彼らは妻や子どもなど家族を移民先に呼び寄せていく。こうした人々が増大した結果、モラーノの人口は 1881 年から 1901 年の間に、約 10,000 人から約 6,500 人に減少した。人口が激減したこともあり、モラーノからの移民数は 1890 年前後にピークを迎えたのち、20 世紀に入るとむしろ緩やかに減少していく（図2）。こうして、この町の移民は南イタリア移民の全般的傾向とはかなり異なる数量的変遷を辿ったのである。

ファシズム期の移民

　モラーノからの移民の流れは第一次世界大戦の勃発により中断するが、大戦が終結すると復活する。しかし、ブラジルやアルゼンチンをはじめとする南米諸国の経済状況が悪化したことにより、1922 年以降は成人男性の移民は減少していく。他方、ファシズム政権が 1927 年に永住移民を原則的に禁止にすると、移民先と郷里との往還を繰り返していた人々は、移民先への永住と郷里への最終的な帰還とのいずれかの道を選択することを強いられた。そのなかから前者を選択する者が多数現れ、彼らは家族を移民先に呼び寄せることになる。結局、政府による政策も移民を全面的に解消することはできず、ファシズム期にもモラーノからは呼び寄せによる移民が流出していった（北村 1994）。

第二次世界大戦後の移民

　第二次世界大戦が終結すると、再び移民が復活した。モラーノからの移民の流れは3つ存在した。まず、ブラジル（ポルトアレグレ）、アルゼンチン（ブエノスアイレス）、ウルグアイ（モンテビデオ）など、南米への移民である。彼らは両大戦間期に移民先への定住を決断した親族を頼って移民をした。第二の流れは、ヨーロッパ諸国への移民である。特に、イタリアと西ドイツとの間に 1955 年に結ばれた政府間協定を受けて、南イタリアから西ドイツへの移民が急増するが、モラーノからの移民はザールラント州内を中心とするいくつかの工業都市に向かった。彼らは土地資産をそれほどもたない社会的下層に属す

図2 モラーノの人口動態

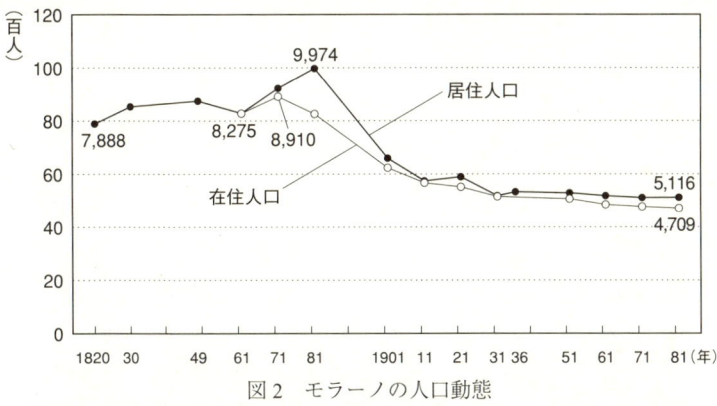

（出典）ISTAT, *Popolazione residente e presente dei Comuni.* Tomo. 1, Roma, 1971.
L. Izzo, *La popolazione calabrese nel secolo XIX.* Napoli, 1965. より作図

る人々によって主に構成され、家族全体で移民した（Mainieri 1996）。第三の流れは、国内の移動である。これは、隣接するカストロヴィッラリや県庁所在地のコセンツァなどのカラブリア州内、首都ローマ、北部のミラノ、トリノ、ジェノヴァを結ぶ工業三角地帯という3つの地域が主たる目的地であった。このなかには、工場労働や建築労働、下級官職（官庁の守衛や用度など）といった職に従事する人々のほかに、大学教育を受けるために郷里を離れる者や大学教育を終えて専門職や事務職につくために大都市に向かう者が含まれていた。高等教育の就学率の上昇は、モラーノ社会の中・上層に属する若年層を町の外に押し出す機能を果たすことになった。

　だが、南イタリアのほかの地域と同様に、モラーノも1970年代になると移民は減少していく。そして、1980年代になると新たな事態が現出する。すなわち、移民の流入である。それは大きく2つに分けられる。1つは、チュニジア、モロッコなど北アフリカからの移民の流入である（さらに、ベルリンの壁の崩壊以降は、アルバニアなどの東欧諸国からの移民が加わる）。彼らはモラーノに定住しているわけではないが、雑貨や衣類の行商といったかたちでこの町にも頻繁に姿を現している。もう1つは、かつて南米に移民をしていた人々やその子孫が「帰郷」する事例である。第二次世界大戦後に移民をした本人（「一世」）である場合もあれば、それ以前に移民をした人々の子孫（「二世」や「三世」）である場合もあるが、南米諸国が政治的、経済的混乱にあるなかで、経済的発展を遂げたイタリアに魅力を感じた人々が親族を頼って「帰郷」している。こうして、モラーノの移動をめぐる歴史は、新たな段階に入っている。

写真1　調査時のモラーノ・カーラブロ（1993年）

3 「歴史」をもたらす移民

「イナメリカ」

　モラーノでは，1980年代後半から町の移民の歴史を回顧しようとする試みが行われている。活動を担っているのは，隣接するカストロヴィッラリのリチェーオ（文科系高等学校）で歴史・哲学の教員を勤めたフランチェスコ・マイニエーリ氏を中心とする町の有志で，『コントラーデ Contrade』という郷土研究誌も発行しているグループである。彼らは，モラーノの移民の歴史をどのように評価しているのであろうか。1992年7-11月にかけて彼らが催した移民に関する「イナメリカ inamerica（アメリカへ）—ラテンアメリカのモラーノ移民」というタイトルの展覧会では，冒頭に以下のような文章が掲げられていた。

　　「ここに展示された文書やさまざまな資料は，単に視覚に訴えかけるだけでなく，移民に対する新たな理解の鍵となるものを提供し，いまなお広く流布しているステレオタイプなイメージとは対照的な解釈を提示するであろう。移民が払った代償はないがしろにされるべきではないが，移民がひとつの町に変化をもたらす際の衝撃，その町が『歴史』に加わる際に受けた衝撃が明らかにされなければならないのだ」（Contrade 1993, 1: 2）。

移民を貧困からの絶望的な逃避，悲惨な体験と位置づけるのではなく，自らのイニシアティヴで選択した行為であり，その結果，町に大きな変化（＝「歴史」）をもたらして町を活性化させるきっかけになったと積極的に評価する姿勢がこの文章からうかがえる。

移民の是非をめぐる歴史

19世紀末から20世紀初頭にかけてイタリアから大量の移民が流出した時期には，移民が農村社会に与える影響の是非についてさまざまな議論が闘わされた。ヴェーネトなど北イタリアの一部の地域では，移民により労働力が失われ，賃金が上昇することで農業経営に深刻な打撃を与えるとして，移民に対する反対論や規制論が優勢であった。他方，南イタリアでは，過剰な労働力を解消し農村の失業を緩和するとして移民を擁護する議論もあり，移民に対する賛否は相半ばしていた。

これに対し，ファシズム期には移民という現象は総じて否定的に受けとめられた。それは第一に，人口を国力の源泉と見なすイデオロギーのために人口の国外流出が忌避されたからであった。また，国外で下層と見なされる労働に従事する移民を「国辱」と考えるナショナリズムの思想によるところも大きかった。そうした流れを受けて，ファシズム期の歴史研究は自由主義期の移民を貧困と社会的害悪の証左として否定的に評価した。

第二次世界大戦後になると，マルクス主義がイタリアの歴史研究に大きな位置を占めるようになる。マルクス主義歴史家たちは，自由主義期の移民を労働者に対する搾取と見なし，また旧来の政治指導者たちの無能，無策の証左として否定的にとらえた。つまり，イデオロギー的には対極の位置に立ちながらも，彼らは移民をイタリア社会にとって有害な現象としてとらえるという点ではファシストと立場を共有していたのである。

しかし，1980年代後半から，移民をマクロ経済のなかで翻弄される受動的な存在ではなく，主体的な意志をもって移動という行為を選択した能動的な存在と見なす考え方が，イタリアの歴史研究のなかに生まれてきた。北イタリア・ピエモンテ州のビエッラ地方からフランスやアメリカ合衆国，アルゼンチンなどに向かった移民に関する共同研究は，まさにそうした傾向を代表するものであった。そこでは，ビエッラの人々が伝統的に培ってきた職業（石工，指物師などの建築業や紡績，織布などの繊維業）を利用して移民し，移民先で活路を見い出していく様が描き出されている（Audenino 1990; Corti 1990）。

南イタリアと「歴史」

　また，1980年代後半には，南イタリア社会の「停滞性」や「後進性」を否定し，資本主義の展開のなかで南イタリア社会も一定の近代化をなしとげてきたという認識が登場する。歴史家ピエロ・ベヴィラクワは次のように述べている。

　　「今日では南イタリアを表象する際に，ある種の『非歴史性 non storia』に陥ってしまうことがしばしばある。南部の歴史とは，それ以外にはなりえなかったものの挫折の経過であり，時代を通じて変わることなく続いた不均衡の成果であり，北イタリアという経済発展の先進地域によって姿形を与えられた，他者の歴史の派生や残余であるという認識である。(中略)
　　多くの人に知られていないことであるが，確かに形態はいくらか独特で，リズムも程度も緩やかであったかもしれないが，ヨーロッパや西洋世界におけるほかのすべての地域と共通した特徴をもち，同じ方向に変化しながら，近代世界の歴史が表現されてきた地域というものが存在する。イタリア南部の最近200年の歴史とは，まさにそういうものであった」
　　(Bevilacqua 1993: VIII)。

　失業率の増大や組織犯罪の活発な活動などによって，1980年代の南イタリア社会は行き詰まりや停滞を指摘されていた。「新しい南部問題」の出現ともいわれた事態である。こうした状況に対して，ベヴィラクワは19世紀以降の歴史を振り返ることで，「歴史」をもたない地域とさえ表現される南イタリアにも，近代世界のほかの地域と同様の歴史が存在したことを明らかにする。また，ミクロな視点の歴史研究を実践することによって人々がさまざまなイニシアティヴを発揮してきたことを解明し，移民こそがそうしたイニシアティヴのひとつであり，南イタリア社会を近代世界に向けて開放するうえで大きな役割を果たしたと指摘するのである。こうして，マイニエーリ氏らのグループの認識は，同時代のイタリアの歴史家たちと重なり合っていく。彼らは南部の歴史を「発見」することによって，これからの南部が進むべき道を模索しているのである。

6 移民の歴史をいかに語るか

写真2　ベネズエラのモラーノ移民たち（ベネズエラ，カラカス，1890年）
（出典）Contrade, 1993: 31

パイオニア・企業家としての移民

「イナメリカ」と題された展覧会では，ベネズエラに移民をした男性が残した日記の一部が紹介されている。1859年に商店主の子どもとして生まれ，靴職人の修業を積んだこの男性は，この時期の南イタリアからの移民としてはきわめてめずらしく，日記や書簡などを数多く残している。

日記によれば，彼は1880年9月にモラーノを出発し，11月にベネズエラに到着した。その後，1887年8月にいったんモラーノに帰郷し，翌年4月に同郷の女性と結婚した。1890年1月に娘が誕生したのち，同年5月に単身でベネズエラに向けて出発し，ナポリで購入した宝石を行商して蓄財した。そして，1894年10月にボリバル市郊外のガスドゥアリトという町で雑貨店を開くことに成功する。1896年7月に再びモラーノに帰郷し，同年12月には家族をともなってガスドゥアリトに戻った。しかし，子どもの死や本人の体調不良，さらには町の大火で全財産を失うといった不幸が重なったことで，1899年にモラーノに帰郷し，その後は郷里で生涯を送った（Contrade 1993）。

この人物に典型的に表れているように，移民たちは未知の土地を恐れることなく，独立心をもって商業活動に励んだ。マイニエーリ氏らのグループが強調するのも，移民たちがもっていたこの「パイオニア精神」と「企業家精神」であった。そして，彼らが「アメリカ風」の文化をモラーノにもたらし，モラー

135

ノ社会に新たな活力を吹き込んだことを高く評価しているのである。

そうしてみると，マイニエーリ氏らのグループが第二次世界大戦後の移民についてあまり語らないのも理解できよう。なぜなら，第二次世界大戦後の移民，特に西ドイツへの移民は政府間協定によってもたらされた，いわば「上からつくられた移民」であり，創造性や活力が十分に発揮されたとは考えにくいからだ。とはいえ，これほどまでに重層化された移民経験について，その一部を強調して，別の一部を等閑視したままにしておくことは許されないであろう。彼らが第二次世界大戦後の移民の経験をいかに掘り起こし，どのように語っていくのか，それが彼らの活動の試金石になるのかもしれない。

4　なぜ南米に？

ビジネスチャンスとしての南米

しかしながら，モラーノの住民のなかにも自由主義期の移民に対して冷ややかな物言いをする人々が存在する。そうした物言いのひとつが，「モラーノの移民は豊かなアメリカ合衆国ではなく，貧しい南米に向かってしまったために，町にあまり大きな寄与をすることができなかった」というものである。

確かに，モラーノの周辺には移民の大多数がアメリカ合衆国に向かった町が存在する。隣接するサン・バジーレも，ボストンへの移民が多い町である。それに対して，モラーノからアメリカ合衆国に向かった移民は全体の1割にも満たない。それでは，彼らはなぜ南米を移民先に選んだのだろうか。

すでに述べたように，モラーノは南イタリアのなかでも最も早い段階から移民を送り出していて，1860年代にはすでに移民が存在していた。そして，初期の移民は主として職人層から構成されていた。彼らの目的は移民先で土地を獲得し，農民として永住することではなく，一定の蓄財をしたのちに帰郷し，土地や家屋に投資して生活を安定させることにあった。そこで，彼らはしばしば日用品の行商をはじめとする零細な商業活動を行った。行商といった零細な商業活動を振り出しにビジネスチャンスをつかむことを夢みる人々にとって，アメリカ合衆国はすでに一定の商業秩序が成立していた社会であった。南イタリアからの移民が大量に到来する時期であれば，エスニック・ビジネスの成立する余地もあっただろうが，そうした時代を迎えるにはまだ早すぎた。

他方，ブラジル，アルゼンチン，コロンビア，ベネズエラといった南米諸国は，行商から身を起こすことがいまだ可能な社会であった。前節で見たベネズ

写真3　コロンビアのモラーノ移民が開業した靴販売店（コロンビア，サンタ・マルタ，撮影年代不詳）
（出典）*Contrade*, 1993: 34

エラに向かった移民の例に明らかなように，それはまた政治的，経済的，社会的な混乱や自然の脅威によってたちまち全財産を失うこともありうる，リスクの多い社会でもあった（その傾向は20世紀に入っても引き継がれていく）。けれども，パイオニア精神と企業家精神をもった彼らは，そうした危険に向かって挑戦していくことを選択した。そして，ひとたび南米への移民のルートが切り開かれると，あとに続く人々は親族や同郷者といった人間関係を頼って移民していく（「連鎖移民 chain migration」のメカニズム）。その結果，ポルトアレグレをはじめとする南米の諸都市に集中することになったのだ。

これに対して，モラーノに隣接するサン・バジーレや沿海部の町々のように移民の開始が遅かった地域では，移民の主力は当初から農民たちであった。農業危機の深刻化のなかで彼らが求めたのは，当面の危機を乗り越えるための現金収入の確保であった。19世紀末の時点で最も多くの雇用の場を提供したのは，急速な都市化と工業化のなかで都市基盤の整備や鉄道・道路・港湾建設のための建築労働力を必要としていたアメリカ合衆国であった。その結果，サン・バジーレからの移民の大半は，アメリカ合衆国（とりわけ東海岸の諸都市）に向かうことになった（Douglass 1984）。

「アメリカの叔父さん」を脱して

　要するに，モラーノの移民たちはパイオニア精神と企業家精神をもって早い時期から移民に乗り出したがゆえに，チャンスに恵まれた南米に行くことを選択し，サン・バジーレの移民たちは移民の波に遅れて参加したがゆえに，その時点で最も多くの雇用の場を提供していたアメリカ合衆国に移民せざるをえなかった，ということになるのだ。20世紀に入ってからのアメリカ合衆国と南米諸国のなりゆきを考えると，「歴史の皮肉」という言葉を思い起こさずにはいられない。

　移民の経験を冷ややかに語る人たちの発言の背後には，次のような思いが潜んでいると推測される。すなわち，「サン・バジーレはアメリカ合衆国に移民したから，その末裔たちは『アメリカの叔父さん』となってドルの札束を提げて親戚のところにやってくるのに，モラーノは南米に移民したから，その末裔たちはハイパーインフレや金融破綻で資産や職を失って親戚を頼ってモラーノに帰ってくる」と。

　だが，こうしたものの見方は，公共事業や公務員ポストというかたちで政府から支援が降ってくるのを待つという外部依存の発想と同根のものである。第二次世界大戦後，農地改革の実施と南部開発公庫の設立により，統一以降初めて国家主導による南部開発が進められた。新たな自作農の創出が進められ，工業部門への投資はプーリア州ターラントの製鉄所に代表されるように一定の成果をもたらした（竹内1998）。しかし，1970年代以降，工業化の道は挫折し，政府による南部開発は選挙の支援と引き換えに行われる公共事業や公務員ポストのバラまきへと変質していった。1990年代に入り，ヨーロッパ連合の経済統合に向けてイタリア政府が財政支出を抑制せざるをえなくなると，南イタリアが政府主導の開発に依存することは不可能となった。もはや北部同盟のアジテーションを待つまでもなく，状況は変化しているのだ。したがって，それでもなお「アメリカの叔父さん」の存在に期待しようとする言説は，従来型の資源配分の秩序に固執する現状維持的な心性の表れといえるのだ。

5　役割の逆転

「アラブ人とは違う」

　すでに述べたように，南米諸国の政治的，経済的混乱を嫌った人々のなかから，祖先の母国であるイタリアに「再移民」する事例が，とりわけ1980年代

後半から増加していった。私はモラーノで史料調査を行っていた1993年にそうした人々に会う機会を得たが、そのうちの1人にウルグアイのモンテビデオから父の郷里に「帰郷」した男性がいた。彼はモンテビデオでは専門職に従事し（モラーノでもその専門職に従事していると語っていた）、モラーノとは地縁・血縁のまったく存在しない妻を同伴して帰郷していた。その彼が次のように語ったことがある。

　「われわれは南米に移民して、南米に文明をもたらした。だから、いまイタリアに来ているアラブ人たちとはまったく違うのだ。彼らがいったいわれわれに何をもたらすというのか」。

「われわれは南米に文明をもたらした」とは、19世紀ヨーロッパ帝国主義の公式イデオロギーである「文明化の使命」に重なる言説である。また、自らを文明の側におき、チュニジア人やモロッコ人の行商を非文明（＝野蛮）として対置している点で、この言説はオリエンタリズムに満ちている。彼はこうしたステレオタイプな言説を用いることによって、自らの経験にポジティヴな価値を与え、チュニジア人やモロッコ人の同種の経験との差別化を図っている。このような言説は、今日のヨーロッパにおける移民排斥の潮流に竿さすものだといえるだろう。だが、歴史を遡って見れば、「行商」とは百数十年前のモラーノ移民の姿そのものではなかったか。つまり、彼の発言は単にステレオタイプであるだけではなく、自らの郷里における移民の記憶の忘却（あるいは歴史に対する無知）に立脚しているのだ。

「約束の土地」の逆転

　もっとも、この言説も違った角度から見れば、また別の受け取りようがあるかもしれない。アルゼンチンのイタリア移民に関する研究を行ったドイツ人の人類学者アルント・シュナイダーは、19世紀半ばから今日にいたる移民の送出国／受入国としてのアルゼンチンとイタリアの関係を「役割の逆転」という言葉で表現している。

　19世紀半ばから20世紀半ばにいたるまで、アルゼンチンはイタリア人にとって「約束の土地」であり、多くのイタリア人が「豊かなアルゼンチン」に憧れて移民をしていった。ところが、20世紀後半に世界経済におけるアルゼンチンとイタリアの位置は逆転し、今度はイタリア系アルゼンチン人にとってイ

タリアが「約束の土地」となり，彼らの多くが「豊かなイタリア」に憧れを抱くことになる。これが「役割の逆転」である。その結果，イタリア本国（政府や企業）からさまざまな利益を獲得しようとするアソシエーションが形成され，近年のアルゼンチンでは「イタリア系アルゼンチン人」というエスニック・グループが復活する傾向を見せているとシュナイダーはいう（Schneider, A. 2000）。

　彼はまた，アルゼンチンのカラブリア出身者たちの現状認識を次のように説明している。今日のカラブリアの経済的繁栄は移民を通じての送金や失業問題の解消によってもたらされたものであり，自分たちは郷土の繁栄のために犠牲を払ってきた。しかし，アメリカ合衆国やカナダ，オーストラリアとは異なり，自分たちはそうした犠牲に対する対価，報酬をこのアルゼンチンにおいて得ていない。対価を得るためには，自分たちが「イタリア人」の末裔であることを自覚し，誇りに思うことから始めるしかない，と（Schneider, A. 2000）。

　こうしてみると，私がモラーノで会ったモンテビデオからの「帰郷者」も，ステレオタイプな言説を弄することによって，「役割の逆転」のなかで自らが払った犠牲に対して自分なりの対価，報酬を求めているといえるのかもしれない。それは自らの移民の経験に積極的な意味を与えるための彼なりの表現方法であり，そこには過去の移民に関する記憶が意識的に取捨選択されて混入されているということを理解する必要がある。

　以上のように，ある人々は町を再び活性化させるために移民の歴史を語り，別の人々は現状を維持するためにそれを語り，また別の人々は自らの移民経験を正当化するために移民の記憶を取捨選択する。こうして，過去の移民をめぐる歴史と記憶は，現在を生きる人々によってさまざまに利用されている。人々の生活のなかで移民の歴史と記憶をめぐる闘争は日々繰り広げられている。われわれはそのミクロな闘いから目をそらすことはできない。

参考文献

Audenino, Patrizia, 1990, *Un mestiere per partire, Tradizione migratoria: lavoro e comunità in una vallata alpina.* Milano: Franco Angeli.

Bevilacqua, Piero, 1993, *Breve storia dell'Italia meridionale, dall'Ottocento a oggi.* Roma: Donzelli.

Contrade, 1993, Numero 1, Centro interdiscplinare di studi ed interventi sul territorio.

Corti, Paola, 1990, *Paesi d'emigranti. Mestieri, itinerari, identità collettive.* Milano: Franco

Angeli.
Douglass, William A., 1984, *Emigration in a South Italian Town: An Anthropological History.* New Brunswick: Rutgers University Press.
北村暁夫 1994「移民における家族の戦略―南イタリアの事例研究から」『思想』842: 80-102.
北村暁夫 1999「近代イタリアの移民と家族―南北の山間地域を比較する」歴史学研究会編『地中海世界史5　社会的結合と民衆運動』青木書店：125-158.
北村暁夫 2000「日常的実践としての移民―南イタリア・公証人文書の検討を通して」『史艸』41: 80-110.
Mainieri, Marta, 1996, "L'emigrazione moranese in Saar quarant'anni dopo", *Annali della Fondazione Luigi Einaudi* 30: 481-530.
Schneider, Arnd, 2000, *Futures Lost: Nostalgia and Identity among Italian Immigrants in Argentina.* Bern: Peter Lang.
Schneider, Jane (ed.), 1998, *Italy's "Southern Question": Orientalism in One Country.* Oxford: Berg.
竹内啓一 1998『地域問題の形成と展開―南イタリア研究』大明堂.

文献案内

①山田史郎ほか著『近代ヨーロッパの探究1　移民』ミネルヴァ書房，1998年．
　19世紀以降のヨーロッパ移民の歴史を対象とした論文集。ブラジルのイタリア移民，アメリカ合衆国の東欧ユダヤ系移民やアイルランド移民，ドイツのイタリア移民とポーランド移民など，6編の論文から構成される。今日のヨーロッパにおける「移民問題」をよりよく理解するためには，19世紀以降のヨーロッパにおける移民の歴史を知ることが不可欠であり，その点で有益な書である。

②馬場康雄・奥島孝康編『イタリアの社会―遅れて来た「豊かな社会」の実像』早稲田大学出版部，1999年．
　「早稲田リブリ・ムンディ」シリーズの1冊で，イタリア社会の現状を紹介する。「女性」，「家族と子ども」，「学校と教育」，「マスメディア」，「教会」，「言語」，「スポーツ」，「エコロジー」，「マフィア型犯罪組織」，「社会保障」，「移民と外国人労働者」を扱った11章から構成される。今日のイタリア社会を知るには最適の入門書である。

③北村暁夫「移民における家族の戦略―南イタリアの事例研究から」『思想』842号，1994年．
　移民をめぐるミクロな視点による歴史研究の成果のひとつ。出生・婚姻・死亡の各証書や国勢調査の原簿，公証人文書といった史料を素材として，本論でもとりあげた南イタリア・カラブリア州のモラーノという町における移民行動を分析する。方法論的には，ブルデューの「家族戦略」論に示唆を得て，移民によって婚姻戦略や相続戦略といった家族戦略がどのように変化していくかを解明している点に特徴がある。

コラム　ヨーロッパと移民（北村暁夫）

　今日，ヨーロッパにおける移民といえば，旧植民地を中心としたいわゆる「第三世界」からヨーロッパへ向かう人々の波を思い浮かべることが一般的であろう。けれども，こうした移民の流れは第二次世界大戦後になって顕著となったのであり，ヨーロッパ近代において繰り広げられてきた人間の移動の歴史のなかでは最も新しい1シーンにすぎない。
　たとえば，フランスでは19世紀半ばにはすでに10万を越える規模のベルギー人が移民として流入していた。同様に，同じ時期のイギリス（ブリテン島）ではアイルランド人移民が，またドイツではやや遅れてポーランド人やイタリア人が流入し，いずれも下層の労働力として社会を支えていた。労働力移動という観点から見るならば，今日の「第三世界」からの移民はそれ以前にすでに存在していたヨーロッパ内部の労働力移動を補完するかたちで始まり，次第にそれに取って代わっていったのである。したがって，今日ヨーロッパに流入している移民は，19世紀以降のヨーロッパ内部を移動した人々との歴史的な連続性のなかで理解されなければならない。
　もっとも，このように述べると，この2つの移動の流れは質的にまったく異なる存在であるという反論があるかもしれない。すなわち，現在ヨーロッパに流入する移民は言語，宗教をはじめとして文化的な背景がヨーロッパのマジョリティと異なる人々が非常に多く，彼らを統合するのはきわめて困難であるのに対して，かつてヨーロッパ内部で移動していた人々は移民先の住民と言語，宗教，生活習慣など親近性が高く，そのため移民先の社会に同化していくことが可能であったのだ，と。
　しかし，歴史を振り返って見るならば，かつてヨーロッパ内部を移動した集団は移民先の社会とさまざまな軋轢を経験し，さまざまな社会的差別を受けてきたことが確認できる。たとえば，19世紀末にフランスに流入したイタリア移民は，プロヴァンス地方をはじめとしてフランス各地で在地社会の人々と紛争を起こしている。また，19世紀半ば以降イギリス（ブリテン島）に流入したアイルランド人は，イングランド人から自らとは異なる「人種」に属する劣等な存在であると見なされた。この眼差しは同じ時期にアイルランド人が大量に移民したアメリカ合衆国にも移植され，アイルランド人は「ヨーロッパの黒人」と見なされて差別されることになる。このように文化的な他者として扱われ差別的な状況におかれていた移民集団が，移動先の社会に受容されるには数十年の長い歳月を要したのだ。

もちろん，過去にこうした歴史があるからといって，今日ヨーロッパに流入している移民が将来的に必ずホスト・カントリーの社会や文化に同化されたり，統合されたりすると予測できるわけではない（そもそも，彼らが「同化」や「統合」の対象とされなければならないのか否かを問う必要があるが）。だが，かつてヨーロッパ内部を移動した集団と今日ヨーロッパに流入する「第三世界」からの移民集団を，本質的に異なる存在と見なす先入見は排されなければならない。そうした先入見は，ヨーロッパ内部の文化的同質性およびヨーロッパとその外部との文化的異質性を本質主義的に実体化する，ヨーロッパ統合のための「ＥＵ至上主義史観」とでも称すべき見方なのである。

7 ヨーロッパのムスリム——ドイツ在住トルコ人の事例から

石川　真作

1　トルコ人のドイツへの移住

ヨーロッパへの移民流入

　現在，ヨーロッパ連合（EU）域内には約1,000万人にのぼるムスリム（イスラーム教徒）が居住しているといわれる。

　いうまでもなく，ムスリムはヨーロッパのオリエンタリズムの最もあからさまな対象であり，ヨーロッパにとって最もよく知られた，最もイメージしやすい「他者」であった。類似した立場にあったもう一方の「他者」＝ユダヤ教徒がヨーロッパ外に自己の居住領域をもたず，ヨーロッパ内部に多く生活していたのに対して，彼らは領域をもっていたため，ほとんどヨーロッパに居住することはなかった。そして隣接する地域「中近東」，すなわち中間のあるいは近接する東洋（オリエント）を占める隣人あるいは「仮想敵」として対峙してきたのである。

　その彼らが近年大挙してヨーロッパにやってきた。そして，すでに数十年単位で居住している。移民となってヨーロッパ内部に浸透しているのである。このような現象はムスリムだけに起こっているのではないが，先のユダヤ教徒の歴史になぞらえて「ディアスポラ」と表現されているのはなにやら因縁めいてもいる。

　この状況は第二次世界大戦後の状況が生み出したものである。かつて植民地主義の時代，おもに世界各地に人口を送り出す側であったヨーロッパ諸国は，第二次世界大戦以降，逆に絶えず移民の流入にさらされることとなった。この移民流入の初期の形態は，ヨーロッパ内での国境の変更，占領地からの撤退や捕虜の労働力への転用などおもに戦後処理にかかわるものであった。これらはここで議論となる移民の問題と関連しているが別の問題であり，むしろ混乱したヨーロッパ内の秩序を回復させるための手続きであったといえるだろう。その後に現在の状況をつくっている第二の潮流がやってくる。1950-70年代にか

けて奔流となり，現在もその余韻を残すこの流れに乗ってやってきた人々は，大きく3つのカテゴリーに分けることができるであろう。

3つのカテゴリーとは，①旧植民地住民（植民者や赴任者を含む），②難民，③越境労働者である。これらは，植民地の独立，ヨーロッパ側からいえば喪失と，ヨーロッパの復興にともなう高度経済成長といった状況から生まれた現象である。すなわち，植民地の独立にともない旧宗主国へ帰還した人々，何らかの事情で行き場を失った人々，あえてヨーロッパを生活の場に選んだ人々，混乱のなか危険にさらされた人々などに対して，復興にともなう好景気が生み出した労働力不足が受け皿となったという図式である。そのため，ポストコロニアル状況との関連で理解される傾向が強い。実際，この状況は植民地主義との密接な継続において現れてきたものであることは明白である。

そしてこの3つのカテゴリーすべてに多くのムスリムが含まれていた。すなわちヨーロッパに現住するムスリムの多くはこの潮流に乗ってやってきた人々であり，彼らの存在はヨーロッパにおけるポストコロニアル状況を体現しているというべきかもしれない。たとえばフランスに居住するアルジェリア系住民や英国のパキスタン系住民は，①のカテゴリーに属する人々であるし，②のカテゴリーにも当然多くのムスリムが含まれる。③のカテゴリーは，ヨーロッパ内部からの移民が多く含まれているのが特徴であるが，さまざまなかたちでヨーロッパ外からも労働力として動員された人々がいる。そして，③のカテゴリーに属するムスリムの代表格として，ヨーロッパに多くの人口を抱えるのが，本稿でとりあげるトルコ人ということになる。彼らは，辛くも植民地化を免れたトルコという地域から，旧植民地からの労働力の導入が実質的に不可能であったドイツを中心に，契約労働者として流入した人々である。

ドイツへのトルコ人流入と外国人政策

ドイツの旧西ドイツ地域に居住する外国人労働者は，労働力不足解消を目的として，1950年代以降約20年間にわたって行われた積極的な労働者募集に端を発して流入した人々である。この時期西ドイツは，1955年のイタリアをはじめとして，68年までにスペイン，ギリシャ，トルコ，モロッコ，ポルトガル，チュニジア，ユーゴスラビアと雇用双務協定を結んで，労働者の積極的な受け入れを行っている（トルコは1961年）。

この時期の西ドイツの外国人政策における中心的特徴は，積極的受け入れであった。それは，急激な経済成長にともなって起こった超完全雇用状態，それ

にともなう労働力不足を補う目的でとられた政策であった。そのようにして募集された彼らが，Gastarbeiter，すなわち「お客さん労働者」と呼ばれたことは有名である。この言葉は，彼らが一時的な，補助労働力と見なされていたことをよく表している。その状況を現実につくり出すために採られた政策は，「ローテーション政策」と呼ばれるものであった。この政策の目的は，外国人労働者の滞在を長くて２，３年にとどめ，つねに人員を回転させ，毎年必要な人員のみを補っていこうというものであった。この政策のもとで彼ら外国人労働者は，ドイツ人労働者が敬遠しがちな，熟練を要せず，比較的低賃金の単純労働といった部門に，主として組み込まれていった。

1973年，第一次石油危機が起こるとドイツ経済は停滞し，その影響で同年11月，外国人労働者の募集は停止された。これによって，新規に労働者として入国する道が閉ざされ，さらに翌74年には，すでに滞在している外国人の雇用も制限する策がとられ，労働許可を失った外国人労働者の滞在許可延長にも制限が加えられた。これ以降，1970年代半ばの政策は，入国制限，帰国促進という特徴をもっている。

このような状況下で，西ドイツの外国人労働者数は，73年をピークに減少している。しかし，実際には長期滞在者が増え，彼らの許へ続々と家族がやってきたために，滞在外国人数そのものは逆に増加傾向にさえあった。すなわち彼らは，本国から家族を呼び寄せて定住するようになったのである。73年以降，外国人の失業率が西ドイツ人のそれを上回るようになったことが，そのことを端的に示している。すなわち，この時点で彼らは仕事があるからドイツにいるのではなくなっていたのである。それは，募集が停止され，新規入国の制限という方向に政策が転換したために，いったん帰国すると二度と出稼ぎにはこられないかもしれなくなってしまったためであるといわれる。また，帰国しても職が得られる保証がない点も，彼らを西ドイツに留まらせる要因になった。

これをうけて1978年，彼らをもはやガストアルバイターではなく，出身国への帰国を前提としない「移民」であるとする見解が示され，彼らの西ドイツ社会への統合をめざす政策が前面に押し出されることとなった。ここでいう統合とは，「明確な規準によって，安定した滞在身分をもつ外国人を規定し，彼らを社会に受け入れるための社会基盤（教育，住居など）を整備すること，また一定の社会的権利の付与などによって，彼らのドイツ社会の一員としての身分を明確化すること」という内容を示唆する理念である。

しかし1982年のＣＤＵ／ＣＳＵ（キリスト教民主・社会同盟）政権への政

権交代によって、この統合政策もややニュアンスが異なってくる。1983年には、西ドイツの外国人収容力には限度があり、家族の追加移住の継続、出生率などから見て、すでにその収容力の限界は近いとの見解が示され、この事態はドイツ社会にとっても、統合を希望する外国人にとっても重荷であるとされた。このような考え方に基づいて、現実の施策上では帰国促進が前面に打ち出されることとなり、83年には「帰国促進法」が時限立法され、外国人労働者とその家族の帰国が促されることとなった。そこでは、帰国を希望する外国人労働者、および子ども1人1人につき、奨励金を支給、さらに各国との協定に従って帰国後の生活を支援することが定められていた。この施策によって、約25万人の外国人が帰国したといわれるが、それは全体の5％強にすぎず、この政策に関しては成功したとはいえないというのが、一般的な評価となっている。

外国人法改定と新国籍法

1990年、「外国人法」が改定され、翌91年より施行された。ここでの改定は、80年代後半、大きな論議となっていたものである。この論争の中心的論点となっていたものは、彼らを移民として受け入れるか否かということであった。改定された外国人法の基本的な考え方は、長期にわたって合法的に滞在する外国人の法的地位を改善、社会的経済的統合を促進すること、そしてEC域外からの外国人の流入を抑制すること、の2点があげられている。

ここで注目すべきことは、一時的な滞在資格、および永続的滞在資格を得られる場合を、それぞれ明確な規準を示して区別し、それらを制度上分断することによって、統合の対象となる外国人のグループを法的に規定し、明確化したことである。これは、前述の外国人収容力の限度という考え方が基礎となっており、統合の対象となるグループを規定し、新規の流入を完全に停止することによって初めて統合が達成される、と見なしたのである。この場合、EC域内の外国人の滞在許可に関しては別の法律で規定されており、この外国人法は、EC域外の外国人に対してのみ適用される。

一方で15年以上の長期滞在者、および二世のために帰化請求権が設定され、国籍取得が容易化された。ドイツ生まれの外国人が増えていき、さらに外国人法の改定で統合の対象が明確化され、同時に帰化が容易になったことで90年代を通じてトルコ人を含めた定住外国人の移民化は自明の事態となったのである。なお社会的にはネオナチ犯罪などの問題を残してのことではあったが。

そうしたなか、98年には総選挙でCDUが敗北、16年続いたコール政権が

崩壊し，ＳＰＤ（社会民主党）が政権を奪還，緑の党とのいわゆる赤緑連立政権が成立した。そして，中道左派と称されるこの政権のもと，外国人政策に関してひとつの転換点が訪れることとなった。すなわち国籍規定において部分的に出生地主義が導入され，限定的に二重国籍を認めた「新国籍法」が導入されたのである。この新国籍法のもとでは，両親ともに外国人であってもどちらかが8年以上ドイツに合法的に滞在していて，なおかつドイツで出生した子どもは，外国籍を取得した場合でもドイツ国籍を得ることができることとなった。後述するように，帰化要件として外国籍の放棄が義務づけられ，厳格な血統主義がとられてきたドイツにおいては画期的な転換といえるであろう。このことによって，定住外国人の帰化の問題において現実的に大きな壁となっていたものが，一部取り払われたのである。

　ただし，ここには制限事項があり，18歳から23歳までの間に国籍を選択することが義務づけられ，選択を行わない場合はドイツ国籍を失うことになっている。当初の法案では無期限の二重国籍を認める旨の内容が示されたのであるが，野党であるＣＤＵ／ＣＳＵが猛反発し，二重国籍反対の署名運動まで展開した結果，妥協点としてこのような内容となったのである。このことは，ドイツにはやはり一定の移民拒否の風潮があることを示すものである。しかしそれ以上に，制限つきであれ出生地主義が導入されたことにより，本格的な移民社会への移行を受け入れる決意が示され，その第一歩が記されたものであるといえよう。

2　ドイツ社会と「外国人問題」

ドイツ・ナショナリズムと国籍の問題

　前項で述べたような外国人政策をとりまくもろもろの議論は，外国人が定住化傾向を示しはじめてから30年近くにわたって，つねにドイツ政治の重要な焦点となってきたものである。それらは「外国人問題」（Ausländerprobleme）と呼ばれ，選挙結果をも左右する政治的課題でありつづけてきた。かつてのコール政権（ＣＤＵ）がとってきた，すでに長期居住している外国人の統合，新規流入の抑制，帰国促進を三本柱とする政策は，「(西）ドイツは移民国ではない」という基本理念に立ったものであった。つまり，アメリカやカナダのような「移民国」は，外国人を移民として受け入れる準備があるが，「非移民国」であるドイツにはその準備がない，ということになる。そこで，1990年の外

国人法においては、規定された一定の人々のみを受け入れ、統合するという選択がなされたのである。

このような選択には、ドイツのナショナリズムのあり方がかかわっている。ドイツのナショナリズムは、言語、慣習、歴史、領域の共通性に根拠をおき、きわめて文化的な側面からとらえられる Volk（民族）の観念を基礎としている。そして文化的に均質なひとつの Volk によって形成されるのが自然な国家（国民国家）であるとされるのである。このような意識は近世以降共通語としてのドイツ語が形成されるに従って次第に現れてきて、ナポレオンのフランス軍による占領下で、ロマン主義文学に鼓舞されながらドイツ「民族」による統一国家形成への意志となっていくのである。その点から見て、フランス革命によって国民国家を成立させたフランスへの反応として現れてきた側面が大きい。

ドイツのナショナリズムはフランスとの対比で語られることが多く、実際そうすることによってより理解しやすいであろう。それは、よく知られた「国家民族」と「文化民族」であるとか、「政治的ナショナリズム」と「民族的ナショナリズム」といった対比で表現されるものである。端的にいえば、フランスが国家を形成することにより国民化を明確にしたのに対して、ドイツは多分にその模倣的要素を含みながら Volk の文化的一体性を強調することで、それを根拠として統一国家への道を形づくっていったのである。やがてそれは、人種的観念との結びつきで考えられるようになり、多分に想像的要素を含みながら、血統的同一性への意識を醸成していくことになる。

このようなドイツのナショナリズムの特質は、旧国籍法のあり方に色濃く反映していた。一般に国籍取得のシステムには、出生地主義と血統主義の2つの原理があり、前者の原理の下では、生まれた子どもは出生地の国籍を取得し、後者の原理の下では、子どもは親の国籍を取得する。ドイツは、この点では非常に厳格に後者の原理を採用してきたのである。広渡清吾はこのことを、「19世紀を通じて政治的な統一を達成できなかったドイツでは、文化的・民族的一体性の強調のなかにその代償が求めら」れ、「国民的アイデンティティは、民族への所属性とされ、これは血統によって、正しい血によって継承されるべきものとされた」ものと論ずる（広渡 1992）。

ドイツ系住民と非ドイツ系外国人

さらに、ドイツの憲法にあたる「基本法」では、このような Volk の観念を基礎とした血統主義的なナショナリズムを反映して、実際にドイツ国籍をもつ

者とは別に，国外に居住する「ドイツ系」住民を想定した，「身分としてのドイツ人」といわれるカテゴリーをも設定し，この両者を憲法上同格に処遇するとしている。基本法116条に規定された「基本法の意味におけるドイツ人」の考え方がそれであり，ここにおいては「ドイツ人性を有する」（Volkszugehörigkeit）海外在住者をドイツ人と見なすのである。この規定は，「民族的ドイツ人」（Volksdeutsche）である東部ヨーロッパ地域のドイツ系住民を「身分としてのドイツ人」（Statusdeutsche）とし（「民族的ドイツ人」は，ナチス・ドイツが東部地域を侵略した時に当該地域のドイツ系住民にドイツ国籍を付与する基準として用いられた概念），彼らが戦後居住地を追われて西ドイツに移住してきたとき，それを受け入れるためにおかれたものである。彼らはAussiedler（移住者，海外入植者）と呼ばれ，原則的には現在にいたるまで，西ドイツあるいはドイツの国籍を取得する権利をもつものとされている。さらに，統一以前には東ドイツ在住者（Übersiedler）も西ドイツ国籍をもつものとして扱われていた。

　翻って，「ドイツ人」という概念構成にこのようなカテゴリーが含まれていることを前提に，ドイツにおける「外国人」という概念を考えてみると，ドイツの「外国人問題」の難しい点がより明確になるであろう。エスニック・グループなどのアイデンティティを焦点とする概念とは違い，「外国人」という概念は，法的規定を前提にして規定されるものである。しかしドイツの国籍制度には，国籍が実際に何であるかとは別に，潜在的に国籍を取得しうるかどうかということに関する予見が存在する。すなわちドイツ国籍の有無による明確な二分法が成立せず，「外国人」の中に，さらにいわば「ドイツ系外国人」と「非ドイツ系外国人」の区別が存在することになる。そこでは当然，「非ドイツ系外国人」の国籍取得に対して，制度上の壁は厚かった。そのため長きにわたって，定住外国人とりわけトルコ人の帰化申請率は非常に低い水準で推移してきたのであり，このことによってドイツには，重要な政治的課題としての「外国人問題」が存在しつづけることとなったのである。そしてその制度が，「民族的に」あるいは「文化的に」等質であるか異質であるかをメルクマールとしてきたことによって，外国人が国籍を取得した後も「外国人」と見なされつづける土壌を育んだ。特に，おそらくはムスリムであることを主要な根拠として，「文化的に」遠い存在とされやすいトルコ人においては，その傾向が強い。

7　ヨーロッパのムスリム

「外国人問題」とトルコ人

　その点について，フォーサイスの分析は示唆的である。彼女によれば，ドイツにおいて日常的に用いられるドイツ人／外国人の二分法的言説は，実際は分類のためのより複雑な概念体系の連続体を含んでいる（Forsythe 1989）。そこには，人種的また系譜的見地から「ドイツ系」と見なされる人々を含んだ，「ドイツ人であること」に関する複雑な認識があり，ここでもドイツ人／外国人という国籍による二分法は成り立たない。国籍もなく，ドイツに居住していないが，「ドイツ人である」カテゴリーが存在することを人々は認識しており，系譜的観念から彼らを「ドイツ人」と見なす。また外国人に関しても，より近しい人々と遠い人々というように，段階的に認識される。そこでは，ヨーロッパのキリスト教徒は，より近しい存在として認識され，ムスリムやユダヤ教徒は遠い存在として認識される。

　さらに，国内に居住する外国人の問題に言及する時は，国内のイタリア人やスペイン人，トルコ人を含んだ，限定された「外国人」という観念が用いられる。そしてここには，隣国であるフランス人やイギリス人は含まれず，むしろ「外国人」より近しいものと認識される。そして，このような体系のなかで，ムスリムであり，「外国人」であるトルコ人は，彼らにとって「最も異質な」存在として認識されるのである。そのため，「外国人問題」といわれる際，潜在的にトルコ人の存在が想定されることになるのである。

　新国籍法に続いて2000年，赤緑政権は頭脳獲得のためのグリーンカード制による積極的な移民受け入れ案を提示したが，これに対抗して野党CDU／CSUは，ドイツの「主導的文化」（Leitkultur）という概念を提示して論争を巻き起こした。これは，多文化主義は文化的ゲットー化を招き社会を分裂させるものであるとして，移民がドイツ社会に定着する際には，この「主導的文化」への歩み寄りが必要であるという議論であった。ドイツにおける「外国人問題」の新たな展開を示したものであったが，かつて「統合」の必要性が議論になった際，実質的に同化政策であるとの批判がなされたことの鏡像的反復ともいえるだろう。その当否はともあれ，この議論において，ドイツ語とともにキリスト教がその重要な要素として取り沙汰された点は注目に値する。「外国人問題」が文化の問題として語られる場合，単に極端に多い人口の問題だけでなくムスリムであることにより付与される「異質性」によって，トルコ人がその「問題」の多くを引き受けさせられやすいのは事実ではなかろうか。

3　ヨーロッパでムスリムであるということ

イスラーム表象の問題とイスラーム復興という枠組み

　三島憲一は，現在のドイツにおけるイスラーム表象を4つの立場から説明している。第一の立場は，「反イスラーム」であり，それは偏見・無知，敵視，嫌悪感，違和感といったものに支配される。第二の立場は「反・反イスラーム」であり，第一の立場に対抗して，偏見をいさめ，敵視を批判するものであるが，敵視の存在を前提にしている点で自己循環的であるとしている。第三の立場は，「西洋批判からするイスラーム擁護」の立場であり，西欧の横暴への批判に基づくポストコロニアリズム的なイスラーム擁護論を展開するものである。ここにはイスラームをいわゆる原理主義と結びつけて語ることに抵抗し，そのような言説とイスラームの実態，日常との乖離を述べる擁護の仕方も含まれ，これも敵視の存在を先験的に前提とした議論としている。第四の立場は「イスラームの積極的擁護」であり，イスラームを理想化し，より優越的な価値を見い出そうとする立場である。これらすべてに共通して，宗教の影響力の強い「イスラーム圏」というものが存在するという前提があり，〈イスラームと近代〉といういまだ相対化されないものとしてイスラームをとらえた論議を容認する枠組みとして批判するのである（三島 2002）。

　特にメディアにおいてイスラームに関して何かが語られる場合，イスラーム主義あるいは「イスラーム原理主義」と一般的に呼ばれる諸現象に関連した事態が扱われることが多いのは事実であろう。これは往々にして軍事行動やテロリズムなど暴力的な方法，あるいは急進的な議論をともなうものとして語られる傾向がある。特に最近は，アメリカで発生した「9.11同時多発テロ」の影響で，イスラームに対する関心が高まるとともに，そのようなイメージがこれまでイスラームに対して関心をもたなかった人々にまで広まった感がある。一方で，そのことにより，多くの地域でムスリムたちが直面している苦境に関しても知られるところとなった。

　「9.11」はドイツに生活するムスリムたちに関しても多くの情報をもたらした。「9.11」の実行犯がハンブルグのアラブ系団体のモスクでリクルートされた可能性があるという報道などで，いっそうこの種の団体へのある種のイメージが形成された可能性は否めない。いわく，実行犯のリーダー的存在であったとされるモハメド・アタが，そのモスクで「遺書」を書いたということ，その

ようなモスクが若者たちの「一本釣り」の場になっている云々。実際，このような団体が，何らかの政治的意図をもつ者たちにとって，恰好の場所であることは否定できないことである。市民の反応は全体的には穏やかだったようであるが，一部にムスリム住民が嫌がらせを受けるなどした例も報告されている。また，警察や公安当局による監視は行われており，大学にアラブ系学生の名簿提出が求められるなどの事態が見られた。

いずれにせよ，そのような文脈からつくられたイメージは，一面しか語らないということは明確である。筆者が2002年3月に尋ねた際には，トルコ人にとっては「何も変わらない」といった感想がほとんどであった。さらには「むしろ，Dinci（宗教的関心が強い人々。「原理主義者」といったニュアンスで使われる呼び名）への監視が厳しくなって歓迎」といった言説もしばしば耳にした。

イスラーム研究者の間では，近年のイスラームに関連する現象のなかには，「イスラーム原理主義」という括り方や，急進的なテロリズム，政治イデオロギーとしてのイスラーム主義などとは区別して語られるべき現象が含まれているという議論がある。そこでは，宗教的，あるいは社会や個人にかかわってイスラームへの関与を深めようとする現象を「イスラーム復興」あるいは「イスラームの覚醒」と呼び，理解することが原則となっている。それに基づいて，ヨーロッパにおけるムスリムの，ムスリム意識の表明と見られる現象をこのイスラーム復興の文脈で語ろうとする議論は少なくない。たとえば，ドイツ在住のトルコ出身者たちが構成するイスラーム諸団体の存在と活動もしばしばそのような文脈で語られているのである。

デュースブルグのイスラーム団体

筆者がフィールドワークを行っているノルトライン・ヴェストファーレンNordrhein-Westfalen州デュースブルグDuisburg市のH地区には，イスラーム関連の団体が3つ存在しており，そのうち2つの団体は隣接してしばしば相互に何らかの交渉をもつ関係にある。

その1つ，Sモスクは1973年設立，1979年に法人登録され，現在，トルコ政府系の上部団体DİTİB（Diyanet İşleri Türk İslam Birliği. 宗務庁トルコ・イスラーム連合）の傘下にある。2回移転したあと，87年に2つに分裂し，3つめの団体であるYモスクが独立した。メンバーの多くは労働者および年金生活者とその家族であり，おもに近接するM社の製鉄所の労働者であるが，自営

業者と失業者も少数見られる。おもな活動は，日常の礼拝，イスラームの二大祭（断食明け祭，犠牲祭）にともなう礼拝および行事の主催，コーラン教室，割礼式などである。

　Sモスクに隣接する2つめの団体は，「青年ワクフ」（以下ワクフと略）と呼ばれ，1993年設立であり，中心メンバーは学生，自営業者，労働者など雑多だが，多くが10-20代の若者で構成されている。モスクはもたず，アパートの1室を賃借して，おもに20名程度が出入りしている。活動は，日常の礼拝，二大祭にともなう行事，その他随時企画して行っている。ムスリムであれば誰でも受け入れるのが方針であり，トルコ人以外の人々も出入りしており，上部組織はないと称している。

　Sモスクにおいては毎日の礼拝にはほとんど人は集まらず，重要とされる金曜礼拝のみまとまった数の参加者があり（20-50名程度），上部団体から派遣されているイマームの先導で型どおり行う（ただし大祭時には100名以上の参加がある）。ふだんの礼拝時には，一部の人たちは談話室で談笑しており，必ずしも参加する必要はないと認識している。一方の青年ワクフにはイマームは存在せず，礼拝も自分たちだけで行う。文献で研究し，日々より正しいと思われる礼拝の仕方を研鑽している。このような態度は，礼拝のみならず信仰生活全般において維持すべきものとしている。

　両者の関係は微妙である。たとえばある年の断食明けの大祭において，ワクフの中心メンバーが，デュースブルグ大学に留学しているインドネシア人などのムスリムたちを礼拝と共食に招待するという企画を立てて実行し，その際，Sモスク側も巻き込もうと交渉して失敗したことがあった。ワクフ側の論理では，ムスリムはムスリムであり，ウンマ（イスラーム共同体）の一員としてみんな一緒に祝うべきなのだから，彼らを招待して行うのが本筋であるとの論理で攻めたわけだが，Sモスク側としては，無理にそんなことをする必要はなく，ふだんどおりやればいいとして反応が鈍かったのである。

　ワクフ側はつねにSモスクのメンバーを批判する。いわく，「彼らはなんとなく集まって意味もわからず礼拝をしているだけ。習慣として行っているだけで信仰ではない。イスラームについての知識が何もない」。「ムスリムとしてではなく，トルコ人としてしか自己を認識していない。世俗主義を堅守するトルコ国家に疑問をもたない」など。

　しかし，Sモスク側にとっては，「自分たちはこのようにやってきた」のであり，その習慣が重要なテーマなのである。いわく「来た頃は何もなかった。

7　ヨーロッパのムスリム

写真　トルコ人の家族（ドイツ，デュースブルグ，2000年）

気兼ねなく礼拝したり，仲間とリラックスする場所が必要だった。いまは，仕事が終わったあと毎日こうしてチャイ（お茶）を飲んで話していられる」。彼らにとって，単にムスリムとしての生活習慣の維持が重要なのであり，それさえ守れればあえて何かをして目立つことで軋轢を生じさせるのはむしろ御免蒙りたいのである。このように，いずれもイスラーム団体であり，ムスリム意識が契機であるには違いないのだが，同じムスリムであってもまったく成り立ちが違う，という見解が示されることとなる。

イスラーム団体の多様性

　ワクフの活動は，西欧的教育を受けた若年層主導で伝統的とされる慣習と信仰の切り離しを志向する点など，イスラーム世界において広範に見られるイスラーム復興現象とアナロジーを成すものである。これに対して，Sモスクで展開されている状況は，ワクフのメンバーが言明している通り，まさに切り離そうとしている対象に属するものである。その点で，両者は，まったく異なった志向性をもっている。
　Sモスクの辿ってきた経緯は，ドイツにおいてトルコ系イスラーム団体が成立してきた歴史と典型的にリンクしている。初期において彼らは自然発生的なかたちで，私的に礼拝を行うところから出発し，やがて賃貸アパートの1室に専用の場所を確保するところから，団体として成立する道を辿りはじめる。そ

155

れは気兼ねなく仲間との時間を共有できる場所としての機能を同時にもつこととなり，むしろ日常的にはそちらの要素が彼らにとって重要であるともいえるような状況となる（これは，ほかに用意された同様の施設が彼らにとって「悪所」化していく経緯も手伝っているが）。この場合，ヨーロッパにやってきたことでムスリム意識に目覚めたという論調に同調する要素は，彼らの言説においては特に見い出すことはできない。ことは粛々と運んだという印象をもつものである。しかしそれがやがて，DİTİBの下部団体に組み込まれることによって，表面的には組織化されたイスラーム団体としての様相を呈することになる。

　これに対してワクフのありようは，そのような組織化が行われるようになってから表面化した新たな状況に対応したものであり，自ら自覚的にムスリム意識の再構成をおこない，組織的に信仰を育んでいこうとするもので，移民社会における「イスラームの覚醒」あるいは再イスラーム化といったラベルが与えられる質のものであろう。さらにいえば，未確認ながら，政治イデオロギーとしてのイスラーム主義とのつながりが背後にある可能性も否定できない。

　そこから翻ってSモスクの来歴を考えてみると，彼らは出身地で保持していた慣習を私的に維持しようとしたところから出発しているもので，それはイスラームに関連するものであると同時に，日常に属する事柄であり，彼らの意識は日常生活の再構成あるいは移植といった側面から語られるべきものではなかろうか。

　このような多様性は世代間ギャップという側面もあるわけで，それぞれの団体の構成から第一世代と第三世代のムスリム意識のあり方の差異を反映しているともいえる。ヨーロッパにおけるいわゆる「移植されたイスラーム」のなかには，このような質の異なる現象が混在している点に留意するべきであろう。さらには，イスラーム団体それぞれのもつ背景にも広範な多様性が見られる。先に述べたように，このような団体が政治イデオロギーと結びつきやすいのは厳然たる事実であり，それはこれらを統括する上部団体のあり方を見れば明らかである。それらはイスラーム主義であったり，カルト的な分派集団であったり，トルコにおける極右的勢力であったり多種多様なのである（石川1997; Gür 1993）。そのため，外部から見ればこれらの団体はある種の勢力として見受けられるわけで，そのことによって，彼らが政治的カルト扱いを受けることはしばしばなのである。

ムスリムであること

　ヨーロッパにおけるムスリムの生活は，当然のことながら単なる日常生活として展開している。そこにおいては必ずしもイスラームにまつわる特筆すべき何らかの現象が進行しているわけではない。しかし同時に，たとえば9.11との関連が表面化したように，その周辺から何らかの現象が生起してくることもある。そうなると，突如としてイスラーム脅威論などと結びつけられてしまうといった厄介な構造がある。そして表象のレベルにおいては，そのような語られ方がより力をもってしまうのである。

　しかし実際の生活の現場では必ずしもそのように見なされているわけではなく，多くの場合隣人関係は成立しているのが普通である。一方で，そこにもまた差異化を促す事象が現れることもある。たとえば，ある団体のモスクにおいて礼拝の呼びかけをしようとしたところ，周辺住民から騒音公害であるとして苦情がなされ，さらには一部のキリスト教会が猛反対して市議会でとりあげられる騒ぎになったことがあった。トルコ人の間では教会の鐘こそ騒音だという反論もなされたが，結局呼びかけは金曜のみスピーカーを使わずに行うことで妥協するという決着になった。このような場合，トルコ人側にとっては当然できるはずのことが，ドイツ人の隣人たちにとっては考えられないことであるという，典型的な文化摩擦の事例が出来するわけである。

　実は隣人間での騒音の問題は，ドイツにおいて日常的に多く見られる典型的なトラブルである。しかしこの場合，ムスリムであり，外国人であるトルコ人特有の「騒音」であるために大きな議論になったといえる。外国人にまつわる事象は，「外国人問題」とのかかわりで語られてしまい，そしてイスラームに関連することは特に「目立つ」のである。よく取り沙汰されるスカーフ着用の問題や，先般最高裁で麻酔を使わないことが認められた食肉処理の問題も同様である。ほかの多くのキリスト教徒の外国人に関してはあまりこのような問題は発生しない。あったとしても日常的な隣人間の問題で済んでしまう。それは文化的「距離」の差であるとしか言いようがなかろう。当然ムスリムの日常も単なる日常にすぎないのであるが，同時に問題の焦点になってしまう構造なのである。そのため，国籍を取得したとしてもムスリムとして日常生活を営んでいれば，社会的に「外国人」となってしまうのではなかろうか。

　彼らの日常は，2つの国家，世俗主義，イスラーム主義，団体，カルト，政党などあらゆるイデオロギー装置に取り囲まれている。彼らの日常を左右するイデオロギーは多種多様である。たとえば「ドイツの主導的文化」と「多文化

主義」,「統合」と「同化」,「世俗主義」と「イスラーム主義」,「イスラーム脅威論」と「反イスラーム脅威論」,「人権抑圧の加害者」と「被害者」,「イスラーム復興」という客体化の言説。これら時には相互に整合しないイデオロギーによる干渉にさらされながら彼らの日常は揺れ動く。それと同時に，ここには彼らがつねに「他者化」される構造があり，「他者」としての彼らは，彼ら個々の実践とは別の次元でこれらのイデオロギーをラベルとして表象される。これは，差別や偏見などというバイアスの問題以前の構造的なものである。

「ムスリム」「トルコ人」「外国人」といったアイデンティティ集団としての一体性が前提とされている限り，このような構造からは免れえない。実際にはさらにその内部にサブ・アイデンティティが再生産され，同じ構造を形成していく。このことは，イスラームという客体が設定されている限り解消されないのである。多元主義のパラドックスであり，ドイツの「主導的文化」論がある種の説得力をもち，一方でトルコ人のインテリ層にも同じような議論がある所以である。一方で，この構造から再帰的にイスラーム主義や「イスラーム原理主義」にまつわる現象が生産されもする。

ヨーロッパにおけるイスラームのあり方を語ることの難しさは，日常的習慣と政治イデオロギーがかけ離れながらも同じ名のもとに包含され，同じ場において異質な現象が並存して進行し，同じ名で語られることにある。そして，外部からはひとつの名のもとで表象されながら，当事者は「他人事」と感じている。しかしその当事者の立場はつねに流動し，たとえばワクフに集う若者がテロリズムにかかわる可能性が完全に排除できるわけではない。ただし，当然同じようなことはキリスト教徒においても起こっているし，極右にまつわる現象も同様に思われるが，彼らはヨーロッパ内の特異な存在として限定的に認知される。それに対して，多くのマイノリティがそうであるように，ムスリムは，表象空間においてはそのような個別性が与えられにくく，それらすべての事象をひとつの名のもとに背負わされてしまう「他者」なのである。

4　結びにかえて

このような状況はドイツ特有のものではなく，形態や程度を変えながらムスリム移民を抱えるヨーロッパ全体で見い出されうるものである。本稿ではドイツの国家理念と制度がムスリム移民にもたらす影響の問題も指摘したが，これはプロセスの問題であり，彼らの立場を規定する要素はほかの次元で明確に存

在する。たとえば多くのムスリムが市民として包摂されているフランスにおいても、学校でのスカーフ着用という事象が繰り返し問題化される状況があるわけで、これらの事象は制度的に移民をどのように扱うのかといった政治や社会、あるいは経済的な側面のみの問題ではないことを示唆している。

すなわちここで問題になるのは、スカーフを着用するといった「特殊な」習慣をもった彼らがヨーロッパで暮らしていることなのであり、それが目につくということそのものなのである。そのような見慣れない日常生活が隣近所に存在していることが問題なのであり、その点でムスリム移民は特別な存在なのである。言い換えれば、彼らはヨーロッパ内部に定着し生活するようになっても依然としてあからさまな「他者」として存在しているのであり、その非常に明示的な他者性は、制度の問題とは相互に連関はするものの、次元を異にしている。これはやはり「文化」の問題であろう。

本稿の立場はおそらく三島のいうところの第三の立場に属するものである。三島の批判は、イスラームに付与された他者性を自明のものとするやり方に対して向けられていると解釈するが、この点は示唆的である。三島の批判にどう答えうるのか現在のところ答えは見い出せないが、ヨーロッパ内部において潜在的に「他者」と認識されながら生活する彼らについては、日常的次元に関して個別の事例研究が行われる必要がある。現在はまだそのような状況なのであり、その意味でヨーロッパ人類学のテーマとして文化人類学的な方法で向き合ってみることに意義があるのではなかろうか。

参考文献

Forsythe, D., 1989, "German Identity and the Problem of History", in E. Tonkin, M. Mcdonald and M. Chapman (eds.), *History and Ethnicity.* London and New York: Routridge: 137-156.

Gür, M., 1993, *Türkisch-islamische Vereinigungen in der Bundesrepublik Deutschland.* Frankfurt am Mein: Brandes und Apsel.

広渡清吾 1992「ドイツの外国人問題と国籍」百瀬宏・小倉充夫編『現代国家と移民労働者』有信堂：39-68.

石川真作 1997「ドイツにおけるトルコ系イスラーム団体」『史苑』57 (2)：94-103.

Lewis, B. and D. Schnapper, 1994, *Muslims in Europe.* London and New York: Pinter Publishers.

三島憲一 2002「ドイツにおけるイスラーム表象の問題」『別冊環　イスラームとは何か』藤原書店：109-121.

内藤正典 1996『アッラーのヨーロッパ——移民とイスラム復興』東京大学出版会.

Zentrum für Türkeistudien (Hrgs.), 1994, *Ausländer in der Bundesrepublik Deutschland: Ein Handbuch.* Opladen: Leske+Budrich.

文献案内

①内藤正典『アッラーのヨーロッパ―移民とイスラム復興』東京大学出版会，1996年．

現在ヨーロッパ在住のムスリムに関して最もくわしく論じたもの。扱うテーマと地域は多岐にわたるが，特にドイツ在住トルコ人に関連した問題は，トルコ本国の事象まで含めて非常にくわしく論じられている。ここでは一貫して彼らをイスラーム復興の文脈でとらえる立場が採られている。

②D・トレンハルト編著『新しい移民大陸ヨーロッパ―比較のなかの西欧諸国・外国人労働者と移民政策』宮島喬ほか訳，明石書店，1994年（原著1992年）．

若干情報が古い部分もあるが，第二次世界大戦以降のヨーロッパへの新移民に関して，その歴史的背景と各国の制度や政策が網羅的に解説されている。

③E・トッド『移民の運命―同化か隔離か』石崎晴己・東松秀雄訳，藤原書店，1999年．

イギリス，ドイツ，フランスにアメリカを加えた「西欧四大民主主義国」における移民に対する姿勢や感情のあり方を「人類学的方法」により解き明かそうとした労作。その主眼のひとつは単純化された多文化主義に対する批判であり，積極的な同化主義を提唱することにある。その方法を含めて賛否両論はあろうが，一読すべきであろう。

8 聖職者と信者の宗教的実践の差異と相互関係

——ルーマニアにおける集団改宗とギリシャ・カトリック教会

新免光比呂

1 はじめに

　信仰を同じくする集団がいかにして既存の信仰を捨て新しい信仰を受け入れるのかという問題は，集団構成員それぞれの主体的選択であると同時に，その指導者である聖職者と一般信者との関係性に大きく規定される。とくにE・トレルチ（Ernst Troeltsch）の分類によるチャーチ型宗教においては，信者は生まれながらに特定の宗教へ帰属するために，その指導者である聖職者の役割はきわめて重要である。しかしながら，宗教的実践を行う信者のレベルにおいて，聖職者は信者の要求を完全に無視できるわけではない。その例は，カトリックにおいて信者の要求をローマ法王庁が受け入れた「聖母の御宿り」の教義化などにみてとれる。

　ルーマニア・トランシルヴァニア地方のギリシャ・カトリック教会（合同教会，ユニエイト，東方典礼カトリック教会ともいう）は，ローマ・カトリック教会と歴史上対抗関係にあった東方正教会のひとつであるルーマニア正教会から，信者が集団改宗して成立したものである。成立に際しては，ルーマニア正教会の聖職者が，明確な意図をもって主体的にカトリック教会への帰属変更を選択する一方で，一般信者は聖職者の権威に従属しながらも慣習的な行為に基づく宗教的実践を維持しようとした。

　その後，ギリシャ・カトリック教徒は２度にわたって集団改宗を経験する。共産主義時代には政府の強制によってカトリック信仰を放棄し，ルーマニア正教会へ改宗することを余儀なくされた。さらに共産主義体制の崩壊後，自発的に改宗しカトリックへ回帰した。これら２度の集団改宗においても，強制と自発という違いがあるものの，ともにギリシャ・カトリック教会における聖職者と信者それぞれの宗教的実践のあり方の違いと相互関係の特徴を確認することができる。

トランシルヴァニア地方のルーマニア人が振り子のようにその間を揺れた2つの教会は，一方のルーマニア正教会が固有の宗教的実践を通してルーマニアの民族的伝統を再生産してきたのに対して，ギリシャ・カトリック教会は宗教的実践をルーマニア正教会と同じくしながらも，歴史的所産としての西欧的性格を色濃く示し，独自の宗教的帰属意識を保ってきたことが特徴となっている。
　本稿においては，このギリシャ・カトリック教会とルーマニア正教会との間での人々の宗教的帰属の問題をめぐって，聖職者と一般信者の宗教的実践の差異とその相互関係の意義を考察する。考察のなかでは，とくにギリシャ・カトリック聖職者と西欧化との関わりに注目する。それによって，宗教帰属の変更と西欧化を受け入れた聖職者の能動的な性格が明らかになる。さらに，そうした聖職者と対照することで，慣習的行為に固執する信者の宗教的実践のあり方が明確になるであろう。
　以下では，まずギリシャ・カトリック教会の成立過程をハプスブルグ帝国支配下での政治と宗教の観点から述べる。次にルーマニアの西欧化と民族意識の覚醒をもたらしたギリシャ・カトリック司祭に注目することで，聖職者の能動的役割を指摘する。さらに，1948年からの共産主義体制下での強制改宗の事情について述べる。最後に，1989年の民主革命後からルーマニア正教会とギリシャ・カトリック教会の二教会勢力が対立する事例のなかで村の教区司祭がいかなる役割を果たしているかを確認する。

2　ギリシャ・カトリック教会の成立

ルーマニア民族による二教会の成立

　ルーマニアのキリスト教は，ブルガリアの影響を受けて9世紀にビザンツ教会（東方正教会とも呼ばれる）の傘下に入った。これがロシア正教会，セルビア正教会，ブルガリア正教会などと同じく民族と深く結びついたルーマニア正教会の誕生である。
　ハンガリー王国の支配下にあったトランシルヴァニア（現在のルーマニア中央部）では，ルーマニア正教会の成立はこれより遅れて14世紀とされる。その中心であるアルバ・ユリア（Alba Iulia）府主教座は，ブカレスト大主教座の管轄下で15世紀に創設された。トランシルヴァニアのルーマニア系住民は，共通の言語使用とならんでルーマニア正教の信仰を通して民族集団としての統合を保っていた（Hitchins 1969）。

8　聖職者と信者の宗教的実践の差異と相互関係

図　トランシルヴァニアと現在のルーマニア位置図
　　（出典）南塚 1989: 172 より作成

　他方，ギリシャ・カトリック教会（ギリシャという名称は典礼がギリシャ方式であったことによる）は，1700年ハプスブルグ帝国支配下のトランシルヴァニアにおいて成立した。オスマン帝国に対する軍事的勝利によって，1691年からハプスブルグ帝国が統治を行っていたのである。カトリックであるハプスブルグ帝国によって，周辺のポーランド，ハンガリー，チェコスロヴァキアなどとならんでトランシルヴァニアもまたカトリック勢力下に入った。
　ハプスブルグ帝国は，支配領域の一元化のためにカトリックを利用しようしていた。ギリシャ・カトリック教会は，そうした意図をもった帝国の宗教政策のもとで，ルーマニア人正教徒がギリシャ典礼と教会慣行を保持したままカトリック教徒へ改宗して成立したキリスト教宗派である。ただし，帰属する教会組織が変更されても，ルーマニア人の宗教意識や宗教的実践上の大きな変化はなかった。しかし，エリートとして選ばれた聖職者たちがウィーンやローマへの留学を通じて啓蒙主義などの思想的影響をこうむり，また教会の管轄がハンガリーのカトリック教会の支配下に入ったため，教会組織は西欧から大きな文化的影響も受けた。その結果，ギリシャ・カトリックはトランシルヴァニアにおける西欧化の担い手としての役割を担うことになった（Hitchins 1969）。
　それに対して，事実上の民族教会であるルーマニア正教会は，宗教的実践を通してルーマニア人の民族性を保持する役割を果たす一方，西欧の影響下にあ

るギリシャ・カトリック教会をルーマニア人の民族的アイデンティティに対する脅威と見なしてきた。

異民族支配のもとでのルーマニア正教会

　トランシルヴァニアでは，15世紀以来，ハンガリー王国の支配下でハンガリー貴族，セクーイ人，サクソン人などのカトリックである三民族による自治が行われた。この政治体制は，1437年の下層ハンガリー人とルーマニア人による民衆叛乱ののちに三民族が連合を形成したことに始まる。この三民族連合の目的は，農村における下層ハンガリー人とルーマニア人に対する支配を強化することにあった。

　16世紀に入ると宗教改革の波がトランシルヴァニアにおしよせ，ルーマニア人以外の民族にルター派が浸透した。1560年代にはカルヴァン派が広がり，多数のハンガリー人信者を得た。こうした状況のなかで，1564年トゥルダ（Turda）において三民族の代表による議会が開かれ，カルヴァン派，ルター派にローマ・カトリックと同等の権利が与えられ，三民族に信教の自由が認められた。その後，単性論を唱えるユニテリアンがセケーイ人を中心として広がり，1571年にトゥルグ・ムレシュ（Tirg Mures）で開かれた議会でユニテリアンは4番目の「公認宗教」（received religion）の地位を得た。この体制のもとでルーマニア正教会の公的地位は認められず，ローマ・カトリック，カルヴァン派，ルター派，ユニテリアンという4つの公認宗派に対して，「容認宗派」（tolerated religion）とされただけであった。

　17世紀になってもルーマニア正教会は，依然として公式には認められなかった。国家による財政的な援助はなく，教会税を住民から徴収する権利も認められなかった。そのため，聖職者階層は貧困に苦しみ，とくに下位聖職者の暮らしは農民と変わらなかった。しかし，聖職者が農民と生活を同じくしていることによって両者の絆は強められ，ルーマニア正教会はルーマニア人農民に政治的，精神的な影響力を及ぼした。すなわち正教会は，司祭と農民の宗教的実践を通してルーマニア民族の統合を保持する役割を果たした。

ギリシャ・カトリック教会とハプスブルグ帝国

　17世紀後半からハプスブルグ帝国は，東ヨーロッパおよびバルカンへの支配を拡大していった。支配領域の拡大によって多様な民族を抱えることになった帝国は，政治体制を一元化する必要に迫られていた。そこで，カトリック教

会による反宗教改革を支持し帝国領内の宗教的一元化をはかることは，政治的支配を一元化する格好の手段となりえた。その意味で，ギリシャ・カトリック教会の成立は帝国支配の政治的方策であった。

　だが他方で，それは反宗教改革を進めるローマ・カトリック教会のイニシアティヴによる宗教的な戦略の結果であった。そもそも正教徒をカトリックに改宗させようとする教会合同の試みそのものは，カトリック教会として初めてではなかった。正教会とカトリック教会との教会合同は，すでに 15 世紀のフィレンツェ公会議において，オスマン帝国の脅威に対する防衛援助の見返りにビザンツ皇帝が提示した条件であった。1596 年にはブレスト協約によってポーランド支配下のウクライナ人正教徒がカトリックに改宗し，1648 年にはハンガリー北部のウジュゴロドにおいてカルパチア地方に住むウクライナ人正教徒がカトリックに改宗した。

　トランシルヴァニアにおける教会合同は，ハンガリーのカトリック大司教コロニチが，皇帝レオポルド 1 世（在位 1657-1705）のもとでルーマニア人正教徒をローマ・カトリックへの改宗対象にしようとしたことに始まる。コロニチ大司教の指示に従って改宗運動を実質的に担ったイエズス会は，1693 年にトランシルヴァニアに入り，まずルーマニア正教会の聖職者を改宗の対象とした。

　このようにギリシャ・カトリック教会の成立は，反宗教改革を進めるローマ・カトリック教会の方針とハプスブルグ帝国が目指す帝国版図の一元化という政治的利害との一致によるものであった。

教会合同の過程

　教会合同は，ルーマニア正教会とローマ・カトリック教会の間での教義と典礼の違いという難問に直面した。当初，カトリック教会が試みたのは両教会の差異が際だつイコン崇拝と聖人崇敬に対する攻撃であった。だが，そのようなルーマニア人の宗教的実践の根本に関わる変更を行っていては，民衆からカトリックへの改宗者を得ることができないことが明らかとなった。それに代わって，1439 年のフィレンツェ公会議における 4 条項をルーマニア人の宗教的抵抗を和らげるために提案した。それは，以下の 4 点である。

　第一はキリスト教会におけるローマ教皇の首位権を承認すること，第二は聖餐式における酵母なしパンの使用を承認すること，第三は三位一体のラテン教義，すなわち聖霊の父と子からの発出（フィリオークェ）を承認すること，第四はカトリックで信じられている煉獄（軽い罪を浄化する場）を承認すること

であった。これらの四点の特徴は，典礼と教会慣行の変更をもたらさないことであった（Hupchick 1995: 68）。

　教会合同を受け入れたルーマニア人聖職者の実際の動機は，レオポルド1世とコロニチ枢機卿によって約束されたローマ・カトリック聖職者と同等の権利の承認であった。それによって，当時の支配体制下におけるルーマニア民族の政治的権利もまた保障されるはずであった。こうして教会合同によってギリシャ・カトリック教会が成立した。

　しかし，レオポルド1世は教会合同の成功にもかかわらず，教会の独立性を厳しく制限してハンガリーのカトリック教会の直接的な管轄下においた。これは，トランシルヴァニアを支配するハンガリー人貴族に対する政治的闘争のなかでのギリシャ・カトリックの有効性に疑問をもったためである。レオポルド1世にとって，教会合同は帝国支配の手段にすぎなかったのである。

教会合同後のルーマニア正教会

　ギリシャ・カトリック教会の成立にもかかわらず，多くのルーマニア人が伝統を守ってルーマニア正教会にとどまった。ルーマニア正教会にとどまった一般信徒の理由は，旧来の信仰をみだりに変更することは彼らの魂の救済を危険に陥れるという不安に基づくものであった。と同時に，教会合同は政治的権利の承認という条件とは裏腹に賦役の強化につながったからであった。彼らの抵抗はしばしば暴力的な形態をとり，1760年にはアプセニ山地とムレシュ渓谷で正教徒による暴動が生じた。

　教会合同の結果，ルーマニア正教会はアルバ・ユリアの府主教座を廃止され，以降カルロヴィッツのセルビア正教会の管轄下に入った。その結果，ルーマニア正教会は自らの司教をもつことができず，教会組織としての機能が事実上停止したばかりでなく，以後トランシルヴァニアでスラヴ文化の影響が強まることになった。

　このようにギリシャ・カトリック教会の成立は，帝国の統一を図るハプスブルグ帝国の政治的利害，反宗教改革を進めるローマ・カトリック教会の立場，トランシルヴァニアにおける政治的権利を要求するルーマニア人それぞれの思惑が絡みあった結果であったが，それぞれの期待は十分に満たされたとはいえなかった。

3 ギリシャ・カトリック司祭の実践

ギリシャ・カトリック司祭の役割

ローマ・カトリックの管轄下に入ったギリシャ・カトリック司祭は，カトリック神学を学ぶために西欧に留学した。だが，彼らは神学ばかりでなく西欧の政治思想をも学んだ。その結果，帰国後はルーマニア人の民族意識を覚醒するという役割を果たした。西欧思想の伝達者としてルーマニアの西欧化を担いながら，同時にルーマニア人の民族意識を鼓舞するという逆説的な事態が生じたのである。

彼らは啓蒙主義の影響を受け，諸個人がもつ天与の権利としての自然権思想をみずからのものとした。そして，この思想を集団に適用し，ハンガリー人，セクーイ人，サクソン人に対するルーマニア人の平等な権利を正当化する根拠とした。他方で教会合同を促進したが，それはルーマニア民族の宗教分裂に終止符を打ちたいという願望からであり，ローマ・カトリック聖職者やギリシャ・カトリック司教自身によるギリシャ典礼や教会組織のラテン化の試みには抵抗した。ギリシャ典礼を放棄することは，正教徒の連帯から離脱することを意味すると考えたのである。彼らの民族意識の高まりは，ルーマニア人のローマ起源とルーマニア語のラテン語からの派生を立証しようとするラテン化の主張の一方で，ギリシャ・カトリック教会のローマ化に反対するという矛盾となって表れた（Hitchins 1969: 63）。

1730-51年にかけてギリシャ・カトリック司教であったヨン・イノケンティエ・クラインの働きは，ルーマニア人の民族意識の覚醒における先駆をなす点でめざましいものであった。クラインは，レオポルド1世による2つの勅令を根拠とし，教会合同によってルーマニア人民衆が政治的参加を行うことが可能であると信じていた。彼はレオポルド1世の2つの勅令の実現を求めて1730-44年にかけて24度にわたる請願を提出した。しかし，彼の努力は報われず，教会合同から30年を経ても，ギリシャ・カトリックのローマ・カトリックとの同等の権利は認められなかった。彼の政治的活動は成果をもたらさなかったが，文献学上の研究によってルーマニアのローマ起源説を初めて唱え，後のトランシルヴァニア学派の形成に貢献した。

民族的覚醒とワラキア人請願書

　18世紀後半に入ってルーマニア人の民族覚醒にとって最も重要な事件は，ワラキア人請願書（Supplex libellus Valachorum）の提出であった。これはルーマニア人による初めての民族的自覚をともなったハプスブルグ帝国に対する政治的要求という歴史的意義をもっていた。その作成に際し，西欧思想を受け入れたギリシャ・カトリック司祭の知識が大きく寄与した。すなわち，ワラキア人請願書は，1790-91年にかけてギリシャ・カトリック司祭サミュエル・クラインを中心とした複数の人物によって作成された。ほかにはゲオルゲ・シンカイ，ヨアン・パラ，ペトル・マヨールなどのギリシャ・カトリック司祭や知識人が協力者となっていた。

　請願書の内容は2つの部分からなる。最初の部分は古代ダキア人と後のルーマニア人との連続性を主張する理論の展開であった。すなわち，古代ダキアを征服して移住したローマ軍団がアウレリウス帝によって撤退した後も，9世紀のハンガリー人の到来までルーマニア民族がトランシルヴァニアに継続的に居住していたというものである。この理論は，ルーマニアがハンガリーに対してトランシルヴァニアの先住権を主張する根拠として，現在まで大きな影響を与えている。

　第二部はルーマニア民族が，ハンガリー王国支配下でのハンガリー人，セクーイ人，サクソン人による三民族体制成立以前の地位を回復するための5つの条件を提案したものであった。第一に，容認される（tolerated）とか，あるいは支配階級のひとつとは認められないという敵対的な字句を排除するというもの，第二に三民族連合が形成された1437年以前のルーマニア人の権利をすべて皇帝が回復させること，第三にルーマニア貴族，農民，および正教会とギリシャ・カトリック教会の両聖職者には，他の民族の貴族，農民，聖職者と同等の権利を認めること，第四に，ルーマニア民族は各議会において相当の代表を送ること，第五にルーマニア人が多数を占める居住地はルーマニア名称を用いること，民族，宗教にかかわらず王国内の居住者は同等の権利と相当の課税，苦役を担うことであった（Hitchins 1969: 120-123）。

　ワラキア人請願書は，トランシルヴァニアにおけるルーマニア民族にとっての年代上の優位性と，その前提としてハンガリー人という新来者によってルーマニア人の権利剥奪があったという政治的主張を意味していた。これは，ギリシャ・カトリック司祭による文献学上の発見が政治的用語に翻訳されたものであった（シュガー，レデラー 1981: 258）。

ワラキア人請願書が提出されたのは，ハプスブルグ帝国皇帝ヨゼフ2世の治世であった。ヨゼフ2世（在位1780-1790）は，多様な領土を統合し，帝国内の諸事全般にわたって中央集権化することを求めていた。それゆえ，トランシルヴァニアにおいて，支配民族であるハンガリー人を牽制し，ルーマニア人大衆の支持を獲得するため請願書に対して好意的な態度を示したのである。

ギリシャ・カトリック司祭は，留学によってルーマニアの西欧化の架け橋となっただけではなく，ワラキア人請願書などによってルーマニア民族の覚醒をももたらした。彼らは留学体験をすることで個人として教養を身につけたが，ギリシャ・カトリックの聖職者としてルーマニア民族から離反することはなかったのである。

4 共産主義体制下での強制的な集団改宗

ルーマニア正教会と国家との協調

トランシルヴァニアがルーマニアに併合された1918年から共産主義体制が成立した1948年まで，ルーマニア正教会とギリシャ・カトリック教会はともに国民的宗教としての立場を保っていた。しかし，共産主義体制下での宗教政策は，ルーマニア正教会とギリシャ・カトリック教会に関して対照的なものとなった。

ルーマニア正教会は，第二次大戦中に共産党に協力したこともあって，共産主義政府から宗教的活動を公的に承認された。そこにはルーマニア民族統合のための国民教会としての役割への期待もあった。ただし，1950年代にはほかの宗教団体と同様な弾圧を被ることになり，数多くの司祭，信者が投獄された。しかし，政府による弾圧は1960年代から1970年代初頭にかけて緩和され，1964年には大赦で12,000人が釈放された。この時期は新たな指導者チャウシェスクの登場の時期と一致する。

チャウシェスクは，ルーマニア人の民族主義的感情をあおり自己の権力基盤としたので，正教会は民族統合の手段として重要な意味をもった。しかし，正教の国家との妥協路線には大きな代償をともなった。正教会の精神的な活動の低下に不満をもつ信者は，正教会以外の福音主義的キリスト教宗派に向かった（Broun 1988）。

ギリシャ・カトリックの集団改宗

　ルーマニア正教会と共産主義政府が協調路線を歩んでいる一方で，ギリシャ・カトリック教会は徹底的な弾圧の対象となった。ローマ教皇に忠誠を誓うため，西欧の手先でありルーマニア人の民族的統一を乱すものとして政府に敵視されたのである。

　1948年10月1日，クルージュ（Cluj）においてシノド（司教会議）が政府の強制によって開催された。この会議ではローマ・カトリック教会との合同の廃止を決定した。続いて正教会の総主教と主教の全員がアルバ・ユリアでローマ・カトリックとの合同の終了を確認する「シノド宣言」に署名して，ギリシャ・カトリック教会は250年の歴史を閉じた。正教会は，政府による弾圧をかつての強制改宗を正常化したものとして認め正当化した。改宗を拒んだギリシャ・カトリック教会の6人の司教全員，1,800人の司祭のうち600人が投獄され，このうち司祭の半分と5人の司教が獄中で死亡した。このようなギリシャ・カトリック教会の組織的解体によってギリシャ・カトリック信者は正教会への改宗を余儀なくされたが，正教会に強く反発する人々も多く，一部はローマ・カトリックやネオ・プロテスタントへ改宗していった。1989年の民主革命によって宗教が自由化するまで，信徒の活動は完全に地下活動化していた（Broun 1988）。

　この集団改宗においては，共産主義政府のきわめて暴力的な強制力が作用した。ギリシャ・カトリック教会の聖職者をまず投獄して組織的な抵抗力を排除し，続いて信者を正教会に組み入れることで宗教活動を統制下におこうとしたのである。このケースにおいては，教義を含むカトリックのイデオロギーとは相容れない共産主義イデオロギーにたつ政府が弾圧によって聖職者を排除し，その一方で慣習的行為に固執する信者をギリシャ・カトリック教会とほとんど変わらぬルーマニア正教会の宗教的実践を通して取り込もうとした点が特徴である。

5　宗教対立にみる司祭と信者の宗教的実践

農村の宗教対立

　1989年の民主革命によって共産主義政府が崩壊した後，ルーマニアで自由化が進みはじめた。宗教も例外ではなく，新しい宗教法が制定されてさまざまな宗教団体が自由な宗教活動を行うようになった。共産主義体制下で禁止され

8　聖職者と信者の宗教的実践の差異と相互関係

ていたギリシャ・カトリックも，多くの信者が復帰し，ローマ・カトリックの援助も受けて組織の再建を果たすことができた。

だが，自由に宗教が競合する条件が整うと，ギリシャ・カトリック教会とルーマニア正教会との歴史的対立が再びあらわとなった。その具体的な事例をある農村に求めることができる。

マラムレシュ地方にあるA村は人口1,200人あまりの村である。ギリシャ・カトリックが多数派である農村はルーマニアでは少ないのであるが，ギリシャ・カトリック信者が多数を占めている。したがって，この村がルーマニア農村の典型とはいえないのであるが，ギリシャ・カトリック司祭と信者

写真1　マラムレシュ地方の教会（ルーマニア，1995年）

が村内の出来事にイニシアティヴを発揮していること，少数派であるルーマニア正教徒がそれに対して明確に距離をとった態度を示していることなどによって，両教会間の対立関係をはっきりと見てとることができる。この対立は，革命直後の土地返還と集団農場の解体をきっかけとして，顕在化しはじめたものである（新免1997）。

農村における宗教的実践

ギリシャ・カトリック教会に属する村人は，村はずれにある2つの教会を共同の礼拝場所とし，革命前からこの村に暮らしている司祭を中心に宗教的実践を行っている。日曜日や教会の祝祭日には，現在でも多くの村人が教会に集まりミサに参加する。重要な祝祭日としては，春の復活祭，夏の聖母就寝祭，そして冬の降誕祭とそれに続く公現祭が挙げられる。そのほかに多くの聖人の日，死者の日，諸聖人の日などの特別な祭日がある。これらの宗教的祭日は生業のサイクルと関わっており，人々の1年の生活を季節ごとに分節化している。と同時に，教会で行われるミサによって精神的に村人を教会に結びつける機会となっている。このような宗教的実践は，ルーマニア正教会とさしたる違いは見

171

写真2　ミサをあげるギリシャ・カトリック教会の司祭たち（マラムレシュ，1995年）

られない。

村内の宗教対立

　2つの集団の間で争点となっているのは，村内にある2つの教会の管理権の問題である。現在，その鍵はギリシャ・カトリック側が保持している。教会はギリシャ・カトリックの人々によってもっぱら使用され，正教会の人々は使用することができない。もともとルーマニア正教会とギリシャ・カトリック教会は，ほとんど同一の教会暦に従っているためにミサを行う日が重なってしまう。2つの教会を別個に使用すれば問題はないのだが，教会および地所の所有権をめぐって関係が悪化しており，一時的にも鍵を渡すわけにはいかない。そこで，正教会の人々はギリシャ・カトリックがミサをあげている教会を避けて他方の教会で集まるが，雪の日でも建物の外庭でミサをあげなくてはならない。同様に2つの教会信者が存在する村もあるが，ミサの時間をずらして同じ教会を用いていたりする。それぞれの村の事情によってギリシャ・カトリック教会と正教の関係はかなり異なっているのだが，この村では対立が激しく教会の共同使用ができないのである。

　さらに，村人の人間関係のなかでも微妙な緊張がある。たいてい，村人の間ではカトリックと正教会というように帰属教会が違っていても通婚や近所づきあいが行われる。家庭内で夫と妻，子どもの宗派が異なっている場合でも別々

のミサに参加するだけである。近年増大しているネオ・プロテスタントの場合のようには，教義上の違いから問題が生じたりしていない。しかし，それぞれの教会に深く関与している人の場合は，他の教会信者に対しては口もきかず，挨拶もしない関係になっている。

　対立は信者の奪い合いにも表れている。ルーマニア正教会の側からの組織的な働きかけは，A村への正教会の司祭の常駐に具体的に表れている。すなわち，この程度の信者数の村には司祭は常駐しないのがふつうであるにもかかわらず，村には革命以後から司祭が送り込まれている。この事実はカトリックの司祭にとってみれば，明らかな正教会の側からギリシャ・カトリック教会に対するプロパガンダである。その根拠として，カトリック司祭は村の多数派の宗教を尊重するという両教会の合意をあげる。それによると，全人口の約60％がカトリックであるA村はカトリックの村として尊重され，干渉を受けないはずだというのである。たしかに，正教会の信者がもっと多いにもかかわらず司祭の常駐しない村は多い。またA村にやってくる司祭にも，若干の疑いをもたせる要素がある。ふつう司祭の生活は基本的には信者の寄付によって成り立っている以上，このような信者の少ない村に暮らすことを司祭は好まないはずだが，あえて年若い司祭が送られてきている。このことは，信仰心に燃えた若い司祭が正教会の意向を受けて，カトリックに対抗して宗教活動を行うために送り込まれたのだと見なされてもしかたがない。

村落社会における司祭の影響力

　このような村の宗教対立においては，ギリシャ・カトリック教会の司祭がひとつの焦点となっている。正教徒の村人は司祭への敵意を隠そうとはしない。路上で出会っても挨拶せず，もちろん口をきくこともない。筆者のような外部の人間に対しても司祭への激しい中傷を行う。それは，民主革命直後に行われた農業協同組合の解体に関わる怨恨に基づいている。また，それにともなって生じた暴力事件の責任を問う者もいる。正教徒の1人は，組合解体時のいざこざで頭が陥没するほどの怪我を負わされたことを民主革命後の司祭のリーダーシップの責任だと非難する。

　正教徒の敵意が司祭に集中するのは，村の中で司祭の存在が重要であることが原因のひとつである。この村では司祭が儀式を執行するばかりでなく，村の生活改善計画に関与し，外国の援助団体（キリスト教関係が多い）との折衝役を小学校の校長とともに務めて，村人の現実的な生活にも大きな影響を与えて

いる。

　ルーマニア農村において，司祭が魂の平安と救済だけではなく，社会的な事柄にも大きな影響力をもつことがある。村人は伝統的に司祭の権威に服従することが求められてきた。伝統的な教会制度では司祭が個人としてではなく教会の秘蹟を叙任する機関として絶大な権威を有する。それに加えて伝統的な村落共同体の生活において村人の教育は乏しく，また個人の主体的な関与も必要とされないため，教師とならんで村の唯一の知識人であり日常生活に必要な儀式を執り行う司祭に対する村人の依存と服従の傾向がいっそう強められた。

　現在のルーマニア社会においては，人口の流動と教育の普及によって村人の教会に対する意識も変わりつつあり，両教会において教会離れが進んでいる。だが，それを阻止しているのがこの村の場合には司祭個人の人格に体現された影響力であって，村人の司祭への依存的な関係は現在でもなおも強い。

6　結び

　トランシルヴァニアにおけるルーマニア民族の宗教的帰属は，ハンガリー王国のもとでルーマニア正教会，ハプスブルグ帝国の支配下でギリシャ・カトリック教会とルーマニア正教会の併存，共産主義体制のもとではルーマニア正教会，民主革命以後はギリシャ・カトリック教会とルーマニア正教会の併存というように，時の支配者の政策に従って変化してきた。

　こうした帰属の変更をもたらした支配者の宗教政策は，ハプスブルグ帝国による取引，共産主義政権の強制，民主革命後の自由選択など異なる。だが，帰属の変更に際して明らかとなったのは，聖職者の宗教的実践における主体性である。ただし，その主体性は聖職者に複雑なアイデンティティをもたらすことになった。彼らはルーマニア民族としての自意識をもちながら，西欧への強い志向を抱いた。

　このような聖職者に対して，一般信者はギリシャ・カトリックへ改宗しても，旧来の正教会典礼と教会慣行からなる宗教的実践を守ることによってアイデンティティを確保した。いわば，正教会からギリシャ・カトリックに改宗した司祭に従属して宗教的帰属を変更したのであり，日常の宗教的実践には変化がなかった。

　さらにルーマニア農村における宗教対立が示しているのは，伝統の再生産としての宗教的実践に従事する農民に，司祭の影響力が発揮されるという，農村

8 聖職者と信者の宗教的実践の差異と相互関係

共同体内部の社会的構造そのものである。もちろん，信者の生存戦略において，従属すべき司祭の選択にさまざまな打算がある（新免 1997）。しかし，季節の分節化と教会祭日の儀礼，人生儀礼における教会の救済機関としての役割は，信者の宗教的実践の場において欠かすことのできない要素である。いわば，信者の宗教的実践の場に，司祭の存在が深く埋め込まれているのである。

ここに見られるのは，聖職者と信者の間での宗教的実践の大きな差異と相互関係の深さである。むろん，いかなる時代においても宗教組織内部での専門家と一般信者との間で宗教的実践が異なるのは自明である。だが，集団改宗という宗教組織にとって危機的な状況のなかで明らかとなる両者の宗教的実践と相互関係を認識することは，宗教と民族が複雑に絡みあい民族宗教紛争が頻発する旧東欧の状況を理解するために重要なことであろう。

ギリシャ・カトリックを媒介として西欧からはルーマニアに政治思想や文化の面において大きな影響が及んだ。しかし，それは多くの場合，聖職者などの社会的エリートに限られており，一般信徒は慣習的な行為からなる宗教的実践に従事しているにすぎなかった。この社会の二極構造はルーマニア社会の基本的特徴でもある。民主革命後の現在，西欧のさまざまな文化や思想がルーマニア社会に流れ込み，社会の変革が求められている。しかし，変化に対応しているのは知識人や新しい世代の若者たちであり，一般の人々の多くは旧来の価値観に固執している。このことは，伝統的な宗教的実践に固執する農村の人々と同型の行動である。西欧化に直面しているルーマニア社会の経済的な停滞と社会的改革の遅延を理解する上でも，このような民衆の宗教的実践への注目が必要である。

参考文献

Broun, Janice, 1988, *Consience and Captivity: Religion in Eastern Europe.* Washington D.C.: Ethics and Public Policy Center.
Hitchins, Keith, 1969, *The Rumanian National Movement in Transylvania, 1780-1849.* Cambridge, Massachusetts: Harvard University Press.
Hupchick, Dennis P., 1995, *Conflict and Chaos in Eastern Europe.* New York: St. Martin's Press.
シュガー，P.F.，レデラー，I.J. 編，東欧史研究会訳 1981『東欧のナショナリズム―歴史と現在』刀水書房．
新免光比呂 1997「農村の宗教対立を通してみた転換期のルーマニア社会」『国立民族学博物館研究報告』22 (1): 93-123.

文献案内

①P・F・シュガー，I・J・レデラー編『東欧のナショナリズム―歴史と現在』訳，刀水書房，1990年.
　ナショナリズムは近代ヨーロッパを特徴づける時代思潮であるが，東欧においても今日に至るまで支配的な政治的思想となっている。東欧のナショナリズムは，西欧からの思想的，政治的影響のもとに発展したが，地域の事情に根ざした独自の形態を有する。本書は，東欧のナショナリズムを個々の東欧諸国を事例に論じたものである。

②G・バラクロウ編『新しいヨーロッパ像の試み―中世における東欧と西欧』宮島直機訳，刀水書房，1979年.
　東欧は独自の歴史的事情を有しているが，それは西欧との関係をぬきに論じることはできない。本書は東欧と西欧の政治関係，宗教，経済関係，文化交流を中世という時代にさかのぼって論じたもので，東欧に対する西欧のきわめて重大な影響を明らかにしている。

③南塚信吾編『東欧の民族と文化』彩流社，1989年.
　東欧は西欧，ロシア，ビザンツ，オスマン帝国など諸外国からのさまざまな影響のもとに複雑な民族関係と歴史を有している。本書は，東欧諸国の民族と文化の成り立ちについて個別に概観したもので，東欧に関心をもつ者には格好の入門書となっている。

9 ことばをつくる──ロシア・カレリアの文語運動

庄司　博史

1 はじめに

「ことば」という語はさまざまな意味がある。「人間だけがことばをもつ」「日本語はアイヌ語とは異なることばだ」の例に現れた「ことば」は人間として，あるいはエスニックなメンバーとしてほとんど生得的に身につけた伝達の手段としてのことば，いわば自然なままのことばを意味する。これらに対し，書かれた「文法」や辞書をもち，民族あるいは国民の表象としての役割を担うにふさわしい，いわば人為的につくられたことばを意味する場合がある。19世紀のヨーロッパはまさにこのようなことばが，民族とともに次々と誕生した時代であった。それは近代国民国家成立のための条件であったと同時に，民族を基盤とする後発の国家にとっては民族統合のイデオロギーでもあった。

当時ヨーロッパの周縁部にあったフィンランドやエストニアもその例外ではなかった。宗教改革ののち，北欧でも16-17世紀にかけて庶民のことばが聖書においてかろうじて文字に置きかえられることはあった。しかし日常の手垢にまみれたまま放置されていたことばに文法書や正書法の正装をほどこし，語彙や文体の標準化と近代化により国家のささえとしての育成が明らかに志向されたのは19世紀になってからのことであった。それまでフィンランド語（以下フィン語と略）でさえ当時の学者にとっては文明語になるとは考えられないものであった。ほぼ100年後これらの国が独立を達成した際には，2つの言語は名実ともに国家語として機能するにいたっている。

ここでとりあげるロシア連邦カレリア共和国のカレリア Karelia 語はこれらフィン語やエストニア語と系統，地理的に近い言語である。しかしカレリア語は現在にいたるまで文語を欠き，さらに話者の減少や使用領域の縮小により日常語としての機能さえ果たさなくなりつつある。ソ連の解体以降，カレリア語文語の確立と民族語としての復権が模索されてはいるが，いまだ多くの問題を

抱えている。この小論では今世紀初頭からのおもにカレリア語文語をめぐる動きを追い，カレリア民族・言語意識の形成，および言語運動にかかわった要因をさぐる。そしてヨーロッパ周縁部としてのカレリアから，それらに少なからず影響を及ぼしたヨーロッパの言語イデオロギー的風土をとらえ直してみたい。

2　カレリア翻弄の歴史

カレリア人とカレリア語

　カレリア人は，現在フィンランドに隣接するロシア国境の東側，カレリア共和国に多くが居住するが，そこから東南方向約 500km 離れたトゥベリ州にかけてもカレリア人のまとまった集団が数ヵ所存在する。1989 年，ロシア全土のカレリア人の人口は 124,900 人，うち 79,000 人がカレリア共和国，23,000 人がトゥベリ州に居住していた。カレリア共和国では人口約 79 万人のうち，カレリア人は 10.8％で，ロシア人が 73.7％をしめ，以下ベラルース人 6.7％，ウクライナ人 3.1％，フィンランド人 2.9％と続いた。

　カレリア人は，言語，基層文化においてフィンランド人とはきわめて近い。カレリア語はフィン語やエストニア語とともに，ウラル語族のバルトフィン語系に属し，フィン語とは多くの特徴を共有している。両者の方言は全体として言語地理学的な連続体を形成していると見なしうるほどである。

　カレリアの方言は，地理的に離れたトゥベリ地方を別にした場合，大きく本カレリア方言とアウヌス方言に分けられる。前者のうち北部のヴィエナ方言はフィン語東部方言と多くの言語学的特徴を共有している。一方，南部のラドガ湖東岸にかけて話されるアウヌス方言は，フィン語からはより離れ，ロシア語の音韻的，語彙的影響をうけている。これら二方言の拮抗はのちに触れることになるが，カレリア語文語の標準の設定に少なからず問題を生じさせることになった。

カレリア前史

　カレリア人という名称がロシアの年代記に登場するのは，1143 年フィンランド側のハメ族と抗争した部族名（korela）の記述である（Itkonen 1928: 72）。当時フィンランド西部のハメ族等の諸族はスウェーデンとカトリック教会の支配下にあり，ノブゴロドと正教の勢力下のカレリア人とはフィンランド東北部の領土，領地をめぐる対立関係にあった。その後もバルト地域制覇をねらう

9 ことばをつくる

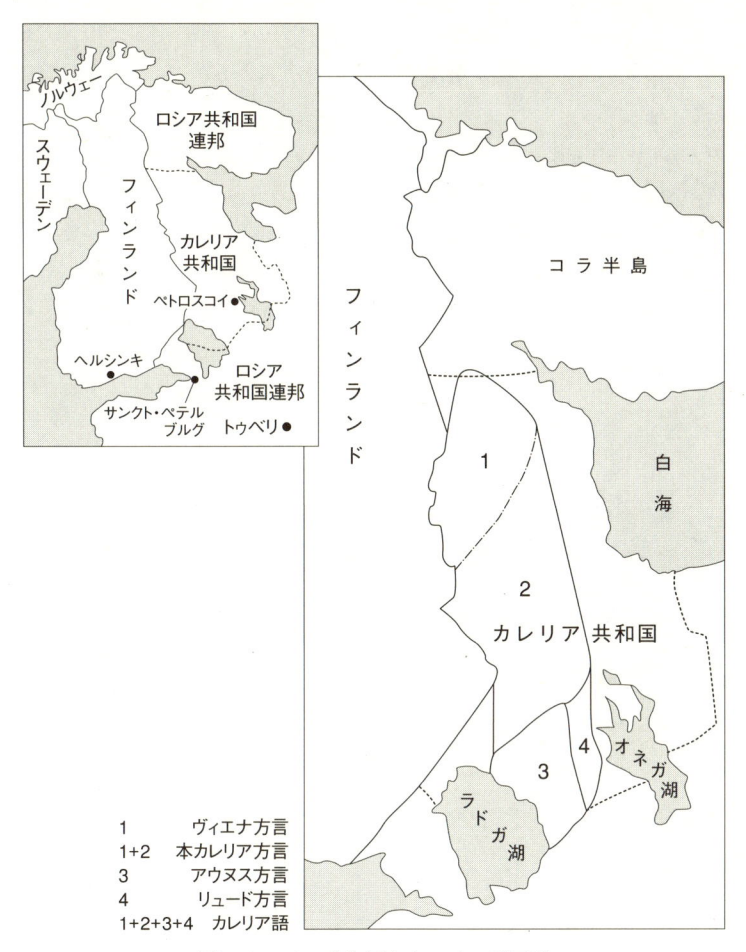

```
1       ヴィエナ方言
1+2     本カレリア方言
3       アウヌス方言
4       リュード方言
1+2+3+4 カレリア語
```

図　カレリア共和国とカレリア語圏域

スウェーデンは次第にフィンランド境界を東に進め，17世紀にはラドガ湖西半分つまりカレリア西部にまで領土を拡大した。しかしスウェーデンは18世紀初めロシアとの北方戦争に破れ，さらに1809年ロ・スウェーデン戦争の結果，フィンランド自体がスウェーデンからロシアへ割譲され，600年にわたるスウェーデンの支配は終結した。

　フィンランドは19世紀ロシア属領にありながら大公国として自治を許され，この100年あまりの間に民族意識の昂揚を見ることになる。民間伝承を中心とする民族文化，古代史への愛着や関心を基軸に民族語の文字化，近代化が行わ

179

れ，一方では政治的自立への動きも芽生えた。19世紀末アレクサンドル3世の即位とともにロシア化政策が民族運動を弾圧したが，1918年ロシア革命前後の混乱に乗じてフィンランドは独立を達成した。
　ところで，国境の東部にあるカレリア人はこの間も依然としてロシア帝国の地方県の住民として統治されていたが，民族的に目立った動きは観察されていない。ヤラバは19世紀末になってもカレリアでは民衆の間に同族意識はおろか，自分たちの特色についての自覚さえ意識されていなかったと推測しており，その原因は彼らの居住の分散，低い教育水準，経済的遅れと分断にあったとしている（Jalava 1990: 19）。カレリアの民族意識の低迷について同様の意見は，当時フィンランドへのカレリア統合に関心を寄せていた方言学者アハティアによっても述べられている。

　　「彼らを排除しようとする民族によって圧迫されてきたために，国境の向こうのカレリア人たちは政治的，言語民族的に自らを統合しようとする思想によってまとまることはできなかった。さらにその意識の成長を阻んできたのは，人口の少なさや貧しさ，そして精神的未熟さであった」（Ahtia 1910: 128）。

またカレリア人のロシア化もその原因であった。

　　「裕福で見聞を積み，教育のあるカレリア人商人や企業家の多くはロシア化しており，物欲のためにカレリアに対して時には冷淡な態度をとることもある。彼らをロシア化させたのは役人や貴族の話す異言語と意識，徴兵，兵隊と虜囚者の駐在，ペテルブルグ訪問，ロシア人労働者や移民の定住，これらすべてがカレリアの地を覆ってきた。そしていま，教育による異言語の移植とカレリア語の破壊が行われている」（Ahtia 1910: 129）。

3　「民族」の誕生—フィンランドとのかかわりにおいて

　民族的な動きがカレリアに始まるのはやっと20世紀に入ってからのことである。それも隣国フィンランドの働きかけがきっかけであった。
　19世紀フィンランドでは，民衆の民間伝承への関心が民族を強く意識させるひとつの契機となったが，その象徴がE・リョンルート Elias Lönnrot の編纂

した民族叙事詩『カレワラ』Kalevala（1835-36年）であった。『カレワラ』は書かれた歴史資料に乏しいフィンランドにとって，古代の民族文化を秘めた民族的象徴となったが，同時に，前後して発表された民詩集とともに，リョンルートの民詩採集地のひとつであった辺境地カレリアへの関心を高めることになった。以降，カレリアは，古代民詩の宝庫として，そしてフィンランド古代の文化的原風景として民族的郷愁を誘うとともに，フィンランドの学者や芸術家，文学者を惹きつけてきた。特に1880年半ばから1900年代初めにかけてのいわゆるカレリアニズムの興隆期には，芸術家，学生をはじめ多くの人々がカレリアを訪れた。

　一方，1900年代に入るとフィンランド人のカレリアへの関心は次第にその社会的，政治的状況へ向かいはじめた。ことばこそ民族の核心であるという民族ロマン主義的思想が19世紀初期においてすでに定着していたフィンランド人にとって[1]，カレリア人はことばの異なるロシアよりもフィンランド人の同胞として迎えられるのが当然であった。やがてフィンランドの独立が視野に見えはじめた頃，フィンランド側の一部にはカレリアをフィンランドに一体化すべきという考えが芽生えたのも無理からぬことであった。1906年フィンランドにはヴィエナ・カレリア連合が設立され，カレリア人の生活向上を目的とする活動を開始したが，同時に独立するフィンランドへのカレリア合併の構想も明らかに存在したことが指摘されている（Vahtola 1993: 282）。

　フィンランド側のこのような思想的な動きは，フィンランド人の訪問や彼らとの交易を通じてカレリアに浸透しはじめ，次第に民族的な胎動が始まった。20世紀初頭，カレリア人のロシア軍従軍兵士のなかには他地域の民族自決運動に触発されるものが現れ，1917年カレリア各地で開かれた集会でカレリア地域の自治を要求する声が表明された（Vahtola 1993: 282）。一方フィンランド側では民族派勢力の先鋭化とともに，鮮明にカレリア併合を主張する意見も現れた。そしてフィンランド独立宣言（1917年末）の翌年1月勃発した市民戦争のまっただなか，フィンランド白軍は，ボルシェヴィキ勢力がいまだ確立されず混乱するカレリアへ進軍した。このカレリア併合を目的とする侵攻に対してカレリア側でも同調する動きがあったが（Itkonen 1928: 87），1921年までにボルシェヴィキへの抵抗は鎮圧され，ソビエト政権が確立された。こうしてソ連が解体する1991年まで約70年間カレリアはソビエト政権下に組み込まれることになるが，以降のカレリアの運命は次節において，カレリア語の文語化[2]の試みとともに辿ることにする。

4　カレリア文語の難路

ソビエト体制以前

　カレリア語のキリル文字による文字化は19世紀初頭からすでに東方正教会の布教活動の一環としてアウヌス方言への祈禱書, 問答集の翻訳において行われていたことが知られている。それらは当地に赴いた聖職者が, ほとんどロシア語のわからない住民への布教の手段として行ったものであった (Ahtia 1910: 129)。同様の教会文書のカレリア語翻訳は遠く離れたトゥベリにおいても行われた。

　しかし当時カレリア語の文語化はまだまだ現実性の薄いものであった。教会や学校のほか, 警察や行政活動において住民に対しカレリア語を用いざるをえないことへの不満や, 住民のロシア化とカレリア語の消滅をはかるため, 生徒のカレリア語使用を禁止すべきとするロシア人教師の要請が県の新聞に掲載されるほど, ロシア人のカレリア語への反発は強かったのである (Ahtia 1910: 132)。

　カレリア語文語化の本格的開始は19世紀末であるが, その背景には, フィンランドからの影響が強く作用していた。まず, フィンランドに最も強く影響をうけていた北カレリア, 特にヴィエナ地方において, カレリア語の夕べ, カレリア語教室などフィンランドでの交易で啓発をうけた行商人やフィンランドへ移住したカレリア人によって始められた。これらはまもなくロシア政府によって禁止されたが, 1905年のロシア第一革命後には再び勢いをとり戻し, 先に触れたヴィエナ・カレリア連合により民族学校が4校運営されることになった (Itkonen 1928: 84)。

　こうして20世紀の初頭には, カレリアの文語状況はロシア語化をめざしながらも, かろうじてキリル文字によるアウヌス方言で民心をつなぎ止めようとする聖職者, つまりロシア側とフィン語に近いヴィエナ方言にテコ入れすることでカレリアとの関係を保とうとするフィンランド側との対立構造が生まれはじめていた (Jalava 1990: 19)。ただ, 注目すべきは双方いずれの文語化の試みにおいても, カレリア人自身の目立った動きがなかったことである。

　カレリア侵攻に失敗したフィンランドと続く内戦で疲弊したソビエト政府との講和は1920年のタルト条約によって行われたが, そこではカレリアでの行政, 教育における民族語使用について, 両国の間で協議することが取り決めら

れた。1921年ロシアはフィンランドに対し、カレリア語を行政、議会、教育に用いることを提示さえしている（Jalava 1990: 29-30）。しかし、これは結局実現することはなかった。

フィン語の公用語化

カレリアでは1921年、ソビエト政権が樹立され、「カレリア労働者コミューン」と命名されたが、この代表者会議で教育語とされたのは敵対国フィンランドのフィン語であった。さらに2年後のカレリア自治共和国成立の際にはロシア語とならんでフィン語が公用語とされた。この一見不可解な決定はいずれフィンランドをソビエト体制へ編入するための素地づくりであったとされているが、同時にカレリア語の不運な未来を決定することになった。

フィン語の公用語化は当時、ソ連で行われていた先進的な言語政策から見て特異なものであった。ソ連では1920年代初めから民族平等を前面に掲げた、いわゆるレーニンの民族政策が行われており、なかでも民族語教育と民族語の文字化がその骨子をなしていた。1930年代半ばまで続くこの政策は、人口数千人たらずのシベリア少数民族に対しても実施され、当時多くの言語に文語の基礎をつくると同時に、民族の知識人を養成することにもなった。カレリア語と同じウラル系に属するモルドヴィン語やコミ語などボルガ中流域から北ロシアにかけて話されていた言語では、短期間のうちに正書法や文法が規範化され、民族文化が開花した（庄司 1996）。民族学校においては7年生までの基礎教育を民族語で実施するまでにいたった地域もある。しかしカレリアの民族語であるカレリア語はその絶好の機会を逃すことになった[3]。

フィン語採用に大きな影響をあたえたのは、実は共産主義のイデオロギーに共鳴したフィンランドからの亡命者や北米の労働運動に加わっていた2,000人あまりのフィンランド人移民たちで、カレリア共産党の実権を握ったのは彼らであった。ソ連解体以降公開された資料をもとに、1930年代カレリアの言語政策について詳細な調査を行ったフィンランド人アンッティコスキによれば、公的地位をえたフィン語は1921年最初のフィン語学校が設立されたのを皮切りに、1923年ヴィエナでは35校、1927年には224校中95校で授業語に用いられ、さらに1929年にはすべての民族学校が授業にフィン語を採用している（Anttikoski 1998: 5章2節）。そして1932年には学校の授業におけるフィン語使用は平均して、58.8%から97%にまで上昇した。これと並行して1922-36年にかけて、フィン語による十数種の新聞、雑誌が出版されたほか、劇、音楽、

放送，歌謡活動などでのフィン語の使用は全盛期であった。

　一方で，当初からカレリアにおけるフィン語政策の強行に対して反発する意見もロシア人やアウヌス地方のカレリア人のなかには存在し，ロシア語雑誌などに，キリル文字によるカレリア語が掲載されることがあった。1920年代末，上で述べたカレリア人へのフィン語教育の強制が始まると，特に中部，南部のカレリア人を中心に，フィン語教育の欠陥や社会での通用度の低さへの不満が増しはじめた。フィン語への逆風に拍車をかけたのが，当時次第に悪化しはじめていたロシアの対フィンランド関係であった。

フィン語廃止とカレリア文語の採用

　ソ連のフィンランド敵視政策への転換にともない，ソビエト民族評議会秘書会議は1931年，フィン語使用についての問題を指摘し，カレリア文語の開発を自治政府に指示した。カレリア指導部の抵抗によりフィン語批判は一時的に沈静化したが，カレリア語文語を要求する意見がトゥベリ方言の文語化にかかわった言語学者ブブリヒなどを中心に強まった。1935-37年にかけて，状況はフィン語をファシスト語と見なす方向へ急転し，フィン語を擁護していた政治家，学者，作家がフィンランド民族主義煽動の嫌疑で次々と逮捕され，教育，出版物におけるフィン語使用が停止されはじめた。

　アンッティコスキの明らかにした当時のフィン語関係者の苦慮は真に迫るものがある。彼らはフィン語の存続と自らの保身をかけ，最後の望みをカレリアのフィン語をフィンランドの文化から隔離し，さらにフィンランドのフィン語からも遠ざけることに託そうとした。文化，社会用語をフィン語からロシア語へ置きかえる語彙改革の意義を当時のフィン語新聞『赤いカレリア』の社説はこう述べている。「われわれの使命は連邦に生活するフィン語話者たちを普遍的ソビエト文化へ，勤労者たちの世界の最先進文化へと近づけ，統合させることにある。決して抽象的で実在もしないフィン語文化圏全体へ近づけることではない」(Anttikoski 1998: 7章3節)。最終的には1937年までに，年間約100冊にものぼったフィン語出版は停止され，フィン語教育も撤廃されることになった。

　その一方では，1934年頃からカレリア語の文語化が試みられ，ラテン文字をフィン語方式で綴った作品が現れはじめていた (Anttikoski 1998: 7章3節)。1937年フィン語の公的使用の停止とカレリア語公用語化が決定されると，キリル文字によるカレリア語正書法と文法の標準化はトゥベリ・カレリア語の権

威者ブブリヒに委ねられることになった。しかし同年末発表されたいわゆる統一カレリア語文法は、明らかにトゥベリ方言の基礎にアウヌス方言の特徴を人工的に混在させたもので、民衆にとってはきわめて不可解なものであった。2年間で200冊もの本が出版されたが、準備期間の短さから語彙、文法に欠陥が多く、指導する教師や教材も十分でなかったことから混乱を招き結局実用にはいたらなかった。

1938年末、今度はトゥベリ方言を除外し、おもにアウヌス方言を基礎にする文語採用が決定された。今回は革命的な言語の造成が使命とされ、フィン語の借用語は排除され、文法においてもフィン語からの差異化がはかられた。ロシア語への接近が進歩的と見なされたため、新語ばかりではなくフィン語と類似する多くの固有語までロシア語で置きかえられ、結果は人工的な混合語以外のなにものでもなかった。カレリアも当時は「階級の敵」の大規模な粛清期まっただなかで、多くの文化人、学者が摘発されており、ほとんどがロシア語からの粗末な翻訳でしめられていたカレリア語出版物は、ロシア語であふれることになった。アンッティコスキによれば1939年、新聞『ソヴェツコイ・カレリヤ』のカレリア語に現れた単語の60％はロシア語からの借用語であった（Anttikoski 1998: 7章3節）。

フィン語の公用語化とロシア語教育の義務化

しかし、カレリア文語の時代も1940年フィン・ソ戦争が終結し、カレリア自治共和国がカレロ・フィン共和国へ昇格されると終わりを迎える。代わりに公用語にふたたび採用されたのがフィン語であった。共和国昇格もフィン語採用もいずれフィンランドのソ連への併合を順調に遂行するための手段であった。これにともないカレリア語文語はそのほとんどの出版物とともに廃止された。フィン語は義務教育における授業語としても再び採用され、第二次大戦後フィンランド併合の可能性がなくなるまで使用された。この間、大学においてもフィン・ウゴル語学科が設置されフィン語教師の養成が本格的に行われる一方、新聞雑誌などが発行されている。

大戦後の1956年、カレロ・フィン共和国は以前の自治共和国に再び格下げされ、フィン語に代わりロシア語がカレリア人に対しても義務教育に用いられはじめた。本格的なロシア化政策の復活であった。とはいえフィン語は第二公用語としては維持され、第二外国語として学ぶことは可能であった。また一時は停止されたフィン語による新聞雑誌の発行も規模は小さいながら再開され、

以降30年間フィン語劇場，フィン語ラジオ番組などとともに，文字をもたぬカレリア人の民族文化を側面から支えることになった。一方文字としてのカレリア語はヴェプス語とともにフォークロアや方言学の研究対象として記録されることはあっても，一般の目に触れることはなくなった。

ロシア語化を促進した要因はほかにも存在する。カレリアは1930年代以来一貫して自治共和国外部のロシア人などを森林労働者として受け入れてきた。1930年代初めまでカレリア人が集中し，純粋なカレリア人の村落を維持していた共和国西部も30年代から50年代には民族混合が顕著になった（Lallukka 1990: 4-7）。カレリア語共同体をさらに減少させ，カレリア人の間に族際語としてのロシア語の普及を促進したのは，農業生産性向上を目的とした周縁地域の小村の廃村と統合であった。1959年には1,553あった地方居住単位は，1980年には742まで半減している（Lallukka 1990: 10）。

カレリア語復権と文語の復活

1970年代末，ソ連はエストニアなど依然としてロシア語の普及度の低い地域を対象として，秘密裏に全ソ的なロシア語教育強化方針を打ち出している。族際語としてのロシア語普及キャンペーンや民族語に代わりロシア語授業の増加等の政策を実施しそれに対する民族側の反発も相次いだ。カレリアではこの間，次節で触れるように，ロシア語化が事実上実現されていたためか，目立った政策もそれに対する反発の動きもなかったようである。とはいえ，カレリア語が次第に口語としても衰退しつつあることは，カレリア語を維持してきた言語共同体の減少や若年層のロシア語化，さらに10年ごとに発表される統計によっても明らかであったはずで，カレリア人文化人，教育関係者においては相当の危機感があったと推測される。これは1980年代後半になり一気に噴出することになった。

すでに1970-80年代にかけて科学アカデミーカレリア支部の知識人が党地域委員会へ同様の意見書を提出したとされているが，1980年代に入ってソ連の一連の民主化政策が始まると，カレリアにおいても民族をめぐる動きが急速に展開しはじめた（Birin 1996: 28-35）。1987年のインゲル・フィン人の集会をはじめとして，1988年にはカレリア人が民族語の現状や危機について訴える集会を開催した。同年カレリア人，インゲル・フィン人，ヴェプス人の文化振興を目的とする協議会が設立された。ソ連体制崩壊を目前にした1989年にはカレリア人の広範囲な参加をみたカレリア人会議が開催され，カレリア文化の

発展とカレリア語の文語化を訴えるカレリア文化協会が言語学者 P・ザイコフを代表者として成立し，のちカレリア民衆連合と改称された。1991 年にはカレリアの自治を要求する政党，カレリア連合が結成され，同年カレリア民衆連合の呼びかけで第 1 回カレリア人代表者会議が開催されている。この会議の要求がきっかけとなり 1992 年，カレリアは自治共和国から共和国へと改称された。また 1992 年には上記の三民族を統合したカレリア民族議会が召集されることになった。

これらカレリアの「土着」民族の要求は，領土自治から，フィンランドへの併合，あるいは自然資源利用への先取権を主張するものまで政治・経済的には多様であったが，文化的には，土着の民族語と見なされたカレリア語，フィン語およびヴェプス語の復権にあった。特にカレリア語とヴェプス語は 1930 年代以来断絶していた文語を，あらたに確立することが急務とされた。カレリアはソ連時代から，民族名を冠した自治共和国のうち民族語が文語をもたず，公用語でない唯一の例として知られており，カレリア人にとっては屈辱的なことと見なされてきたのである。かつて 1930 年代のように上から与えられた文字化政策とは異なり，カレリア人多数の強い支持を背景とした意見であった。

こうして当初からカレリア人代表者会議を中心に，ロシア語とならんで民族語に公用語としての地位を保障する要求が提出された。しかしこれとて完全な認識の一致があったわけではない。まず何語をカレリアの国家語，公用語とするかという問題があった。本来カレリアという民族に基づく共和国ではあるが，新たに発足したカレリア共和国の新憲法においても，カレリア語には形式的な国家語の地位さえ制定されていなかったのである。

カレリア人の間でもロシア語で十分という意見が存在する一方，民族語としてはフィン語とカレリア語いずれかという対立がある。ロシア語支持者はすでに現実としてロシア語が多くの母語となっており，あらゆる面で遜色のないロシア語能力が共有されていることを重視する。一方フィン語支持の背景には，1940 年以来のカレリアにおける文語としての伝統とカレリア人にとっての学習の容易さがある。同系語を文語にすることで口語としてのカレリア語も保持されるというのである (*Karjalan Sanomat* 1997. 6. 1)。これらはともにカレリア語の衰退した現状と文語化の困難性をカレリア語の公用語化が不可能であることの根拠としている。一方カレリア語支持者は，カレリア人が国家に名称をあたえたこと，民族存続にとっての民族言語の不可欠性を最重視しているほか，カレリア語の文語化を阻止してきた両言語への反感がある[4]。

さらにカレリア語文語化で問題となったのは，2つの主要方言であるヴィエナ方言とアウヌス方言いずれを基準とするかであった。いずれも現在，話者が集中し，住民のほぼ半数以上を構成するカレリア人集住地域をもっている。言語学的に前者はフィン語と非常に近いのに対し，後者はより遠く，ロシア語の借用語も多い。文語化における規範づくりでは，フィン語からの借用が非常に便利ではあるが，言語の独立性を主張する純化主義の立場からはアウヌス方言がより優位にある。また，歴史的，文化的に両方言地域は異なる背景をもっている。ヴィエナは19世紀からフィンランドとの交流が深く，カレワラを媒介とする民族意識の覚醒もフィンランドからうけてきた。アウヌス地方はフィンランドとの直接の接触はおもに第二次大戦中のフィンランドによるカレリア占領の数年に限られているほか，伝統的にロシア文化，正教会の影響が強い地域でもあった。それぞれの方言の支持者は以上のような根拠を主張し対立してきたが，現在まで平行線を保っている。

　しかし，いずれを選択するかという意見の対立に加え，さらにやっかいな問題はロシア人等多数派の抵抗で，共和国議会へ上程する言語方案の草案作成さえ困難をきわめていた。カレリアをロシアの単なる一地域と見なす多くのロシア人にとって，死語同然でとるに足りないカレリア語の公用語化の要求は受け入れがたいものであった。それでもロシア人も含めた知識人，政治家の努力により，あえて方言を特定せずカレリア語を国家語とし，その公用語としての規定をさだめた方案が共和国大統領の同意を得て議会で審議されたのは1998年1月であった。しかし投票の結果は12対10で否決であった。

カレリア語の教育

　とはいえ，このようなさまざまな意見の対立にもかかわらず，カレリアにおいては民族語の文語化および教育の試みは，場合によってはカレリア共和国の必要な手続きに先行しても着手されてきた。特にカレリアの教育省は，ロシア連邦が1991年制定した「ロシア諸民族の言語に関する法律」の「ロシア連邦市民は普通基礎教育を母語でうける権利および教育制度の許す範囲で教育言語を選択する権利を保有する」（6条）に依拠し，率先的に民族語の教育に取り組んできたことは注目に値する（庄司 1996: 100）。

　ここではカレリア語を中心に述べることにするが，すでに1987年ソ連体制下の初等学校10校でカレリア語の週2時間の授業が選択科目として試験的に行われはじめた。この後，カレリア語授業はほぼ順調に規模を拡大し，1994

年度にはカレリアの70校約2,000人に対して教えられた（Pyöli 1996: 83）。また1994年にはカレリア語など民族語で授業を行うフィン－ウゴル学校も設立された。1995年にはカレリア人，ヴェプス人，フィンランド人の言語・文化活性化・発展計画が政府によって了承され，2年間（のち5年間へ延長）の予算が配分されることになった。

ちなみに，教えられているカレリア語はヴィエナ方言とアウヌス方言で，教科書も2種類が作成されている。双方とも，言語学者が中心となって作成したもので，ラテン文字を用いている。教師養成も方言別に行われている。1998年の時点で，この政策の枠内で，カレリア語は57学校において2,300人の生徒に科目として教えられている。またフィン語は98校8,800人，ヴェプス語は4校417人であった（*Karjalan Sanomat* 1998. 3. 21）。カレリア語の受講生数はこの年が頂点で，それもカレリア人生徒全体から見るとごく少数にすぎない。また実利性の大きいフィン語の受講生数にも大きく後れをとっている。

二方言が教育に用いられているのはそれらに固執する人々が存在すると同時に，早急な文語基準の統一には民衆がついてこないことが危惧されるからである。言語学者やこれら方言の標準化に携わった人々はむしろ，これらの差異は一般にいわれているほど大きくなく，まして理解を妨げるようなものではないという。とはいえ，1930年代の統一カレリア文語が失敗したように，突然，統一化をはかるのは得策ではない。文語の定着には，文学を通じ，段階的に慣れていくという過程が不可欠であるというのが大勢の意見である（Virtaranta 1995: 355-356）。しかし，同時に存続自体が危ぶまれる言語にいくつもの文語が存在するのは民族を分裂させ，発展を妨げることも認めており，いずれ統合に向かうべきであるとはいう。しかし，具体的な統合の方法や時期についてはいまだ示されてはいない。

5　カレリア語の現状

カレリア語文語育成と教育の紆余曲折の歴史を見てきたが，ここで簡単にカレリア語の現状について見ておきたい。1989年ソ連の最後の人口調査によると，カレリア自治共和国におけるカレリア人の母語維持率は47.9％で，残りの46％あまりがロシア語を母語としていた。第二言語とする者を加えてもカレリア語話者は64％であった。しかし，その分布は，年齢階層により格差がある。農村の母語維持者は，年齢60-69歳では92.4％，30-34歳では56.7％である

のに対し10-14歳では21.8％にすぎない。さらに都市部と村落の間でも大きな格差があった。たとえば15-19歳の母語維持率は村落で34.5％であったのに対し, 都市部では17.2％であった（Klementjev 1993: 129）。

筆者が1990年代に行った調査では, 村落では60歳以上ではカレリア人のほとんどが話せるのに対し, 30歳前後では, 聞いて理解はするが話力は受動的能力に限られる場合が多く見られ, 10歳前後で話せたのは数例にすぎなかった。30歳以上で多少会話能力のある夫婦でも家庭ではロシア語のみというケースがほとんどであった。全体として見ると, 村落においても当時30歳前後の多くがロシア語を優位とするカレリア語・ロシア語の二言語話者であったのに対し, その子どもの世代はほぼ完全にロシア語単言語話者であった[5]。実質的に自然な言語継承は断絶している印象をうけた。

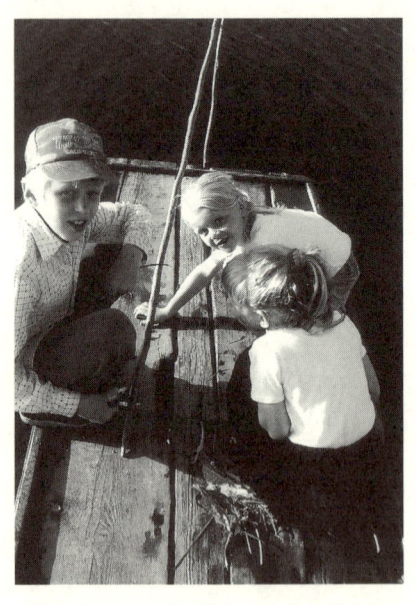

写真　祖父母の家に帰省した子どもたち
　　　（カレリア共和国, アウヌス村, 1996年）
　　　夏休みに首都ペトロスコイから帰省。両親はカレリア人だが, 子どもたちはロシア語しか話さない。

このようなカレリア語の衰退はいくつかの原因が複合的にかかわっているが, 重要なものにロシア語に比べてのカレリア語の制限された機能（たとえば科学, 法律, 行政などの分野）と使用領域があることは間違いない。ここではくわしく立ち入る余裕はないが, ソビエト体制下で法的, 社会的な地位が保障されなかったこと, そのために必要な言語的整備（文体, 用語など）が行われなかったことが機能的な発達を妨げ, 結果として話者を失うことになった。また一方でカレリア語を保持してきた共同体が存続しなくなったことも, カレリア語を近隣や友人, 家族の間での限られた領域に閉じこめる結果になった。先に述べたようにカレリアでは1930年代および1950年代に大量のロシア人やベラルース人が移住し, 全人口にしめるカレリア人の割合は, 1920年約60％, 1926年37.4％, 1959年13％と激減してきた。そして致命的な影響をあたえたのはロシア人などとの高い族際婚率であった。族際婚では家庭での言語はほとんど例

外なくロシア語で，子どもの母語も圧倒的にロシア語となった。

最近全ロシアにおいて民族語使用に関して行われた抽出調査では，カレリア語の状況はさらに後退している (*Raspredelenie naseleniia Rossii* 1995: 7, 105, 125, 145)。カレリアにおいてカレリア語は母語として 47.5％，第二言語を含めても 56.1％が維持するにすぎない。使用領域では，職場 3.4％，教育機関皆無，家庭でさえ 17.5％という状態であった。

現在，上に述べたように民族運動家，教師，文化人によって行われている文語運動，カレリア語公用語化運動に対するカレリア人の意見はさまざまである。しかし，村落における一般の人々の意見は，一様に文語自体に対して大きな希望は抱いてはいない。すでに，60 歳以上が村落部でかろうじて相互に用いる以外，日常場面で使うことがなく，また公的場面においてまったく使用することができないカレリア語の価値は，ほとんど認められてはいない。むしろ，現実上ほとんどのカレリア人にとって母語となり，教育語でもあるロシア語はロシア人と能力の上では対等に渡りあえる手段と見なされている。また民族語への消極的期待は，数少ないカレリア語出版物購読数の減少にも現れている。

6 考察—カレリア文語運動の意味

20 世紀初めからほぼ 100 年にわたるカレリア語文語化と公用語化運動はヨーロッパ，特に近代以降の民族，国家形成の文脈においていかなる意味をもつのであろうか。

冒頭でも述べたように，近代ヨーロッパは，言語を核に形成された民族が，それに文字をあたえ文語としての諸機能を施した時代であった。K・ドイッチによれば 1800 年いわゆる書き言葉として機能しえたことばは 16 にすぎなかったものが，1937 年までの 140 年間に 53 にまで増加した (Deutsch 1968)。フィン語もそのようなことばのひとつであった。しかし，言語の存在が必ずしも文語運動に向かったわけではない。フィン語の場合においても，そこには話者たちが民族としてまとまる運動が先行あるいは並行していた。言語は話者を差別化し集団を形成する核となりうるし，いったん言語が民族運動の象徴となるとその力は何にも増すものがある（庄司 1997: 90-92）。しかし，民族をまとめ，さらにその自立を達成する方向に向かうには言語だけでは不十分である。

もとよりある言語形態が「言語」としての個別性を認識されること自体がきわめて政治的な性格をもつものであるが，ホブスボームはそのような言語に自

己同一化をはかり，言語へ思い入れをそそぎ込むというのは，ヘルダー流のイデオロギーをもった知識人に特有のものではあっても，一般の人にとっては必ずしもあてはまるものではないと述べている（Hobsbawm 1994: 68）。文語運動には，話者たちを民族として自覚させ，そのような動きに突き進ませるせっぱ詰まった動機が必要であったということが想像できよう。

　ヨーロッパの民族運動で言語は有効な原動力として作用し，その裏には言語への情緒的で強い忠誠心があることは事実であるが，ポールストンのいうように，集団自体が言語への忠誠を誓うのはなんの必然性もない（Paulston 1994: 22）のである。確かに国語創生の時代であった19世紀，それが民族の形成に先行して行われることもあった。しかし，これとて純粋に内部発生的な言語運動が民族運動に先行していたわけではないであろう。やはりそこには言語イデオロギーを注入された人々の民族あるいは国家をめざそうという思想的受け皿が存在してきたはずである。逆に受け皿の欠如は言語運動の成就を左右することになる。カレリア語はまさにこの好例であったといえよう。

　20世紀初頭に始まるカレリア言語運動のきっかけは，いわば外部，つまりフィンランドからの働きかけに多分に起因していたことが明白である。19世紀末，ようやく萌芽した民族的覚醒にしても，その苗はフィンランドによって，ほとんど直接ともいえる方法で移植されたものであった。文語の開花は民族として十分育つ以前の幹にとって，荷の勝ちすぎるものであったといえる。もちろん幹の成長を阻んだ直接の原因は，1920年代初めのフィン語公用語化，そしてソ連の対フィンランド政策の手段としてのカレリアの位置づけ，さらに第二次大戦後のロシア語化政策にある。

　しかし，それ以前にカレリア人の民族的覚醒に基づく民族運動の始まりがあまりにも遅すぎたために，このような試練に耐ええなかったとも思えるのである。ロシア帝国の最辺境に位置したカレリアでは，当時ペテルブルグとの近さにもかかわらず，およそ西欧の思想潮流をうけ成長させる知識階級も経済基盤も民衆の間に生まれなかった。第二次大戦以来息をひそめていた民族運動は，1980年代末以降，やっと息を吹き返しつつある。しかし，絶対人口の減少，言語を維持してきた村落の消滅，ロシア人との族際婚の増加と帰属意識の曖昧化など不利な条件が重なり，カレリア人が民族としてひとつに結束することはもはやないかもしれない。

7　おわりに

　東欧の諸民族よりさらに後れて誕生したカレリア民族にとって言語運動は，民族の統合性を主張し，さらにその一体性を高めるうえで，ほかの民族と同様に有効な手段となるはずであった。しかし，今日のカレリア民族の統合の遅滞が統一言語の不在など，言語にかかわる条件の不備によるものとすれば，言語イデオロギーによってもたらされた皮肉な事例といえよう。

　とはいえ，一般にいわれるように，カレリア語文語化を目標としてきた言語運動の停滞の原因は，単に方言間の超越しがたい差にあったわけではない。また2つの方言の対立に代表される言語運動体の分裂とて，カレリア言語運動不調の主原因ではない。原因はむしろカレリア語の衰退とそれに原因・結果としてかかわっているカレリア民族運動自体の基盤の脆弱さにあると思える。カレリア語の衰退はロシア語への同化の進行，特に言語継承システムの事実上の断絶やカレリア語の使用領域の減少など，言語存続条件の深刻な後退であった。ここで再び問題はそのような衰退に少なからずかかわってきたカレリア語の法的・社会的地位の欠如にもたち戻ることになり，複合的で循環的な問題が現在カレリア語をとりまいていることが理解できる。

　2001年末現在，カレリア語をめぐる状況に大きな変化はない。ただし運動のひとつの目標であった言語法は，1998年議会において2票差で否決されて以降も議会での再審議への働きかけが運動家によって続けられ，その結果カレリア共和国のロシア人大統領は審議の再開に同意したといわれる（Konttinen 2001）。少なくとも今日の世界情勢からはロシア人多数派も言語法の制定に反対しつづけることを得策とせず，言語法を求めるカレリア人の運動も再び活発化する可能性はある。しかしロシア語がカレリア人の間で母語として，日常語として定着しつつある現在，たとえ言語法が採択され，ある程度の公的使用が保障，あるいは義務づけられたとしても，一部のカレリア人が望むようなレベルにまで復活するには多難な状況にある。むしろそれからがカレリア語にとっての試練の始まりといえるであろう。

注
（1）当時民族ロマン主義の旗手であった歴史学者アルヴィドソンは，1821年ある新聞でこう訴えている。「われわれはなによりもまず，故国の母なることばを気遣い

守らねばならぬ。ことばが残る限りわれわれは民族と自覚できるからである。祖先のことばが消えれば民族も消える。同じことばを話す者たちは、生まれながらにして分かつことのできぬまとまりを造り上げているのだ。人々を結びつけているのは、内なる精神と思いの紐帯であり、それはいかなる集合よりも偉大で強固なものである」(*Suomen Kulttuurihistoria* IV 1936: 372)。

(2) 本論では文語化とは言語の表記法、文法、語彙の統一・標準化とともに、文体など文語としての多様な機能の充実、および狭義においてはさらにそのような使用を保障する法的、社会的地位まで含める。

(3) これに対し、トゥベリ地区（のちカリーニン州）のカレリア語や同じカレリアのヴェプス語は初期の言語政策の恩恵をうけている。トゥベリではラテン文字による正書法がププリヒによって考案され、教科書、啓蒙図書、新聞が発行されたほか、54校でカレリア語による教育が行われた（Virtaranta 1995: 348）。

(4) ロシア語への同化が進んだ多くのカレリア人の対ロシア語感情には、複雑なものがある。民族運動家をのぞけば、古い記憶以外に具体的なロシア語による圧迫感はない。まして日常生活では完全に頼らざるをえない事実上第一言語のロシア語を、批判対象として客体化すること自体容易ではない。さらにロシア人との族際婚が進んだ今日では、ロシア人との明確な境界も揺らぎつつある。これは、ソ連時代ロシア語によってエストニア語が圧迫され、外来のロシア人がほとんど交わることがなかったエストニア人の場合とは、明らかな対照をなしている。

(5) ヴィエナ方言の教師によると、カレリア語を学ぶ生徒のうち自由に話せるのは6%にしかすぎず、30%が限られた語彙をもっているのみであるという（*Karjalan Sanomat* 1998. 3. 21）。

参考文献

Ahtia, A., 1910, "Karjalan kansallistunto ja karjalankielen asema rajan takana", *Karjalan Kirja*. Porvoo: WSOY: 128-133.

Anttikoski, Esa, 1998, *Neuvostoliiton kielipolitiikkaa: Karjalan kirjakielen suunnittelu 1930-luvulla*. Joensuu: Joensuun yliopisto.（www.geocities.com/Athens/4280/lisuri.html）

Birin, Viktor, 1996, "Kansalliset liikkeet Karjalan tasavallan yhteiskunnallisessa murroksessa", in Ilkka Liikanen and Pentti Stranius (eds.), *Matkalla kansalaisyhteisuntaan? Liikettä ja liikkeitä Luoteis-Venäjällä*. Joensuu: Joensuun Yliopisto: 27-41.

Deutsch, Karl, 1968 (orig. 1942), "The Trend of European Nationalism: The Language Aspect", in J. Fishman (ed.) *Readings in the Sociology of Language*. The Hague: Mouton: 598-606.

Hobsbawm, Eric, 1994, *Nationalismi*. Tampere: Vastapaino.（orig. *Nations and Nationalism since 1780*, 2nd ed., 1992）

Itkonen, T. I., 1928, "Karjalaiset, Karjalaisten historia", in A. Kannisto et al.(eds.), *Suomen Suku*. Helsinki: Otava: 1-93.

Jalava, Aulikki, 1990, *Kansalisuus Kadoksissa*. Helsinki: SKS.

Klementjev, Jevgeni, 1993, "Karjalan kansallisten vähemmistöjen kohtalo vaa'an kielessä", *Carelia* 7: 128-138.
Konttinen, Satu, 2001, "Venäjän Karjalassa kinataan karjalan kielestä", *Helsingin Sanomat* 8. 30.
Lallukka, Seppo, 1990, "Karjalaisastuksen eroosio Neuvosto-Karjalassa", *Suomen Antropologi* 3（90）: 3-14.
Paulston, Christina Bratt, 1994, *Linguistic Minorities in Multilingual Settings*. Amsterdam/ Philadelphia: John Benjamins.
Pyöli, Raija, 1996, *Venäläistyvä Aunuksenkarjala*. Joensuun Yliopisto: Joensuu.
Raspredelenie naseleniia Rossii po Vladeniiu Iazykami（po dannym mikroperepisi naseleniia 1994g.）, 1995, Moskva: Goskomstat Rossii.
庄司博史 1996「ソ連民主化以降の民族共和国の言語運動と言語政策―ボルガ地域ウラル系諸族の場合」『スラブ・ユーラシアの変動―その社会・政治的局面』北海道大学スラブ研究センター: 381-397.
庄司博史 1997「民族境界としての言語」青木保ほか編『岩波講座文化人類学 5 民族の生成と論理』岩波書店: 67-96.
Suomen Kulttuurihistoria IV, 1936, Jyväskylä-Helsinki: Gummerus.
Vahtola, Jouko, 1993, "Itä-Karjala Suomen politiikassa 1918-1922", *Terra* 105: 280-290.
Virtaranta, Pertti, 1995, "Karjalaiset, kieli ja kulttuurielämä", in Mauno Jokipii（ed.）, *Itämerensuomalaiset*. Jyväväskylä: Kustannusosakeyhtiö Ateena: 339-359.

文献案内

①田中克彦, H・ハールマン『現代ヨーロッパの言語』岩波書店, 1985年.
　20世紀後半, 世界ではアジアやアフリカなどいわゆる第三世界を中心に, 外国や他民族の支配や圧制からの解放をめざす独立・民族運動が活発化した。その波はさらに小さい地域的な集団にまでおよび, いまだとどまるところを知らない。しかしヨーロッパのバスク, ウェールズ, サーミといった少数派の運動の背景には, 「生存のため」のたたかいといったイメージはない。著者は, 現代ヨーロッパで見られるこのような運動の背景にある, 言語と民族性への執拗なこだわりに注目し, ヨーロッパの70近い「言語」がいかに創りあげられ, 文字化されてきたかを解説する。

②E・J・ホブスボーム『国家とナショナリズム　1780-』浜林正夫ほか訳, 大月書店, 2001年.（E.J. Hobsbawm, *Nations and Nationalism since 1780*, Cambridge: Cambridge University Press, 1990.）
　民族の時代といわれる19世紀をへて, 国民および国民国家がいかに創りだされてきたかを論じた著作は少なくないが, そのうちでもB・アンダーソンの『想像の共同体』とならんで参照される大書である。ともに民族の「覚醒」と国民の形成において「言語」つまり国家の統合の象徴でもある書き言葉, 標準語が果たした役割を重視するが, ホブスボームはその言語意識がヨーロッパにおいて形成される過程に関心を寄せている。かつてヨーロッパにおいて言語は知識層以外にとって民族の

指標ではなかった。文字をもたない人々にとって「民族」語は存在しなかった，と主張する。

10 ヨーロッパ的知のなかのフィンランド
——フィン-ウゴル主義をめぐって

岩竹美加子

1 はじめに

　2002年1月からヨーロッパ連合（EU）加盟国中の12ヵ国で，共通貨幣ユーロが使われはじめた。1990年代に紙幣の図案としてヨーロッパ地図が検討されていたとき，そこにフィンランドが含まれていないことがフィンランドで問題になったことがある。その後フィンランド側の申し入れで修正され，新しい紙幣にはフィンランドも含まれているが，フィンランドがヨーロッパの一部であることが忘れられる傾向にあることを，フィンランド人は意識している。
　フィンランドはヨーロッパに属すのか，属すとすればどのような関係においてなのかは，特に19世紀以来大きな問題であった。ここでいうヨーロッパは地理的概念というよりも，古代ギリシャを始祖とし，ルネサンスなどを経て到達した最高度の文明という，19世紀進化論的西欧像である。そのようにラディカルに取捨選択されたヨーロッパの歴史に直接参与していないことに加えて，最も致命的だったのはフィンランド語が印欧語ではなく，ヨーロッパの少数言語であるフィン-ウゴル語に属すことだった。
　フィン-ウゴル語という比較言語学的概念が，言語だけにとどまらず文化・人種概念としてのふくらみをもたされつつ，〈フィン-ウゴル的世界〉とも呼べる画像を形成していった。それは，自己であって他者，過去であって現在，周縁であって中心，特殊であってヨーロッパ，独自であって特定の知識の枠組みのなかにあるという矛盾した側面をもっている。フィン-ウゴル的世界を最も深く追求した分野の1つは民俗学であるが，それはより広い社会的知識と実践を構成する文化的カテゴリーでもある。
　フィン-ウゴルという概念が拡大解釈されてきた経緯をふまえて，その使用に慎重であり，近縁関係にある言語に限って使用する立場もある。同時に，それは現在のフィン-ウゴル語の話者の文化には，非フィン-ウゴル語の話者で歴

史的に交流のあった近隣の民族の文化以上の近親性はないとする（Branch 1993: 36）。筆者は基本的にそれに同意しながらも，フィン-ウゴルという概念のより広い構成を知ることは，ヨーロッパ的知のあり方の問題と矛盾を考えることにつながると考える。

ここでは，フィン-ウゴル的世界をめぐる思想と実践を〈フィン-ウゴル主義〉として論じ，19世紀前半から現在に至るいくつかの異なる使われ方と問題を概観したい。

2　比較印欧語研究とフィン-ウゴル語という問題

フィンランドの比較印欧語研究

フィンランド語が印欧語ではないこと，近縁関係にある言葉は中央シベリアにまで至る地域で話されていることは，17-18世紀頃には知られていたといわれる。18世紀後期になると，ウプサラ，サンクト・ペテルブルグなど当時の知のセンターでフィン-ウゴル語は研究され，さらにそこで学んだフィンランド人学者により研究が続けられるようになった。フィンランドでの本格的な研究の始まりは，A・J・ショグレン（A.J. Sjögren 1794-1855）とM・A・カストレーン（M.A. Castrén 1813-1852）によるところが大きい（Branch 1973; Korhonen 1986; Hautala 1969: 47-50, 53-55）。

フィンランドでのフィン-ウゴル語研究にはいくつか特色があるが，それを説明するためには，そのモデルとなった比較印欧語研究に触れる必要がある。言語を分類する試みは，ヨーロッパで17-18世紀頃から行われていたが，19世紀になると比較印欧語研究の手法が洗練され，言語間の文法の構造の類似や子音の音韻変化，規則性などが研究されるようになった。比較印欧語研究は特に，オリジナルの言語とその揺籃の地，時間的・地理的分岐，進化に強い関心をもった。祖語が存在すること，祖語を話す集団が居住していた民族の揺籃の地があること，そこからの人々の移動により言語間の差異化，地理的広がりなどが生じたことを想定し，それらを解明しようとした。

比較印欧語研究は，比較文法の王道かつモデルであり，さらに言語学として発展していったが，それにとどまらない意味をもっている。比較印欧語研究は，比較文献学（comparative philology），あるいはドイツ文献学と呼ばれる分野と重複する。それらがヨーロッパ中心主義的，植民地主義的知識の生産と深く結びついていたことはすでに指摘されている（Said 1978）。それらがさらに，民俗学

の方法と思想形成の土壌と密接に関連していることは別稿で論じた (岩竹 1999)。

前述したショグレンとカストレーンは，フランツ・ボップ (Franz Bopp 1791-1867)，ヤコブ・グリム (Jacob Grimm 1785-1863)，ラスムス・ラスク (Rasmus Rask 1787-1832) などの比較印欧語学者と同時代に生きた学者であり，その方法と思想をフィン-ウゴル語研究に応用した。ショグレンにより 1820 年代後半に始められたフィールドワークは，その後の世代にも引き継がれ，しばしば 1 年から数年にも及ぶ長期間のフィールドワークが続けられた。それは，第一次世界大戦を経て 1917 年のロシア革命後，国境が閉鎖され，ソ連内でのフィールドワークが不可能になるまで（ただし，40 年代と 70 年代に特別の許可を得てカレリアに行ったフィンランド人研究者は数人いる）行われ，言語学的・民族学的・民俗学的資料が蓄積された。

フィン-ウゴル語研究がはらむ思想

比較印欧語研究がフィン-ウゴル語研究に与えた影響で，特に重要な点は 3 つある。

1 つは，祖語とその揺籃の土地，言語の分岐，進化がフィン-ウゴル語研究でも主要な課題となったことである。祖語が話されていた民族揺籃の地が，中央アジアにあると考えられたため，フィンランドでのフィン-ウゴル語研究は東を向いたものになった。フィン-ウゴル語研究といいつつ，最も多くの話者を擁するハンガリー語，フィンランド語，エストニア語よりも，モルドヴァ語，ヴェップ語，ヴォチャーク語，ヴォグール語，オスチャック語など少数言語に重点がおかれた。

2 つめは，言語・文化・人種の間には相関関係があるという思想である。比較印欧語研究は言語を家族という社会的関係でとらえ，家族関係にある言語は共通の祖語から進化したこと，その話者は文化的・人種的に近縁であると考える。印欧語研究が印欧神話，印欧民話などを想定したように，フィン-ウゴル語研究もフィン-ウゴル宗教や文化を想定し，それを研究対象としていった。また，印欧語の祖語の話者が「アーリア人」として想定されたように，フィン-ウゴル語の話者は人種的に「非アーリア人」として想定されたのである。

1840 年代になると，カストレーンによるシベリア南部，西部に至る広範なフィールドワークにより，フィン-ウゴル語の話者にはアジア系の人々もいることが確定した。カストレーンは，フィン-ウゴル語が世界の言語地図のなかの周縁ではなく，中央アジアにまで分布している主要な言語のひとつであり，

印欧語と同等の価値をもつことを証明しようとする強い意志をもっていた。さらに，サモイェド語，チュルク語，タタール語，ツングース語，モンゴル語などを含むウラル-アルタイ語という名で総称される言語群を想定し，フィン-ウゴル語の祖語を話す人々はアルタイ山脈に住んでいたと考えた。それは，フィン-ウゴル語を話す民族を統合しようとする大フィンランド的イデオロギーをもつものである一方，人種の問題を抱え込んでしまった。フィンランド人をアジア人，モンゴロイドなどとして差別的に見る視線を立証的に支えることになったのである（Korhonen 1986: 59-61）。

　3つめは，異なる語族間の差異（さらに，同じ語族間の言語の差異）を進化の程度の差異ととらえることである。たとえばマックス・ミューラー（Max Müller 1823-1900）は，フィンランド語を神話的要素に囚われた語尾変化のない「膠着語」とする。それは英語のように芸術的表現と科学的な思考が可能なまでに発達した「屈折語」とは対照的なものであり，その段階に至っていない言語であるという（Halmesvirta 1985: 226）。

　比較印欧語研究をモデルとしてなされたフィン-ウゴル語・文化研究は，その枠組みを内部化し，再生産するものであった。近代，進歩，普遍，キリスト教世界として自己を表象したヨーロッパ世界に対して，フィン-ウゴル的世界は前近代，民俗，後進，特殊，キリスト教化以前，異教，シャマニズムなどの意味を与えられていったのである。

　しかし，フィン-ウゴル語が進化の尺度上，ヨーロッパの言語の過去であるという思想を内部化した一方で，フィン-ウゴル語族のなかでのフィンランド語の比較的な先進性が想定されていた。フィン-ウゴル語研究は，同じ語族内でフィンランド語の段階に達していない言語があり，比較研究によってフィンランド語の過去が解明できるという思想も併せもっていた。それは，対象の同時代性を拒否し，神話的過去を生きているととらえる植民地主義的思想（Fabian 1983）と通じる。比較印欧語研究がもっていたそうした思想を，フィン-ウゴル語研究は連鎖させていくものでもあった。

　さらに，比較印欧語研究自体が深い矛盾をもつものだったことはあらためていうまでもない。古い言語ほど祖語に近く，オリジナルとしての価値も高いという前提と，印欧語という概念は適合性が悪い。それは，ヨーロッパ中心主義からすると並列できないものを並列させているだけではなく，インドをヨーロッパの前に位置づける。事実，サンスクリット語がギリシャ語，ラテン語より古く（と当初考えられた），インドの文明はヨーロッパ文明より古いという18

世紀後期の発見は，驚きと衝撃に満ちたものだった。聖書が説くように言語は神から与えられたのではなかったことも，キリスト教的世界観を揺さぶるほどのものだった。

また，印欧語が最も高度に発達した言語であるとすると，印欧語の話者は人種的・文化的に優位にあることになるが，イギリスの植民地でしかない時代のインドについてはそれを主張できない。そこに，インドを除外したゲルマン-アーリア主義が主張されていく下地があった。フィン-ウゴル語・文化研究がこうした知識の体系を足場としていたことは，見逃すことができない。

3　フィンランド的文化の創出

フィンランド的文化の創出はフィン-ウゴル的世界を基になされ，叙事詩『カレワラ』（Kalevala, 1849）の編纂はその中心となった。『カレワラ』はフィンランド民俗学の金字塔的存在である。ここでは，そこに至る背景を見てみたい。

北欧が地理的概念として成立し，北欧は5ヵ国（アイスランド，ノルウェー，スウェーデン，フィンランド，デンマーク）から成るという合意ができ，その5ヵ国が現在のような区分になるのは，19世紀以降である。それ以前には，現在のフィンランド南部の海岸沿いはバルト海世界の一部だった。そこにはコペンハーゲン，ストックホルム，トゥルク，ヘルシンキ，タリン，サンクト・ペテルブルグなどの都市が発展した。歴史的にこの地域ではデンマーク，スウェーデン，ロシアが強大であり，領土をめぐる争いが繰り返されてきた。ノルウェーは1397年から1814年までデンマークの，1814年から1905年の独立までスウェーデンの一部だった。デンマークは，1814年までノルウェーのほか，アイスランド，グリーンランド，ドイツの一部など広大な領土をもっており，スウェーデン南部がデンマークの一部だった時期も長い。フィンランドは1809年まで約6世紀にわたってスウェーデンの一部だった。この時代のフィンランドは，「スウェーデン-フィンランド」と呼ばれることもある。ナポレオン戦争後，フィンランドはロシア帝国に譲渡され，1809年からロシア革命後，独立する1917年までロシアの自治大公国だった。

このような背景をもつこの地域は，実は世界中の多くの地域がそうであるように多言語地域であり，複数言語を操る人々は多い。重複したり分類を拒んだりしている文化を生きる，「何人」とも定義できないような多様な人々の流れ

があった。そうしたなかでナショナリズムの思想に基づいて、いまだ存在していなかった民族の歴史と文化を創造する動きが興るのは、フィンランドでも18世紀末から19世紀にかけてである。

　ここで重要なことは、その運動が、独自な歴史と文化を模索して土着と知覚されるフィン-ウゴル的なものに向かっていったことである。国民国家の思想は、ほかの国家とは異なる独自の歴史と国語、国民性や国民文化、国民意識をもつことを求める。しかし、フィンランドには、スウェーデンとロシアの一部としての歴史しかなく、独自の歴史をもたないという大きな問題があった。また、スウェーデン的文化と帝政ロシア的文化は上流階級と結びついてきた経緯があった。そのどちらでもないフィンランド的なものを追求して、土とともに生きてきた人々が口頭で伝えてきた民俗伝承のなかに、外来文化の影響を受けていない基層文化が存在し、そこに独自の民族性が潜んでいるというヘルダー（Johann Gottfried Herder 1744-1803）の思想が、文化運動として実践された。

　また、ここで興味深いのは、そうした運動を推進したのがスウェーデン語を母語とするスウェーデン語系フィンランド人学者だったことである。「スウェーデン-フィンランド」時代、要職に就くにはスウェーデン語に堪能である必要があった。18世紀に上流階級や知識階級のスウェーデン語化が進み、フィンランド語人口との文化資本的格差が広がった。そのなかで、フィン-ウゴル的文化を形成する運動は、フィンランド語があまり堪能ではない人も含む、スウェーデン語系知識人を中心としていた。

　ナショナリズムには、イギリス、フランス型の政治的ナショナリズム（先発・西欧的）とドイツ型の民族的・ロマン主義的ナショナリズム（後発・東欧的）があるという言い方がある。この図式に従うと、フィンランドは後者ということになる。ドイツ型ナショナリズムの主唱者とされるヘルダーは、フランス革命の時代を生きた人物だが、言語と文化を共有する民族が、政治的にも統一されている状態を有機的な理想の状態と考えた。社会進化論的思想は、多様性を順序の問題にすりかえずにはおかないが、それを時間的前後関係ではなく、異なる戦略とする見方も可能である。つねに西欧が理性的で先進であるかのように幻想することで、それに権力を与えてしまう語りはここでは避けたい。

4　フィン-ウゴル主義としての『カレワラ』

　エリアス・レンロット（Elias Lönnrot 1802-1884）が編纂した叙事詩『カレ

ワラ』[(1)]は，フィン-ウゴル主義的知が生み出した集大成のひとつであり，さらにそうした知を強化してきた。レンロットは，1828年から1845年にわたり11回カレリアを訪れ，異なる地域の謡い手がカレリア語で歌った詩歌群，民謡を集めた。歴史的に人口の移動があったことから，カレリア語はフィンランド語の「方言」とされるほどフィンランド語に近い。しかし，それらの詩歌には，さまざまなヴァリエーションや地域による言葉の違いなどがあった。レンロットは，分類やテクスト化に抗うそれらと格闘し，取捨選択，均質化，修正，加筆などを施して叙事詩として仕上げた。それは，世界創造の物語で始まる神話であり，戦い，暴力，反目，求愛，魔術，異界への旅などのドラマでもある。

　カレリアは地理的概念である一方，文化・政治的概念でもある。そこは，「スウェーデン-フィンランド」時代からの東方拡張政策の前線であり，ロシアとの境界線が何度も引き直されてきた地域である。ロシアとフィンランドにとって，カレリアが意味するものは異なるといわれる。ロシアには，現在カレリア共和国がある。しかしフィンランドでのカレリアは，フィンランド側で通称カレリアと呼ばれる地域，ロシア・ムルマンスク州南西部，カレリア共和国内でフィンランドと国境を接する地域，およびロシア・レニングラード州の大部分を指す（地図）（ただし本稿では，特に指定しない限りカレリアはロシア側の地域のみを指して使う）。フィンランドでは，カレリアはさらにヴィエナ・カレリア，境界カレリア，ラドガ・カレリア，カレリア地峡などと呼ばれる地域に分けられ，それぞれ異なる地政学的意味合いをもつ（Kirkinen 1998; Sihvo 1999）。

　民俗学的に重要なのは，『カレワラ』を構成する詩歌の多くが収集されたヴィエナ・カレリアである。そこは，「スウェーデン-フィンランド」領だったことはなく，ロシアにとっては，あくまでもロシアのカレリアである。しかし，『カレワラ』出版以降，ヴィエナ・カレリアはロシア化に抗し，純粋な古代フィンランド文化，あるいはフィン-ウゴル的世界を保持してきた地域として聖地のような意味づけを与えられた。特にロシアからの独立を前にした，1890-1910年代にフィンランドの文化人の間でカレリアへの旅が流行し，その国家的意味は再確認されてきた。カレリアをめぐるロマン主義とノスタルジーは，フィンランドでは〈カレリア主義〉（カレリアニスミ）と呼ばれている（Sihvo 1973）。

　『カレワラ』には，いくつかの重要な意味がある。
　1つは，フィンランドとカレリアの関係が明確にされたことである。『カ

レワラ』は、フィンランドとカレリアの統合という大フィンランド的思想をもって編纂されている (Pentikäinen 1985: 12-16)。フィンランドは、中世のカトリックの時期を経て16世紀にルター派キリスト教化し、カレリアは中世にギリシャ正教化したという宗教の違いがある。しかし『カレワラ』は、キリスト教化以前の、かつギリシャ正教化に抗して遠い過去から受け継がれてきた異教的世界が、カレリアに保存されていたことを語るものとして位置づけられた。また、近縁関係にある言語に基づいて、カレリア人とフィンランド人は民族的に同祖であるとされた。しかし、フィンランドとカレリアは時間的に並列なのではない。カレリアの民俗にフィンランドの起源があり、カレリアはフィンランドの過去として固定されたのである (Tarkka 1989)。

図 フィンランドとカレリア共和国

　2つめは、『カレワラ』は近代国家が備えているべきもののいくつかをもたらしたことである。『カレワラ』により、古代にまで遡るフィンランド独自の歴史、国民性や国民文化、国民意識が明確にされたと考えられた。また、フィンランド語の書き言葉形成にもつながっていった (Kuusi 1985: 184-197)[2]。

　しかし、『カレワラ』出版がロシアからの独立につながったわけではなく、独立に至るまでには長い年月を要した。レンロットはその政治的意味を認識しつつ、独立に関する政治的な発言については慎重だったとされる (Klinge 2002：241)。ヘルダー的思想によると、民族の過去を語る口承伝承は政治と直結している。ここでつけ加えておきたいのは、当時のヨーロッパの政治的状況である。グリムの『ドイツ神話』は、『古カレワラ』と同じ1835年に出版され

ている。フィンランドは独立への，ドイツは統一へのまなざしをもっていた。また，時間的に前後するが，トルコの支配下にあったギリシャの独立戦争（1821-33年）を，レンロットを含むフィンランド人知識人は多大な関心をもって見守っていた。ギリシャには『オデュッセイア』と『イリアス』という民族的叙事詩があり，民族としての独立は当然の帰結なのである。

　3つめは，ヨーロッパ文学のなかにフィンランド文学の場を創造したことである。それは，低い地位にあったフィンランド語を文学に値する言葉に高めただけではない。レンロットは，テーマの構成，形式，物語の展開などについて特にギリシャ叙事詩の理論を学んでおり，『オデュッセイア』，『イリアス』や『ニーベルンゲンの歌』，『エッダ』などと並ぶヨーロッパ的叙事詩を創り上げようという野心と意志をもって編纂に臨んだ。フィン-ウゴル的世界を語るとされる『カレワラ』は，ヨーロッパ文学を意識したものだったのである。

5　シャマニズム的過去としてのフィン-ウゴル主義

　ある現代の民俗学者は，「『カレワラ』が出版されると，その古代的な要素がフィンランド人とヨーロッパ人読者の関心を引いた。叙事詩のなかから，文明化された民族の間ではずっと昔に消えてしまった文化の形態が現れるのが感じられる。太古のフィンランド人の起源を，ユーラシア大陸北部の民族のシャマニズム文化に見出すことができるようだ」と書く（Siikala 1994：14）。
　ここでは，『カレワラ』がシャマニズム的過去と関連してとらえられている。それは，はるか遠くシベリアにまで広がるフィン-ウゴル的世界の入口でもある。フィンランド人は，フィン-ウゴル的世界とは『カレワラ』など限定されたチャンネルを通じてのみつながっている。それは過去のものであり，現在のフィンランド人が脅かされる心配はない。
　『カレワラ』が語る世界をシャマニズム的過去とする認識は，現在，違和感のないものと思われるが，19世紀にそれがシャマニズムとして了解されていたわけではない。たとえばレンロットにとっては，それは迷信，古代宗教，異教，あるいはキリスト教化以前の民間信仰を語るものであった（Pentikäinen 1987：98）。
　『カレワラ』が，フィンランド人を含まないフィン-ウゴル語の話者の宗教世界に対する関心の表現だったことは確かである。フィンランド人研究者は，それに対する特別な視線をもち，ある表象の方法をとってきた。しかし，シャマ

ニズムというラベルは，いまだ固定されえない雑多な思考と行為を示す概念の1つにすぎず，1930年代になってもその用語は確定していなかった。たとえば，カストレーン，クルーン父子（ユリウス Julius Krohn 1835-1888，カールレ Kaarle Krohn 1863-1933），ウノ・ハルヴァ（Uno Harva 1882-1949, 1927年までスウェーデン名，ホルムバリ Holmberg を使っていた）などの学者たちは，シャマニズムのほかに「キリスト教化以前」，「ギリシャ正教化されていない宗教」，「異教宗教」，「フィンランドの親戚の宗教」，「フィン-ウゴル宗教」，「アルタイ族の宗教」，「フィン-ウゴル神話」，「古代フィンランドの神話」などさまざまな表現を使っている（Krohn 1894; Harva 1933）。

また，他者の宗教のなかに，過去としてのみは断じ得ないものを読み取っていた可能性がある。たとえば，カストレーンはレンロットの最も重要なインフォーマントの1人に1838年に会った際，インフォーマントが民間信仰をキリスト教的観点から解釈しており，それを罪悪であり，異教と見ていたと記している。さらにそれは，インフォーマントが生きている現実ではなく，過去の世代の遺産ととらえていたという（Pentikäinen 1987: 99）。1838年という早い時期，すでに異教的宗教は意識化されており，研究者もある程度それに気づいていたにもかかわらず，それはあたかも無自覚で，自然に生活のなかで信仰されているかのように表象されてきた可能性がある。

フィンランドでの異教あるいはシャマニズム研究から，シャマニズムという概念に内在する問題が見えてくる。エリアーデ（Mircea Eliade 1907-1986）はシャマニズム研究者として著名であるが，そのエリアーデにとってカストレーンやハルヴァ，またカイ・ドンネル（Kai Donner 1888-1935）などフィンランド人学者の著作は資料であった。過去としてのフィン-ウゴル，あるいはウラル-アルタイと結びつけられ，非印欧宗教であることが確定されているシャマニズムは，人種化された概念でもある。それは現在もしばしばラップランド，シベリア，中央アジア，韓国，沖縄など特定の地域と「人種」の宗教として語られ続けることに示されている。19世紀的な言語・文化・人種の一致という前提が，現在も存続している可能性も垣間見えるのである。

6　ヨーロッパのフロンティアとしてのフィン-ウゴル主義

フィンランドが東西の境界である，あるいは狭間にあるという表現は，フィンランドではきわめて一般的である（Lehtonen 1999; Alapuro 1988）。東西の架

10　ヨーロッパ的知のなかのフィンランド

け橋，東方への扉という異なる意味合いをもつ表現が，政治的意図により使い分けられることもある。北欧というカテゴリーにありながら，なぜ東西意識が強いのかは説明を要する。東西意識は歴史的にも根深いとされる。キリスト教的歴史意識によると古代ローマ帝国が東西に分裂した時に，現在の北欧は西（欧）に属すようになってキリスト教化し，ロシアは東方（ギリシャ正教）化したという。使用される文字も異なる（Klinge 1990）。より最近の冷戦時代には民主主義・資本主義の西と，共産主義の東という境界が存在した。西は西欧的世界，近代，文明，進歩を意味し，東はフィン−ウゴル的前近代，ロシア・ソ連，後進，アジアといった意味をもたされてきた。

　宗教の分岐とその北欧への浸透を語る歴史的物語が，後世になってキリスト教的観点から遡及的に形成された可能性はある。また，ギリシャ正教が東を意味するならば，なぜそもそもギリシャが，19世紀進化論的西欧像の始まりでありうるのか疑問が残る。キリル文字が使用されているが，ロシア語は印欧語であり，ロシアを境に言語的な境界線が引けるわけでもない。しかし，そうした幾多の問題にもかかわらず，東西という概念は効力を発揮し，上記のような歴史的説明は説得力をもっている。たとえば，民俗学でも人口や文化の移動，影響などを論じる際，西と東はつねに主要な地政学的軸であり続けた。『カレワラ』を構成する詩歌の起源は東西どちらか，東西のどのような影響や経路をたどったのかは，重要な課題として議論されてきた（岩竹 1997: 28-29）。

　さらに，このような東西の二分化が進められると，フィンランドは西のフロンティアであり，フィン−ウゴル的あるいは，ロシア・ソ連的なものの西への流入を防ぎとめている境界であるという意識が生じる（Mikkeli 1994: 145）。ロシア内にはフィンランドが過去として置いてきた人々がいるが，フィンランドは近代化されて西に属す。フィン−ウゴルのグループのなかでは，唯一共産主義化しなかったという矜持もある。ロシアと国境を接するのは，ヨーロッパではフィンランドだけではないが，フィンランドがロシアと最長の国境線を共有していることがしばしば強調される。そこには，国境防衛の重要な任務を帯びているという含みがもたされる。

　また，一国の防衛を越え，フィンランドがフィン−ウゴル的，あるいはロシア・ソ連的なものからヨーロッパ世界を守るフロンティアであるという，英雄的な意識も見え隠れする。フィンランドが，そうしたヨーロッパ的世界観に追従しつづけ，ロシア的あるいはアジア的後進，野蛮からヨーロッパを防衛しているかのような意識を再生産しつづけていてよいのか，疑問を呈する研究者も

207

いる（Turunen 1998: 24-26）。しかし，そうした意識は，ソ連崩壊後も変化していない。むしろ，フィンランド側で通称カレリアと呼ばれる地域がヨーロッパ連合の最東端とされたことにより，境界意識は再強化されたと思われる。

　さらにつけ加えると，北も重要なフロンティアであることは意識されている。それは，ヨーロッパ文明の最北端であり，野生の世界との境界という意味づけである。北にも短く美しい夏はあるが，長く暗い厳寒の冬が強調される。フィンランドは単なる周縁ではなく北のフロンティアであるという意識形成には，ザカリアス・トペリウス（Zacharias Topelius 1818-1898）のようなナショナリストの学者の貢献が大きい（Tiitta 1994: 318-319）。国歌でも北の国であることが歌われている。フィンランドは最東端あるいは最北端で，ヨーロッパ世界を防衛しているという位置づけが垣間見えるのである。

7　大フィンランド（スールスオミ）というフィン-ウゴル主義

　フィン-ウゴル語研究および，『カレワラ』自体が大フィンランド的思想を内包していたことは前述した。〈大フィンランド〉（スールスオミ）とは，言語と文化の境界と政治的な境界は一致すべきとするヘルダーの影響を受け，フィン-ウゴル語族を統合しようとする拡張主義である。その範囲は政治的意図によって変わりうるが，フィン-ウゴル語の最大の話者を擁するハンガリーが含まれたことはない。中央ヨーロッパに位置し，オーストリア＝ハンガリー帝国だった時期もあるハンガリーに対しては，大フィンランドは主張しにくい。基本的に大フィンランドは，分断された少数民族をフィンランドの旗印の下に集めようとする思想である。フィンランドでのフィン-ウゴル語・文化研究が東を向いているように，大フィンランドも東を向いている。

　最も広義の意味での大フィンランドの例としては，1920-30年代の政治運動がある。大学生や民俗学者が中心になって，『カレワラ』が語る過去のフィンランドの栄光を取り戻し，北欧の軍事強国になることを目指した運動である。それは，フィン-ウゴル語族を統合し，極端な場合は国境をウラル山脈にまで拡張する主張になった。しかし，実際には広義の意味での大フィンランドは実現できない夢だった。フィン-ウゴル語の話者は，はじめに考えられていたほど多くなかった。また，その言語と文化は，期待されていたほどフィンランド語とその文化に近くもなかった（Wilson 1976: 139, 153-161）。

　大フィンランドが最も主張されやすいのは，歴史的に関係が深く，国境を接

しているカレリアに対してである。フィンランドは，1917年にロシアから独立はしたが，カレリアはソ連側にあって分断されていた。1910年代から30年代にかけて，カールレ・クルーン，ハルヴァなどの学者たちは，大フィンランド的軍国主義を主張した。たとえば，ハルヴァは1935年の『カレワラ』百年祭で，『カレワラ』は純粋な民族の魂を映す鏡であり，ヴィエナ・カレリアにフィン-ウゴル語族の文明の起源があり，それは武力でも取り戻されなければならないと演説している（Harva 1936）。

大フィンランドは主張にとどまるものではなく，カレリア統合は1940年代マンネルハイム大統領時代の国策でもあった。フィンランド軍は，一時カレリアに軍隊を進めて占領したが，敗退して1944年にカレリア地峡，ラドガ・カレリア，境界カレリアをソ連に譲渡する結果に終わった。カレリア地峡は，ヘルシンキとサンクト・ペテルブルグを結び，特に地政学的に重要な地域である。譲渡されたカレリアのフィンランドへの返還は，現在もフィンランドでしばしば議論される課題である（Pessi and Auvinen 1998）。

また，現在の大フィンランド的実践のひとつとして，カレリアへの文化観光があげられる。ソ連崩壊後，国境間の行き来が自由になると，カレリアを訪れるフィンランド人旅行者は急増した。現在，個人的・公的なレベルでのさまざまな形の援助や言語・文化保護も行われている。

カレリア語，ヴェップ語など，フィンランド語に近いフィン-ウゴル語を話すロシア領内の人たちはフィンランドでは，「フィンランドの親戚（スオメン・スクライシア）」，「フィンランド語の部族（スオメン・キエリネン・ヘイモ）」などのように，フィンランド（語）を中心とした表現で言及される。それらの人々に対してフィンランド人は非常にデリケート，かつ屈折した感情を抱いており，少数民族である彼らの貧しい現状を伝えるメディア報道は多い。フィンランド人は西欧的先進文化を享受しているが，彼らはフィン-ウゴル的あるいは，ロシア的後進文化のなかであえいでいると認識され，手をさしのべたいと思わせる。

しかし，筆者が2002年にヴィエナ・カレリアで行った調査によると，フィンランド人による経済的な物資援助は，問題も生じさせている。現在カレリアには，ロシア人，カレリア人，ウクライナ人，ベラルーシ人などが地域，職場，学校，家庭内に混在しており，共通語としてロシア語が話されている[3]。そうした状況で，誰がカレリア人なのかという問いに答えることは容易ではない。しかし，フィンランド人が援助を行うのは，特にカレリア語の話者（より

正確には，ロシア語とカレリア語のバイリンガルの人たちであるが）に集中している。小さな村に隣人として住んでいるのに，カレリア人家庭，あるいは配偶者のどちらかがカレリア人である家庭が援助の対象となる。また，カレリア人のなかでも比較的裕福で，ある程度の生活水準以上にある家庭は，旅行者を家に泊めて現金収入を得る。村のなかでのカレリア人と非カレリア人の間，さらにはカレリア人同士の間にも軋轢を引き起こす危険性をはらんでいるのである。

8　人種概念としてのフィン-ウゴル主義

　前述したように，フィン-ウゴルという言語学の概念は人種概念としても使われてきた。人類の分類の基準となるものとして，19-20世紀の形質人類学は，頭部の形やその長さ，身長など身体の差異を偏重したが（Stocking 1988），フィンランド人をめぐる人種論はあくまでも言語に基づいている。ヨーロッパのなかの「内なる他者」として，言語の問題は大きい。
　言語の問題を根にもつ人種論争は，しばしば先住民の問題，特に土地に対する権利の問題とも結びついている。それは，比較印欧語研究が民族揺籃の地，人口の移動，言語の進化などを想定したとき，すでに内包されていた関心でもある。どの言語がより古いのか，ある言語集団はどこから来たのかという問いと並んで，誰が先住民なのか，誰に土地に対する権利があるのかという問題は繰り返し論争された。
　カストレーンなどの学者にとって，人種問題は解決できなかった課題である。現在のフィンランドで，この問題を論じてきた研究者にアイラ・ケミライネン（1919-）がいる（Kemiläinen 1993, 1998; Kemiläinen, Hietala, Suvanto 1985）。その業績は，白人，あるいはヨーロッパ人というカテゴリーが決して均質ではなく，差異が想定されていたことを明らかにしたことだろう。ブルーメンバッハ（Johann Friedrich Blumenbach 1752-1840），ゴビノー（Joseph Arthur Gobineau 1816-1882）などの有名な人種理論家をはじめ，その他数多くのヨーロッパ人学者がフィンランド人および，フィン-ウゴル語の話者をどう劣位に位置づけたか，また，それが学問的知識であっただけではなく，一般的知識として現在に至るまでいかに浸透してきたかにくわしい。
　その一方でケミライネンの研究は，フィンランド人がモンゴロイドとされた「不名誉」を回復しようと動機づけられており，その意味では西欧近代的人種

主義のヒエラルキーを批判，脱構築するというよりは，むしろ踏襲，強化している。最近の著書では，フィンランド人は外見も能力もヨーロッパ人であることを強調しているが，それは結局，人種の差異を外見と能力に還元してしまう危険性があり，言語に基づく人種主義を論じられない。今後は，人種問題は遺伝子研究によって科学的に証明できるという考えに向かっているようである。

近年の構築主義的観点からは，人種は生物学的概念ではなく政治的・社会的・歴史的構築であるとされる（Centre for Contemporary Cultural Studies 1982）。ケミライネンの議論からは構築主義的視点が欠落しており，19世紀的枠組みに留まっていると思われるのである。

9　おわりに

フィン-ウゴルは比較言語学的概念であるが，文化・人種概念としても使われ，フィン-ウゴル的世界とも呼べる画像を形成してきた。ここでは，それをめぐる思想と実践をフィン-ウゴル主義として考察し，そのいくつかの使われ方と問題点などを概観した。それは，異なる歴史的・政治的文脈で異なる使われ方をされてきており，矛盾した意味をもつ。フィン-ウゴル主義に最も深い刻印をなしたのは，比較印欧語研究思想とヘルダーの思想である。それらは必ずしも克服されておらず，現在に至るまで影響を与えていると思われる。

フィン-ウゴル主義は，スウェーデン的でもロシア的でもないフィンランド独自の文化と歴史を創出し，ナショナリズムと結びついている一方，大フィンランドというナショナリズムを超える思想も併せもった。さらにフィン-ウゴル主義は，フィンランドをヨーロッパに位置づけようとする試みでもあり，ヨーロッパの過去，周縁，フロンティアとしてフィンランドを配置した。

フィン-ウゴル的なものは自己であって他者，過去であって現在，周縁であって中心，という矛盾した側面をもち，特にフィンランド語系フィンランド人にとって，フィン-ウゴルとヨーロッパという揺れ動く2つの軸が存在することは否定できない。北欧諸国のなかでも，いち早くヨーロッパ連合加入に向かった背景には，ヨーロッパ性を強化，確定したいという心理があったと思われる。

しかし翻ってみれば，そもそもヨーロッパを構成するとされているもの自体が，問題を含んでいることが多い。その端的な例が，ギリシャである。古代ギリシャを母体とし，ルネサンスや啓蒙主義を経たキリスト教ヨーロッパという

画像が排除，抑圧，略奪などによって構築された物語であることは指摘されている（Wolf 1982: 3-7; 伊東 1993〔1985〕）。ヨーロッパ史上，ギリシャが重要なのは古代のみであり，そのなかでも文芸，哲学，民主主義などの限られた側面が強調される。ギリシャはヨーロッパ文明の過去として独占され，特権化されている一方，歴史を奪われ同時代性を否定されており，古代以降のギリシャはヨーロッパの周縁としてオリエント化されている。

フェニキアやエジプトの影響を受けた古代，トルコの支配下にあった14世紀から19世紀など「東方」的要素をもつギリシャが，ヨーロッパでありうるかどうかは，19世紀初めには自明のことではなかった。こうした状況でギリシャの民俗学はヘレニズム主義と結びつき，ヨーロッパからの険しい視線に対する反論として1820年代に始まった。それは，独立運動のイデオロギーに沿ったものとなり，ギリシャはヨーロッパであること，さらにその始祖であることを証明する方向に向かった（Herzfeld 1982）。

東方的あるいはアジア的とされる致命的な要素をもちつつ，ヨーロッパの知の地平に自己を位置づけようとした点で，ヨーロッパの母胎とされるギリシャのヘレニズム主義と，ヨーロッパの周縁とされるフィンランドのフィン-ウゴル主義に共通項を見ることも可能かもしれない。

19世紀のフィンランドでは，特殊であることによってヨーロッパという普遍の一部になることができると考えられた（Tiitta 1994: 313, 315）。しかし，フィンランドが特殊でヨーロッパが普遍であるという配置に，必然性があるわけではない。それは，歴史的な特殊性，偶発性がもたらしたものと考えることも可能である。むしろフィン-ウゴル主義は，ある特定の知識と権力の作用の痕跡を示すものととらえることで，普遍と特殊という配置を構成し，維持してきたものは何かを考える素材となりうる。

近年，近代ヨーロッパ的知に対する抵抗と脱構築のさまざまな試みが行われているのは周知の通りである。フィン-ウゴル主義を考察する意図もそこにあった。近代ヨーロッパ的知に抵抗し，それを修正，再構築してゆく手がかりは，その知そのもののなかにあるという，やや平凡な結語で本稿を終えたい。

注
（1）カレワラには，1835年に出版された『古カレワラ』と，1849年の増補版で2倍近い長さをもつ『新カレワラ』があり，ふつう『カレワラ』は後者を指す。
（2）ただし，標準語として一言語に統一されたわけではない。現在，フィンランド

では，フィンランド語とスウェーデン語が公用語であり，人口の6％は後者を母語とする。
（3）フィンランドでカレリアと呼ばれる地域での，現在の正確な人口構成を知るのは難しい。1989年の統計によると，カレリア共和国の人口は790,150人で，そのうちロシア人が581,571人，カレリア人78,928人，ベラルーシュ人55,530人，ウクライナ人28,242人である。

参考文献

Alapuro, Risto, 1988, *State and Revolution in Finland*. Berkeley, Los Angeles, London: University of California Press.
Branch, Michael, 1973, *A.J. Sjögren: Studies of the North*. Helsinki: Suomalais-Ugrilainen Seura.
Branch, Michael, 1993, "The Finno-Ugrian Peoples", in Lauri Honko, Senni Timonen and Michael Branch (eds.), *The Great Bear: A Thematic Anthology of Oral Poetry in the Finno-Ugrian Languages*. Helsinki: Suomalaisen Kirjallisuuden Seura.
Centre for Contemporary Cultural Studies, 1982, *The Empire Strikes Back: Race and Racism in '70 Britain*, London: Hutchinson.
Fabian, Johannes, 1983, *Time and the Other: How Anthropology Makes its Objects*. New York: Columbia University Press.
Halmesvirta, Anssi, 1985, "Anglo-Amerikkalaisen Antropologian, Etnologian ja Kielitieteen Näkemyksiä Suomalaisesta Rodusta ja Sen Kulttuuritasosta Evolutionistisen Kulttuurikasityksen Valossa n. 1820-1930", in Aira Kemiläinen, Marjatta Hietala, Pekka Suvanto (eds.), 1985.
Harva, Uno, 1933, *Altain Suvun Uskonto*. Porvoo: WSOY.
Harva, Uno, 1936, "Kalevala ja Suomalainen Kansallishenki", in *Kalevalaseuran Vuosikirja* 16. Helsinki: Kalevalaseura.
Hautala, Jouko, 1969, *Finnish Folklore Research 1828-1918*. Helsinki: Societas Scientiarum Fennica.
Herzfeld, Michael, 1982, *Ours Once More: Folklore, Ideology and the Making of Modern Greece*. Austin: University of Texas Press.
伊東俊太郎 1993（1985）『比較文明』東京大学出版会．
岩竹美加子 1997「民俗学というグローバルな経験―フィンランド」（上）（中）（下）『未来』365: 24-29, 366: 22-28, 367: 9-17.
岩竹美加子 1999「『重出立証法』・『方言周圏論』再考（一）（二）（三）」『未来』396: 13-21, 397: 6-16, 399: 30-35.
Kemiläinen, Aira, Marjatta Hietala, Pekka Suvanto (eds.), 1985, *Mongoleja vai Germaaneja? Rotuteorioiden Suomalaiset*. Helsinki: Suomen Historiallinen Seura.
Kemiläinen, Aira, 1993, *Suomalaiset: Outo Pohjolan Kansa; Rotuteoriat ja Kansallinen Identiteetti*. Helsinki: Suomen Historiallinen Seura.
Kemiläinen, Aira, 1998, *Finns in the Shadow of the "Aryans": Race Theories and Racism*. Helsinki: Suomen Historiallinen Seura.

Kirkinen, Heikki, 1998, "Keitä Karjalaiset Ovat?", in Pekka Nevalainen and Hannes Sihvo (eds.), *Karjala*. Helsinki: Suomalaisen Kirjallisuuden Seura.

Klinge, Matti, 1990, *Let Us Be Finns: Essays on History*. Helsinki: Otava Publishing Co.

Klinge, Matti, 2002, "Suuriruhtinaskunnan aateilmasto", in Knapas, Rainer and Nils Erik Forsgård (eds.), *Suomen Kulttuurihistoria* Vol.2, Helsinki: Tammi.

Korhonen, Mikko, 1986, *Finno-Ugrian Language Studies in Finland 1828-1918*. Helsinki: Societas Scientiarum Fennica.

Krohn, Julius, 1894, *Suomen Suvun Pakanallinen Jumalapalvelus: Neljä Lukua Suomen Suvun Pakanallista Jumaluusoppia*. Helsinki: Suomalaisen Kirjallisuuden Seura.

Kuusi, Matti, 1985, *Perisuomalaista ja Kansainvälistä*. Helsinki: Suomalaisen Kirjallisuuden Seura.

Lehtonen, Tuomas M.S. (ed.), 1999, *Europe's Northern Frontier: Perspectives on Finland's Western Identity*. Juväskylä: PS-Kustannus.

Mikkeli, Heikki, 1994, *Euroopan Idea: Eurooppa-aatteen ja Eurooppalaisuuden Pitkä Historia*. Helsinki: Suomen Historiallinen Seura.

Pentikäinen, Juha, 1985, *Lönnrotin Kalevala*. Helsinki: Opintotoiminnan Keskusliitto.

Pentikäinen, Juha, 1987, *Kalevalan Mytologia*. Helsinki: Gaudeamus.

Pessi, Yrjö and Reino J. Auvinen, 1998, *Karjala-Kysymys: Taloudellista Näkökohtia*. Karjala Lehti.

Said, Edward W., 1978, *Orientalism*. New York: Pantheon Books. (エドワード・W・サイード，今沢紀子訳『オリエンタリズム』平凡社，1986年)

Sihvo, Hannes, 1973, *Karjalan Kuva: Karelianismin Taustaa ja Vaiheita Autonomian Aikana*. Suomen Kirjallisuuden Seura.

Sihvo, Hannes, 1999, "Karelia: A Source of Finnish National History", in Michael Branch (ed.), *National History and Identity: Approaches to the Writing of National History in the North-East Baltic Region Nineteenth and Twentieth Centuries*. Helsinki: Suomalaisen Kirjallisuuden Seura. Studia Fennica Ethnologica 6.

Siikala, Anna-Leena, 1994, *Suomalainen Šamanismi: Mielikuvien Historiaa*. Helsinki: Suomalaisen Kirjallisuuden Seura.

Stocking, George W. Jr. (ed.), 1998, *Bones, Bodies, Behavior: Essays on Biological Anthropology*. Wisconsin: University of Wisconsin Press.

Tarkka, Lotte, 1989, "Karjalan Kuvaus Kansallisena Retoriikkana: Ajatuksia Karelianismin Etnografisesta Asetelmasta", in Seppo Knuuttila and Pekka Laaksonen (eds.), *Runon ja Rajan Tiellä*. Kalevalaseuran Vuosikirja 68. Helsinki: Suomalaisen Kirjallisuuden Seura.

Tiitta, Allan, 1994, *Harmaakiven Maa: Zacharias Topelius ja Suomen Maantiede*. Helsinki: Suomen Tiedeseura.

Turunen, Ari, 1998, "Suomi Euroopan Maantieteessä", in Marja Keränen (ed.), *Kansallisvaltion Kielioppi*. Jyväskylä: Jyväskylän Yliopisto.

Wilson, William, 1976, *Folklore and Nationalism in Modern Finland*. Bloomington: Indiana University Press.

Wolf, Eric R., 1982, *Europe and the People without History*. Berkeley, Los Angeles,

London: University of California Press.

文献案内

①ウノ・ハルヴァ『シャマニズム――アルタイ系諸民族の世界像』田中克彦訳，三省堂，1989年（初版1971年）

　フィンランド人学者ハルヴァによる資料大成。読み物として面白い。他者を表象する行為が政治化された現在，この本をどう読むことができるだろう。底本は，フィンランド語版（1933年）を増補したドイツ語版（1938年）である。両版ともに，シャマニズムをタイトルに掲げてはいない。本のタイトルが，雑多な思考，行為をシャマニズムとして一元化する過程に一役買ったかもしれない。

② Hall, Stuart and Bram Gieben (eds.), *Formations of Modernity*. Polity in Association with Open University, 1992.

　社会学のテキストと銘打たれているが，社会科学全般を学ぶ人のためになる本。4巻シリーズの第1巻で，後続のシリーズも面白い。3巻までをまとめた1冊 Stuart Hall, David Held et al. (eds.), *Modernity: An Introduction to Modern Societies*, Blackwell Publishers, 1996. （内容にやや変更あり）もある。スチュアート・ホールが編集者の1人で，西欧的近代の歴史的形成に迫る。カルチュラル・スタディーズ的観点からの基本的知識が，読みやすく説かれている。

③高橋保行『ギリシャ正教』講談社学術文庫，1980年．

　ヨーロッパは，古代ギリシャを源泉とするキリスト教世界とされる。でも，それって本当？　ギリシャ正教というあまり知られていない宗教の歴史，儀礼，思想などをわかりやすく解き明かしつつ，「西欧の錯誤」もソフトに論じる。東西感覚の形成と発展も興味深い。

④エドワード・W・サイード『オリエンタリズム』今沢紀子訳，平凡社，1986年（原著1978年）

　この本が書かれた1978年に生まれた人は，すでに大人。世に出て久しく，研究者の間で知られている割には，ここで論じられていることが一般的知識になってはいない。もしそうなったら世の中，少しは変わるかも？　比較文献学と西欧近代的知の生産の関係が興味深い。

11 植民地に移植された文化──スペインから新世界へ

黒田　悦子

1　はじめに

　最近，植民地と植民地主義は人類学の流行のテーマとなっている。1980年代後半から顕著になってきた人類学批判の流れにそった動きである。それで，日本でも『植民地主義と文化―人類学のパースペクティヴ』（山下・山本1997），『植民地経験―人類学と歴史学からのアプローチ』（栗本・井野瀬1999），『オセアニア・オリエンタリズム』（春日1999）といった出版物を手にすることができるようになった。これらに目を通して気づくことは次の3点である。

　第一に，時代としてはおもに19世紀と20世紀が扱われていて，16世紀近代の植民地のことはあまり触れられていないこと。第二に，地域としてはブラジル以外のラテンアメリカは論じられていないこと。第三に，植民地状況に対する当該社会の主体性が強調され，オセアニア研究者ニコラス・トーマスのいう植民地化の過程における支配−被支配の関係に置かれた両社会・文化の「絡み合い」もしくは「もつれ合い」（entanglement）に注目することが重要な視点として指摘されている。

　第一，第二の点に関しては，15世紀末−16世紀に始まるスペインの植民地について加筆すればよいと思う。第三点は，いまさら新しい視点であるとは思わない。スペインからもたらされた植民地支配のための文化は暴力的に先住民社会に押しつけられたが，各々の先住民社会が主体性を発揮し，現在にいたるまでなにがしかの先住民性を維持していることは事実である。

　代表的な例としてはギブソンやロックハートによるナワの人々のエスノヒストリカルな研究（Gibson 1964; Lockhart 1992）を読めば，アステカ王国の形成者ナワの人々のスペイン植民地体制との「もつれ合い」の詳細がうかがえる。そして，ほとんどの中米の民族誌は対象とする民族集団の生き残りの歴史と現

状の記録でもある。したがって，中米研究に関わる私としては，「もつれ合い」は各民族誌に任せて，ここではより長期的で概括的なことを述べてみたい。つまりは，宗主国スペインから新世界の植民地に移植された文化はどのようなものであったか，という設問である。

　スペインによるアメリカの征服と植民地化についてはルイス・ハンケ (1979)，チャールズ・ギブソン (1981) の業績をはじめ，無数の文献がある。しかし，スペインから移植された文化の実態と全体像を明らかにする試みは1940-50年代にジョージ・M・フォスターがおこなったのみである。いまとしてはこの試みは愚直に見えるが，明快な概論的知識を提示している。日本でとりあげられることはまれなので，第2節で紹介したい。

　フォスターの試みは人類学史上興味深いが，文化の要素をバラバラに論じているので，全体としての方向性が見えにくい。ここでいう方向性とは研究者の視点によって浮き上がって見えてくるものである。私は中米，それもメキシコ南部オアハカ州の旧植民地都市オアハカ市と州の北東部高地に居住する先住民ミヘの社会でフィールドワークをし，のちにスペインのエストレマドゥーラでも民俗文化について調査した者である。この経験から，バロック期カトリックの信仰と祝祭とそれにまつわる行政・宗教組織と芸能こそがスペインから移植され，植民地で維持されつづけた文化の根幹であると認識しているので，このことを第3，第4節で論じてみたい。

　「あとがき」では，バロック期カトリックとそれにまつわる文化の長期的継続性，フォスターがあまり論じなかったスペイン人植民者の歴史的重層性，18世紀の植民者の重要性などに言及したい。

2　フォスターの「征服文化」論

　ジョージ・M・フォスターは1944-46年，スミソニアン研究所社会人類学部門の援助によりメキシコのミチョアカン州ツィンツンツァンで調査した (Foster 1948)。この村は元々は先住民タラスカ (プレペチャ) の村であったが，当時すでにメスティーソ化しており，先住民文化とスペイン文化の混淆が色濃く見られた。そこで，フォスターは1948年，1949-50年にスペインに出かけ，その民俗文化の調査をおこなった（以下の紹介は，Foster 1960 による）。フィールドワークにより得た資料，出版物からの知識，マドリードのベルナルディーノ・デ・サアグン人類学研究所に集積された民俗調査資料がフォスターの研

究のおもな資料となった。この研究にはスペインの民俗学者フリオ・カロ・バローハも協力し、英国の社会人類学者でアンダルシーアで調査したジュリアン・ピット＝リヴァーズとフォスターとの交友も進んだ（黒田1991：第8章）。いわゆる地中海人類学の盛時とされる時期であった。

　この調査研究の末、フォスターはスペインから300年にわたって植民地の新世界に移植された文化は19-20世紀にほかの植民帝国から植民地にもち込まれたどの文化よりも強烈で一律的であると判断し、この文化を「征服文化」と呼んだ。この征服文化とはスペインが植民地との接触時に政策としてもち込んだ文化であり、支配のための政策文化であった。当時のスペインには地域的差異が大きく、植民者は全土から出ていったにもかかわらず、都市建築・政治・生業技術・宗教の公式面では一律的単純形態が導入され、家族・人生サイクル、音楽・フォークロア、民間医療、魔術・迷信といった文化の非公式面では必ずしも一律ではないが単純化が見られる文化が移植された、とフォスターはいう。そして、彼はこの一律化と単純化について検討していく。

　まず、スペイン文化の地域性の大きさを指摘し、アンダルシーアとエストレマドゥーラからの移住者が多いとの一般知識に反して、初期はそうであったが16-18世紀にかけて移住者がスペイン全土から出たことを検証していく。それであれば、移住者が担った各地の文化が新世界にもたらされたであろうという前提に立ち、各文化要素について検証を進め、次の結論に達した（Foster 1960: chapter 4-11）。

①広場を中心にした格子型都市計画はスペインでは12世紀に始まり、15世紀に発達し、国土回復運動でとり戻されたスペイン南部の都市（たとえばグラナダ）の都市計画に部分的に援用された。一方、植民地では格子型都市計画は政策決定者によりモデルとして採用された。

②農業技術面では、アンダルシーアとエストレマドゥーラの型が植民地に定着した。植民の初期に輸出され、簡単で鉄の部分が少なかったためらしい。

③家畜に関しては、スペインからもち込まれた種類は限られており、それにまつわる習俗もスペインのものに比べて限定的にしか導入されていない。

④スペインから来た漁業技術は植民者のみならず先住民にも採用された。しかし、その技術はおもにアンダルシーア由来の技術で、スペイン全体の多様な技術が移植されたわけではない。

⑤芸術・工芸に関しては、先住民はスペインの方法をとりいれ、スペインよ

りも多様な作品を生み出してきた。衣装については，支配者スペインの影響が多大であった。
⑥車輪と運搬用動物を欠いていた新世界（アンデスを除く）にはスペインの荷車，馬，ラバ，ロバなどは革命的変化をもたらした。
⑦妊娠・出産・幼児期にかかわる習俗はスペイン系アメリカ社会で類似性が高く，メスティーソ社会のみならず先住民にもスペインの影響が大きい。カトリックの人生儀礼や儀礼的親族（コンパドラスゴ）は確実に移植されている。ただし，スペインの代親は親族・友人から選ばれるが，新世界では子どものパトロンとして選ばれることが多く，ややアンダルシーアのかたちに近い。
⑧求婚と結婚のかたちの大枠にもカトリック教会を通じて入ったスペインの影響が大きく，それもアンダルシーア，バダホス（エストレマドゥーラの南部），ムルシア地方の習俗が反映されているらしい。
⑨死をめぐる儀礼にこそカトリックの教義による統一性がきわめて濃厚である。遺産相続は南部スペインに一般的な均分相続（少なくとも，厳格な第一子相続ではない）が新世界でも一般的である。
⑩宗教とその組織（エルマンダード，コフラディーア，カルゴ）にこそ旧新両世界の同一性が強い。帝国スペインは政宗一致の政策をとり，カトリックを支配の道具としたからである。
⑪祝祭にもスペインのカトリック文化の大枠が新世界にもたらされている。スペインの祝祭で地域的なある種のものは移植されていないが，先住民社会に固有の部分が加えられている場合も多い。
⑫巡礼と芸能（モロとクリスティアノ）もスペインの基本型が新世界にもち込まれたうえで，新世界の地域色が加えられた。

これらの検証からフォスターは「征服文化」について次の概括に辿りつく。文化の公式面は政府と教会の政策にとりしきられ，カスティーリャの文化が導入された。非公式面では，初期の植民者を多く輩出したアンダルシーア（特に西部），エストレマドゥーラ，新カスティーリャ，旧カスティーリャとレオンの南部の文化が移植された率が高い。この「征服文化」は植民地時代初期にかたちを整えると「晶化」され，後続のスペイン全土からの植民者が担った地域文化の受容は容易に進まなかった。出身地の異なるスペイン人植民者同士の出会いが日々あり，植民者と被征服民の先住民との軋轢が絶えない植民地では，

一定の単純化された文化が植民地支配のために必要とされたからであった。

　上に概略したフォスターが提出した見取図はメキシコ，オアハカ州高地ミヘ社会でフィールドワークを経験した私には納得のいくものである。そこで，先住民社会におけるスペイン文化の影響の大きさを感じたからである。しかし，この影響を考えるとき，特に宗教，祝祭，芸能に関してはスペイン本国の歴史的脈絡を重視する必要があると思うので，次節でこの点について考えを進めていこう。

3　バロック期カトリックの定着

メキシコ・ミヘに根づいたカトリック

　1973-75年にかけて最初に高地ミヘの村々で調査したとき，日本人の私にはこの先住民社会に通底しているアニミスティックな信仰と儀礼（たとえば，大地と山々に捧げる供犠）をやや容易に感覚的に理解した。一方，この社会で目立つカトリック儀礼と祝祭，その組織は私にとって異文化であった。もちろん，アニミズム世界にもカトリックは入り込んでいるので，明確に二分することはできない。しかし，どちらかというとカトリックの面が私にはわかりにくかった。それで，ミヘ高地にいる時から，スペインのカトリック文化を知る必要性を感じた。誤解を招かないよう用心して発言しなければならないが，端的にいって，チアパス州のツォツィル・マヤのような象徴的思考の発達した社会に比べて，ミヘの場合は，ややアニミズムとカトリシズムは二分されていて，集団的で可視的な社会文化の公式面ではカトリックが優勢であった。

　ここで私が出会ったカトリックとはフォスターが指摘した文化要素のうち，私の要約では⑦-⑪に⑫のうちの巡礼を加えたものである。それは映像的に表現すると血だらけの受難のイエス像，悲しみと救いの両面を表すマリアの諸像，そして数々の聖人像である。これらの像が暗い教会に納まっている様子を想像してほしい。宗教上の教えからいうと，イエスの受難がおもなテーマであり（黒田 1995），それとは対になるさまざまなマリアが副テーマとなり，さらにさまざまな聖人が教えと祈願の対象としてある。この教えを具体的に目に見えるかたちにするために，年間の祝祭暦が組まれている。

　おもな祝祭はイエスの受難を表現した四旬節と聖週間であって，プロテスタントとは異なり復活の日は軽視される。イエスの誕生と人生を表現する生誕祭，御公現の日，昇天は祭日となっている。5月から秋にかけては被昇天のマリア

11 植民地に移植された文化

図　中米とその周辺（本章に登場する民族の所在）

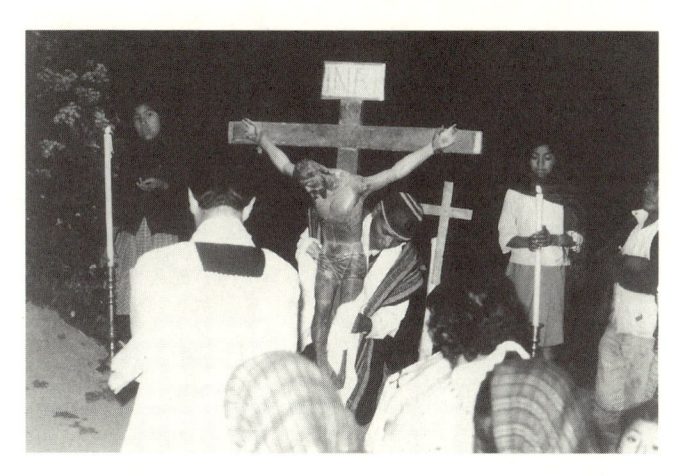

1　タラスカ（プレペチャ）
2　ナワ
3　チャティーノ
4　盆地サポテカ
5　ミヘ
6　ツォツィル

写真1　ミヘ高地のビア・クルシス（四旬節の十字架の留をめぐる儀礼）（メキシコ，1974年）

などのマリアの祭りが増え，12月8日の無原罪のマリアにいたる。メキシコ国家の聖母である褐色のグアダルーペの祭り（12月12日）は1945年以降にしか導入されていない。植民地時代に主流であった白い無原罪のマリアがオアハカ州に伝わるマリア信仰であり，先住民チャティーノの村フキーラの無原罪のマリアへの巡礼が熱烈に支持されてきた。そして，1940年代以前には，メ

221

キシコのグアダルーペに行くよりは，オアハカ州により近い隣国のグアテマラのエスキプラスの黒いキリストへの巡礼行が盛んであった（Kuroda 1984）。

このようなカトリックは植民地時代の16世紀初頭からオアハカ州の布教を担当したドミニコ会に起源がある。同修道会は1529年にオアハカ市（当時の名はアンテケラ）に到着し，16世紀後半にはミヘ高地へも布教の手を伸ばし，18世紀半ばには活動の盛時を迎えた。しかし19世紀にはその活動は衰退期に入り，同世紀半ばにはドミニコ会はミヘ地域を手放した。その後，在俗司祭が部分的に布教したこともあるが，その活動はドミニコ会の教えを踏襲するにとどまり，1962年になって初めてサレジオ会が組織的布教活動を始めた。同会はミヘ地域に定着した教えや祝祭を基本的には生かし，ドン・ボスコなど自派の聖人の祭りを追加した。1970年代，サレジオ会の司祭は18世紀にドミニコ会司祭が作った古ミヘ語での祈り，ドミニコ会風のロサリオ，植民地時代の聖歌（レタニア，サント・ディオス，サルベなど）がミヘの村々で継承されていることに気づいている（Kuroda 1984: chapter 2）。

つまり，ミヘ地域に根づいたカトリックは植民地時代にドミニコ会によりもたらされた「バロック期」（ピコン＝サラス 1991: 111-170）のカトリックを基盤にしているのである。

このバロック期カトリックはミヘの人々が文化的モデルとしたオアハカ盆地部のサポテカの人々の村トラコルーラの礼拝堂の美術に表現されている。また，州都オアハカ市内で先住民の参拝が顕著なソレダードの教会にも表現されている。また，同市中にある17世紀半ばに建立されたドミニコ会の本山サント・ドミンゴ教会はバロック的装飾で知られ，フェルナン・ブローデルさえメキシコ風バロックの粋として中央メキシコのトナンツィントラ教会（1700年）とならんでとりあげている（Braudel 1989: 168）。このオアハカ市で私はカトリックの信仰と祝祭をいくつも目にしたが（典型的には，カテドラルの「雷光のイエス」祭），その華麗さと儀礼上の複雑さの下にはミヘの村々と共通の構造と過程があり，それはバロック期に由来するものなのである。

スペインのバロック期カトリック

上の経験をしたあと，バルセロナに着くと，そのカテドラルに入っても宗教的象徴の配置は読めた。そして，調査地であるエストレマドゥーラ南部の町サフラにて年中行事に参加してみると（黒田 1991 参照），これもカトリックのバロック的世界の残影だと感じたのである。町に教会の数は多く祝祭も華麗で，

11 植民地に移植された文化

中心となる教会にはバロックを代表するスルバランの絵まであり，スペインのバロックの名残りのなかに私はいた。このバロックのカトリックとはいつスペインに発生し，定着したのだろうか。

　それはルターなどのプロテスタントの出現に苦慮したローマ教皇庁の対抗策を推進するトレント公会議（1545-63年）に始まった。そして対抗宗教改革の旗手ならんとする帝国スペインはローマの政策をそのまま受け入れた。この会議以降，民衆の信仰心を惹きつけるためイエスの生涯と受難，マリアの物語（無原罪のマリアは1622年に教皇庁が認可）が重要となり，聖家族，諸聖人への信仰が熱心に推進され，これらを可視的に表現するためのバロック美術が教会を飾り（Brown 1980; 神吉 1984），民衆に見せるために街路での祝祭がおこなわれた（Christian 1981; Maravall 1975; Payne 1984）。

　もっとも，バロック期の定義はなかなか難しい。スペイン史の碩学ホセ・アントニオ・マラバールはバロックとは単なる美術のスタイルではなく，スペインでは「歴史的概念」であるとし，17世紀の最初の4分の3を含み，その盛期は1605-50年にあったとする。この時代設定は少々の修正を加えれば，ヨーロッパのほかの国々のバロック期にも当てはまることに言及したうえ，マラバールはスペインではバロックは上記の時期以前にも表出され，カルロスII世の治世下（1665-1700年）にデカダンスと退化を示しつつも続き，18世紀の啓蒙主義の時代になっても奇怪にして極端なバロック的宗教現象が見られた，と指摘している（Maravall 1975: 24）。

植民地のバロック期カトリック

　上述のことから，バロック期は時代設定として不明確であるが，バロック現象とは17世紀を中心にして，16世紀後半と18世紀にも波及する文化現象であったことがわかる。一方，海の向こうの植民地の文化史を専門とするピコン＝サラスは16世紀を征服の「自由な」世紀，17世紀と18世紀前半を「フェリペII世以来の国家の凋落」を特徴づける「バロック期」とし，

　「バロック期はわれわれの文化的伝統に最も深く根を張っている要素のひとつである。……ほぼ2世紀にわたってアンシクロペディズム（百科全書主義）と近代の批判精神をくぐってきたにもかかわらず，イスパノアメリカ人は，いわばバロックの迷路から完全には抜けきっていない。われわれの美的感性や集団的心理において，それは依然として強い影響力をもって

いるのである」（ピコン＝サラス 1991: 114, 116, 138）

と書いている。メキシコ史の周縁に存在して，18世紀にバロックの盛期を迎えたオアハカ市や先住民ミヘ社会の観察者である私にとって，ピコン＝サラスの意見はしごく納得のいくものである。バロック期カトリックは，周縁の地ではナショナル・レベルの歴史の動きからはかなり遅れて浸透し，波及していったのである。

4 行政・宗教組織と政治芸能の普及

行政・宗教組織

　バロック期のカトリックは民衆に見せるものであったので，そのドグマを可視化する祝祭を組織し主催する信徒団も発達した。スペインではこれはエルマンダードとかコフラディーアと呼ばれ，各地で発達した。そして，たとえば，アンダルシーアのエルマンダードの歴史と現状などは周到に研究されている（Moreno 1999）。

　一方，新世界では「征服」以前にも儀礼や祭りをとりしきるなにがしかの役職組織があったが，植民地時代になるとスペイン国家とカトリックの政宗一致の支配が始まり，カトリックの祝祭をとりおこなう役職組織は都市と村の区別を問わずムニシピオ（末端行政区画）で発達した。中米では一般にカルゴ（役職），コフラディーア（信徒団），マヨルドミーア（主催制度）といわれるものである。このシステムの起源は植民地初期にあるという前提で研究されてきた。その歴史的推移を4つの地域（ハリスコ，中央メキシコ，オアハカ盆地部，サポテカ高地）の古文書資料に依拠しつつおこなったチャンスとテイラー（Chance and Taylor 1985）は，植民地時代に行政職の階層と祝祭執行の役職は存在したが，行政と宗教がもつれ合って一体となった行政・宗教職階層は，19世紀の独立後に地域社会との社会経済上の関係において発達した組織であると結論した。

　このチャンスらの結論は，かの有名な高度に競争的にして階層的なシナカンタン村（チアパス州ツォツィルの村）の行政・宗教組織も時代の産物であることを示唆している。確かに，チャンスらの論文が出る5年前に，ラスとウァッサーストロム（Rus and Wasserstrom 1980）はシナカンタン村の特殊形は19世紀末に出現したことを歴史資料で跡づけている。長距離交易と海岸のコーヒ

ー・プランテーションでの労働力確保のため男性が村を離れざるをえなかった時代の産物だったのである。だから，この特殊に発達したカルゴ・システムはフランク・カンシャン（Cancian 1965）の研究で注目を集めたが，村人が低地での小作農に転じ，宗教的消費にも合理性を求めるようになった1970-80年代には崩れていったのである（Cancian 1992）。

オアハカのミヘの村々のカルゴ・システムはシナカンタンに比べると，ずっと平等的で，非階層的であるが，カトリックの年間暦にちらばっている祝祭を主催するためにつねに必要とされてきた。システムの細部に差異はあっても，カトリックの祝祭のあるところ，中米ではある種のカルゴ・システムが導入されているのである。

政治芸能モロとクリスティアノ

祝祭には芸能がつきものであり，スペインから植民地に多くの種類の芸能がもち込まれた。しかし，そのなかでいかにも「征服文化」の一翼を担った芸能はというと，それは「モロとクリスティアノ」（ムーア人とキリスト教徒）と呼ばれるジャンルの芸能である。個別の芸能名がきわめて多く，各々に差があるが，共通の主題としてムーア人とキリスト教徒，つまり２つの異教徒もしくは異民族集団が対決し，キリスト教徒が勝利を収めるという筋が認められる。そして，この好戦的芸能のルーツは国土回復期のスペインにある。

モロとクリスティアノの最初の上演例は12世紀のアラゴンにある。カタルーニャ伯爵ラモン・ベレンゲールIV世がアラゴンの女王ペトロニラと結婚し，1150年にレリダの大聖堂で祝儀がおこなわれた折，モロとクリスティアノの「戦闘」が演じられたのが最初の例だといわれる（Warman 1972: 17）。12世紀のアラゴンといえば，すでにイスラーム支配から解放されており，近い過去の対戦が芸能に反映されたといえよう。その後，スペインの国土回復運動が北から南へと進展するにつれ，この芸能も広く流布していった。16世紀には派手になり，大勢の人々が参加しムーア人に対するキリスト教徒の勝利を演じる劇形式に発展し，仕掛花火，飾り付け山車，仮装，灯火行列，馬上競技，闘牛などさえ加えられた。17世紀になるとこの「モロとクリスティアノ」のジャンルは衰退しはじめ，18世紀には少なくなった（Warman 1972: 17-65）。しかし，現在でもアルコイの町の華麗な例をはじめ，アンダルシーア，バレンシアその他の地域でさまざまな「モロとクリスティアノ」の祝祭と芸能が見られる。

上述のことから明らかなように，スペインが新世界を植民地にした15世紀

写真2　ロス・ネグリートスのダンス（メキシコ，アユトラ村，1973年）

末には「モロとクリスティアノ」はスペインでその盛期を迎えていた。それであれば，植民地においてモロに当たる者は異教徒の先住民であったから，この芸能が植民地に移植され，カトリックの宣教のための祝祭に取り込まれるのは自然の流れであったであろう。早くも1538年にフランシスコ会修道士モトリニアは中央メキシコのトラスカラでモロとクリスティアノが踊られているのを見聞し，その著『ヌエバ・エスパーニャ布教史』（モトリニーア 1979: 188-190）に記している。この頃から，この芸能はヌエバ・エスパーニャの各地に広がり，各地の先住民の想像力により変形されて，多様なバリエーションを生んだ（Harris 2000; 黒田 1988, 1994; Warman 1972 など）。

私のフィールドであるオアハカ州でも「モロとクリスティアノ」のバリエーションが見られる。オアハカ盆地部では，「羽毛のダンス」，「征服のダンス」，「フランスの12の貴族」などである。そして，ミヘ高地の村々では台詞つきの「征服のダンス」，「マリンチェ」，「サンティアゴ」，「クバーノ」，「ロス・ネグリートス」などがある。このうち，一番普及度の高いのが「ロス・ネグリートス」である。このダンスをアユトラ村で1973年1月25日のサン・パブロ祭で初めて目にしたとき，黒い仮面を被った踊り手たちの激しい棒の打ち合いに圧倒された。当時の村の知識人にダンスの意味をたずねても「山に住む風の神なんじゃないか」という答えしか返ってこなかった。1月の村には寒風が吹き，聖山センポアルテペトゥルから下ってくる黒い雲への連想がこの説明を生んだ

のではないかと思われた。

　しかし，納得のいかなかった私はメキシコ・シティで文献をさがし，ウァルマンの著書（Warman 1972）に出会い，「ロス・ネグリートス」が「モロとクリスティアノ」の単純形であることに気がついた。征服文化を担う政治芸能がミヘ高地にまで，おそらくドミニコ会の手により植民地時代に導入され，現在まで継承されたのである。しかも，単純なかたちのものが村々で一番普及していることは多くのことを示唆している。ドミニコ会の布教の道具となった芸能は単純な方が導入しやすかった。貧しい村々は複雑な「モロとクリスティアノ」の芸能を発達させることはできなかった。黒い仮面の踊り手が棒で打ち合いをするだけで，異教徒とキリスト教徒の闘いを表現していたのであった。

5　あとがき

　上の覚え書きは，スペインから新世界の植民地へ移植された文化について私の最も関心の深い部分についてまとめただけのことである。これを書いているうちに気がついたこと3点を記して，覚え書きを補いたいと思う。

　第一に，バロック期カトリックが植民地に移植され吸収された例から見えてくるように，15世紀末に始まったスペイン植民地は19世紀以降の帝国主義の植民地とは大きく異なるといえるだろう。宗主国からの文化の移植が植民地の文化に構造的変化をもたらしたうえに，その持続が厳密にいえばハプスブルグ朝の2世紀間，広義には植民地の独立（1821年）までの3世紀間も持続したことである。

　第二に，フォスターは初期植民者が担った征服文化の重要性を検証したが，それは文化の大枠を見た場合には妥当な意見であるが，植民者は持続的にスペインから新世界へ渡っており，彼らが植民地の地域文化に影響を与えた面も考慮してよいだろうと思う。スペイン人植民者の数については若干の書に記入があり，植民地時代全体についての数は65万とも一般にいわれるが正確にはわからない。数よりも注目すべきは，新世界への人材の移住が本国の没落の一因にあげられることである。「（スペイン人にとって）インディアスは王室領の隔離された遠方の飛び領土ではなく，自らの機会と前進を追求できる舞台の重要な拡大である」と認識され，人々は血縁と地縁をつたって移住した（Altman 1991: 53）。この指摘を立証するがごとく，1992年にスペイン出版界では1492年の「新大陸発見」500周年記念出版事業として『スペイン各地域とアメリ

カ』を推進し，スペインの 16 の地域とアメリカの関係を辿り，各地域のアメリカへの貢献を記録している（Editorial MAPFRE 1992）。また，歴史家サンチェス＝アルボルノスは 18 世紀の移民の重要性に注目し（たとえばカタラン人の商業移民），移民は 18 世紀のスペインに起こっていた地域格差を表していたことを指摘している（Sánchez-Albornoz 1984）。このような指摘と事実は現在のラテンアメリカの各地域史を考えるとき，不可欠の知識となるであろう。

　第三に，「征服文化」の与えたショックと相次ぐ移民からのインパクトにもかかわらず，各地の先住民がバロック期カトリックの文化の大枠に先住民色を秘かに織り込んでいった事実をここで再び指摘しておきたい。このことを前提にして初めて，バロック期カトリックの影響の大きさを，文化人類学を専攻する私が概括する意味があるからである。

参考文献

Altman, Ida, 1991, "A New World in the Old : Local Society and Spanish Emigration to the Indies", in Ida Altman and James Horn (eds.), *To Make America*. Berkeley : University of California Press.

Braudel, Fernand, 1989, *Out of Italy*. Paris : Flammarion.

Brown, Jonathan, 1980, *Imágens e ideas en la pintura española del siglo XVII*. Madrid : Alianza.

Cancian, Frank, 1965, *Economics and Prestige in a Maya Community : The Religious Cargo System in Zinacantan*. Stanford: Stanford University Press.

Cancian, Frank, 1992, *The Decline of Community in Zinacantan: Economics, Politics, Laws and Social Stratification*. Stanford: Stanford University Press.

Chance, John K. and William B. Taylor, 1985, "Cofradías and Cargos : An Historical Perspective on the Mesoamerican Civil-Religious Hierarchy", *American Ethnologist* 12 (1) : 1-26.

Christian, William A., 1981, *Local Religion in Seventeenth-Century Spain*. Princeton, N. J. : Princeton University Press.

Editorial MAPFRE (Madrid), 1992, *Colección las Españas y América*.

エリオット，J. H.，藤田一成訳 1982『スペイン帝国の興亡 1469-1716』岩波書店。

Foster, George M., 1948 , *Empire's Children: The People of Tzintzuntzan*. Institute of Social Anthropology Publication No.6, Washington: Smithsonian Institution.

Foster, George M., 1960, *Culture and Conquest: America's Spanish Heritage*. Viking Fund Publications in Anthropology No. 27.

フエンテス，カルロス，牛島信明訳 1981「セルバンテス―または読みの批判」『海』12 月号：274-328.

Gibson, Charles, 1964, *The Aztecs under Spanish Rule: A History of the Indians of the Valley of Mexico, 1519-1810*. Stanford: Stanford University Press.

ギブソン, チャールズ, 染田秀藤訳 1981『イスパノアメリカ―植民地時代』平凡社.
ハンケ, ルイス, 染田秀藤訳 1979『スペインの新大陸征服』平凡社.
Harris, Max, 2000, *Aztecs, Moors and Christians: Festivals of Reconquest in Mexico and Spain.* Austin: University of Texas Press.
神吉敬三 1984「対抗宗教改革美術としてのスペイン・バロック絵画」『ユリイカ』16（3）: 170-123.
春日直樹編 1999『オセアニア・オリエンタリズム』世界思想社.
栗本英世・井野瀬久美恵編 1999『植民地経験―人類学と歴史学からのアプローチ』人文書院.
Kuroda, Etsuko, 1984, *Under Mt. Zempoaltépetl: Highland Mixe Society and Ritual.* Senri Ethnological Studies No. 12, National Museum of Ethnology, Japan.
黒田悦子 1988『フィエスタ―中米の祭りと芸能』平凡社.
黒田悦子 1991『スペインの民俗文化』平凡社選書.
黒田悦子 1994「民俗劇と敗者の想像力」吉田憲司編『仮面は生きている』岩波書店: 90-134.
黒田悦子 1995「受難のイエス像についての覚え書き―メキシコ, ニューメキシコ（アメリカ合衆国）, フィリピンと比較したスペイン」川田順造編『ヨーロッパの基層文化』岩波書店: 209-227.
Lockhart, James, 1992, *The Nahuas after the Conquest: A Social and Cultural History of the Indians of Central Mexico, Sixteenth through Eighteenth Centuries.* Stanford: Stanford University Press.
Maravall, José Antonio, 1975, *La cultura del Barroco.* Barcelona: Ariel.
Moreno, Isidro, 1999, *Las hermandades andaluzas: Una aproximación desde la antropología.* Sevilla: University of Sevilla.
モトリニーア, T., 小林一宏訳 1979『ヌエバ・エスパーニャ布教史』大航海時代叢書第2期14, 岩波書店.
Payne, Stanley G., 1984, *El catolicismo español.* Barcelona: Planeta.
ピコン＝サラス, マリアーノ, グスタボ・アンバラーデ, 村江四郎訳, 1991,『ラテンアメリカ文化史―2つの世界の融合』リイマル出版会.
Rus, Jan and Robert Wasserstrom, 1980, "Civil-Religious Hierarchies in Central Chiapas: A Critical Perspective", *American Ethnologist* 7: 466-478.
Sánchez-Albornoz, Nicolás, 1984, "The Population of Colonial Spanish America", in Leslie Bethel (ed.), *The Cambridge History of Latin America,* Vol. 2 : *Colonial Latin America:* 3-35.
Warman, Arturo, 1972, *La Danza de Moros y Cristianos.* México: Sep-Setentas.
山下晋司・山本真鳥編 1997『植民地主義と文化―人類学のパースペクティヴ』新曜社.

文献案内

①フェルナンド・デ・ローハス『魔女セレスティナ』大島正訳, 同志社大学外国文学

会発行，白水社，1975年．

　本書は絶版になっているので，図書館で探してほしい。本来なら文庫本になってもよいはずのスペインを代表する 15 世紀末のピカレスク（悪漢）小説である。作者はコンベルソ（ユダヤ教徒からキリスト教徒への改宗者）のフェルナンド・デ・ローハスとされる。その覚めた目で，見かけが重要で虚偽に満ちた当時のスペイン社会を悲喜劇のかたちで批判的に描いた。青年貴族カリストと淑女メリベアの恋にやり手ばばあのセレスティーナが絡んで物語が展開し，そこに世相が表現されている。2000 年にはバルセロナのクリティカ（Crítica）社からオリジナル版に最も近いとされる *La Celestina* が出版された。

② J・H・エリオット『スペイン帝国の興亡 1469-1716』藤田一成訳，岩波書店，1991 年（原著 1982 年）．

　この本のスペイン語版はバルセロナのビセンス・ビーベス出版社から出されており，版を重ねている。ペーパーバックのものを 1982 年に私は入手し，同市滞在中に読んだ。史実を掌握した碩学が分析と語りを展開しているので，読むと，ものが見え知識が増えるので，実に楽しかった。帝国時代の人物が生き生きと描かれ，身近に感じられ，私も渦中にいるかのような気持ちになれた。この時代についてはスペイン人史家の研究が数多いが，一冊となるとバランスのとれた本書が便利である。

③ R・L・ケーガン『夢と異端審問―16 世紀スペインの一女性』立石博高訳，書院ノーヴァ，松籟社発売，1994 年．

　『魔女セレスティナ』の書かれた 15 世紀末のスペインは夢と期待に満ちた国であった。ところが 16 世紀末となると，国政は帝国スペイン経営に傾斜し，社会と文化の硬直化が起こった。フェリペ II 世治下（1556-98）の晩期，マドリッドに住む事務弁護士の娘ルクレシアは 400 以上の夢を見，その夢にはフェリペ II 世の国政への批判が含まれていた。聖職者メンドーサなどがこれらの夢を公表したので，異端審問所が 1590 年からルクレシアを取り調べた。この経緯が記されているのが本書であり，当時のスペインの矛盾，混乱，政治意識の高さが伝わってくる。

コラム　展示図録が明らかにするスペイン王カルロスⅠ世の姿
（黒田悦子）

　植民地支配の礎石を築いたスペインのハプスブルグ朝の君主のうち私が注目するのはカルロスⅠ世（在位 1516-56）（神聖ローマ皇帝カールⅤ世），フェリペⅡ世，フェリペⅣ世である。このうち，フェリペⅡ世はエル・エスコリアルで植民地から送られてくる文書に埋もれて生活したという感じがあり，好奇心をそそられない。フェリペⅣ世は 17 世紀のスペイン社会のデカダンスを代表しているようなところがあり興味深いが，ベラスケスの絵や民俗学者カロ・バローハの著作からおおよその姿を知ることができる。残りはカルロスⅠ世であり，彼はルネッサンス期からバロック期へと時代が移る転換期を生きた人であり，その点に興味を惹かれる。

　カルロスはカトリック両王の娘フアナ・ラ・ロカ（狂女フアナ）の長子で，フランドルにて育った。石井美樹子氏によると（「肖像画の魅力」『一冊の本』2001 年 6 号，朝日新聞社），彼はフランドル総督オーストリアのマルガレーテの下できわめて水準の高い教育を受けたということである。1516 年にブリュッセルでカスティーリャとアラゴンの王として即位し，翌年スペインに渡った。コムニダーデスの反乱（諸都市の反乱，1520-21），オスマン・トルコとの対立，ルター派やエラスムス派との確執などを経験し，トレント公会議（1545-）以降，ローマが指導する対抗宗教改革運動を支持した。フランドル時代にはルネッサンスの影響を受けて自由に育った人間が，帝国スペインの統治者として知的にも身体的にも硬化していったようである。

　即位してから 40 年後の 1556 年，カルロスはブリュッセルにて退位し，長子フェリペⅡ世に譲位し，寒村ハランディーリャ近くのユステ修道院に隠遁し，2 年後に死去した。この間の経緯は藤田一成氏が『皇帝カルロスの悲劇—ハプスブルク帝国の継承』（平凡社，1999）にくわしく書いておられる。

　ところでカルロスのヨーロッパや新世界との文化的つながりについては，カルロス生誕 500 周年記念展示図録『Carolus』（Museo de Santa Cruz, Toledo. 展示期間 2000 年 10 月 6 日-2001 年 1 月 12 日）は視覚的に知識を与えてくれる貴重な出版物である。575 頁にも及ぶ図録で，その全貌を伝えられないが，私の興味を惹いた部分を記してみよう。

　序文を担当するのはジョン・H・エリオット John H. Elliott で，カルロスは若くして影響を受けたイタリア・ルネッサンスとキリスト教的人文主義に由来する理想を追求しながら，スペインの帝国支配の矛盾に巻き込まれ，人生をすり減らした人物として紹介している。以下に論文が続き，次の 2 点に

興味を惹かれた。第一にカルロスを悩ませたマルティン・ルーテルの肖像画，版画などが豊富に紹介されており，当時の北ヨーロッパの状況がうかがえる。第二にカルロスの肖像画のおもなもの，たとえば「犬と一緒に立つカルロス」，「ミュールベルグ戦場の皇帝カルロス」，「ラ・グロリア」（栄光）などはいずれもプラド美術館に収蔵されており，ティツィアノの作品であるが，図録には各作品への細かい考証がなされている。

　次いで各展示品のカタログの頁では，カルロスの父フェリペ美王や母フアナ，8歳のカルロス像，カルロスの喪儀の行列の絵，エラスムスの版画，などが目を惹く。また，1500年頃の作品とされるアステカの水の女神像がある。これはモンテスマがコルテスに贈り，それがカルロスの手に渡ったものと解説されている。

　上記のことだけからも，カルロスが多くの矛盾のさなかに生活していたことが感じとられる。

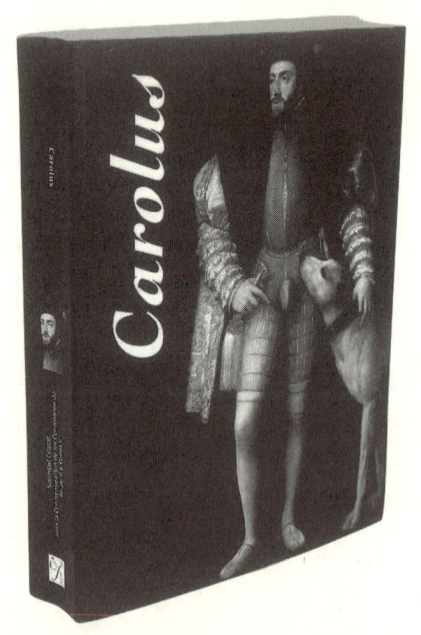

図録『Carolus』（Museo de Santa Cruz, Toledo, 2000）

11　植民地に移植された文化

「犬と一緒に立つカルロス」
　ティツィアノ
　この立像は，1532年にウィーンを脅威にさらしたトルコ軍を撃退した後の絶頂期のカルロス。
（油絵，スペイン，プラド美術館蔵）
（出典）*Carolus*, Museo de Santa Cruz, Toledo, 2000: 66

編者あとがき

　ヨーロッパ人類学という語は，耳新しいと思う。この語は，少なくとも私にとって，民族学・民俗学はもとより，歴史学，社会学，思想史をはじめとする人文社会科学のひろい分野と関連し，それぞれの学においてヨーロッパを再配置しようとする動向と連動した，新しい人類学の研究分野を意味している。この問題意識は，1980年代以降の現代人類学が経験している転回と内的に呼応していて，それはとりもなおさず，20世紀末以降の世界が，政治・経済・文化にわたって新しい時代を迎えていることと関連している。この転回に立ち会って，人類学の接近方法が何を貢献できるのか考え直し，ヨーロッパを研究対象とすることの意味を問うこと，それが本書を編集するにあたっての基本的な問題関心であった。

　換言すればこの試みは，人類学の立場から，近代を胚胎したヨーロッパにおいて，近代を解きほぐし，そのゆくえを探究しようとすることである。この分野を実際に研究している者にとって，それはいささか大それた課題にみえる。膨大な知の蓄積があるなかで，さまざまな可能性を手探りで試していく骨が折れる仕事を，フィールドワークというアプローチと結びつけておこなおうとしているのだから。だが，翻ってみれば，重く興味のつきない課題をもっていることは，学問の徒としてはむしろ喜ばしいことというべきだろう。ヨーロッパ人類学は，このような課題に答えようとする分野として形成過程にある。そういう可能性のある新しい分野の動向に，多くの若い研究者が関心をもち，それに関与していこうとすることを，本書の執筆者たちは期待している。この試みは，出発点からすでに人類学という学の枠組みをはみだそうとしているのであり，その意味でも，ひろい分野の方々に読んでいただき，関心をもっていただきたいと思う。

　なお，現代人類学の直面している問題について，『歴史叙述の現在―歴史学と人類学の対話』（人文書院，2002年）も参照していただければ幸いである。そこで扱っている歴史叙述というテーマは，現代人類学としても，ヨーロッパ研究としても，重要な問題領域のひとつであり，分野間の対話という切り口からこの問題に取り組んでいる。本書の執筆者たちがフィールドから描き出そうとしていることを理解するうえで，一助になると思う。

本書は，1999年度と2000年度，国立民族学博物館の共同研究会「ヨーロッパ人類学の可能性」（研究代表者　森明子）の成果をもとにして編集された。本書の執筆者はこの研究会のメンバーである。メンバーを代表して，まず，研究会の機会を与えて下さった国立民族学博物館に感謝する。研究会メンバーとしては，本書の執筆者のほかに，葛野浩昭，関一敏，谷泰，野村雅一，古川まゆみの各氏があり，また，特別講師として川田順造，中村聡，松前もゆるの各氏にも研究発表していただいた。これらの方々に，この場でお礼申し上げたい。

　本書の編集では，新曜社の小田亜佐子氏にたいへんお世話になった。いたらぬ編者におつきあいいただき，いつもながら誠実な本作りをして下さった氏に，ここであらためて感謝する。

2003年7月　ウィーンにて

森　明子

人名索引

ア行
アレンズバーグ, C.　6, 22
アーレント, H.　74, 84
アンッティコスキ, E.　183ff, 194

伊藤るり　91, 105, 106

ウァッサーストロム, R.　224
ウァルマン, A.　225, 227, 229
ウィルソン, T.　6, 12, 23
ヴェルデリ, K.　12
ウォーラーステイン, I.　90, 107
ウォルフ, T.　13, 23
梅棹忠夫　14, 22
ウルフ, E.　11

エーデ, J.　85
エリアス, N.　107
エリアーデ, M.　206
エリオット, J.　230f

岡正雄　14, 23

カ行
カストレーン, M.　198f, 206
カルロスⅠ世　231ff
川田順造　24
カンシャン, F.　225, 228

キデッケル, D.　13, 22
ギブソン, C.　216f, 228
キムボール, S.　6, 22
喜安朗　38, 42
キャリエ, J.　10
キャンベル, J.　8, 11, 18, 22, 108, 122
ギルモア, D.　13, 22, 64

グリム, J.　199, 204
クロッグ, R.　123

ケーガン, R.　230
ケミライネン, A.　210f, 213

ゴッフマン, E.　81, 85
ゴビノー, J.　210
コール, J.　11, 13

サ行
ザイコフ, P.　187
サイード, E.　198, 214f
サッセン, S.　89, 106, 107
サルノー, M.　85
サンチェス＝アルボルノス, N.　228, 229

シフファオエル, W.　107
シュガー, P.　175f
シュナイダー, A.　139f, 141
ショグレン, A.　198f

関一敏　85
セジウィック, E.　55, 64
セルヴィエ, J.　30, 43

タ行
高橋保行　215
ダグラス, W.　7, 9, 21, 22, 137, 141
田中克彦　195

チャウシェスク, N.　169
チャンス, J.　224, 228

テイラー, W.　224, 228
デュブレ, J.　108, 122

237

デュモン, L.　38, 42
デ・ローハス, F.　229

ドイッチ, K.　191
ドゥビシュ, J.　7f, 22, 121, 122
トッド, E.　32, 43, 160
トペリウス, Z.　208
トーマス, N.　216
トレルチ, E.　161
トレンハルト, D.　160
ドンネル, K.　206

ナ行

内藤正典　159f
二宮宏之　24

ハ行

ハーション, R.　123
ハーツフェルト, M.　11f, 23, 121, 122, 212f
馬場康雄　141
ハーバーマス, J.　28, 40, 42
パーマン, S.　1, 5, 11, 12, 17, 23
バラクロウ, G.　176
ハルヴァ, U.　206, 209, 213, 215
ハルバーン, J.　13, 22
バローハ, F.　218
ハンケ, L.　217, 228

ピコン＝サラス, M.　222, 223f, 229
ピット＝リバ(ヴァ)ーズ, J.　6, 9, 23, 64, 218
広渡清吾　149, 159

ファウラー, N.　13
フォーサイス, D.　151, 159
フォスター, G.　217-220, 227, 228
フォール, E.　40
ブブリヒ　184f, 194
フーリエ, C.　31, 33f, 40
フリードル, E.　9, 22
ブリュース, B.　30, 42

プルードン, P.　31, 40
ブルーメンバッハ, J.　210
ブロック, M.　43
ブローデル, F.　222, 228

ベヴィラクワ, P.　134, 140
ペッサー, P.　90, 106
ヘルダー, J.　192, 202, 208, 211

ホブズボーム, E.　191, 194f
ボミアン, K.　79, 85
ホール, S.　88, 105, 106, 215
ポールストン, C.　192, 195
ボワセベン, J.　6f, 8f, 21, 22
ボーンマン, J.　13, 22

マ行

マイニエーリ, F.　132, 134ff
マクニール, W.　123
マラバール, J.　223

三島憲一　152, 159
南塚信吾　176
ミューラー, M.　200

モッセ, G.　55, 64
モトリニ(ー)ア, T.　226, 229

ヤ行

山田史郎　141
ヤラバ, A.　180, 194

ユイスマンス, J.　66, 85

ヨゼフ2世　169

ラ行

ラス, J.　224
ランベッリ, F.　65
ルドゥー, C.　31
レオポルド1世　165ff

レッドフィールド，R.　　7
レンロット（リョンルート），E.　　180f,
　202-205

ロジャーズ，S.　　2f
ロックハート，J.　　216, 229

事項索引

あ行

アイデンティティ　　88, 91, 104f, 158, 174
アイルランド　　6
アウヌス方言　　178, 182ff, 188f
アグロタウン　　128
アソシエーション　　35, 38ff
アメリカ人類学協会（ＡＡＡ）　　5
「アメリカの叔父さん」　　138
アモーレ　　60f

イギリス　　6f, 15
イスラーム表象　　152
イスラーム復興　　153, 155, 160
異性愛主義　　55, 59
イタリア　　8, 11, 13, 46-65, 126-141
移民　　9, 126-143, 144-148, 227
　　──家族　　86-106
　　──の経験　　126-131, 135-140
　　──の歴史　　132ff
　　自由主義期の──　　129f, 133
　　重層化された──経験　　136
　　南米への──　　128ff, 136ff
　　ファシズム期の──　　130, 133
　　ムスリム──　　158f
　　ヨーロッパへの──　　130f
　　連鎖──　　97, 137
印欧語　　197-201

ヴィエナ方言　　178, 188f

エキゾチック　　2, 7ff, 13, 120

オアハカ　　222, 225f
オクシデンタリズム　　2, 10
オクシデント　　2, 10
オランダ　　13
オリエンタリズム　　2f, 10, 139, 144, 215

オリエント　　2, 10, 120f, 144, 212

か行

外国人問題　　148-151, 157
外国人労働者　　95ff, 145
家計の生存戦略　　28, 45
ガストアルバイター　　96, 146
家族呼び寄せ　　97-101, 130, 146
語り／語る　　117-122, 127, 136, 138f
カトリック（教会）　　47ff, 66-85, 161, 165ff, 170, 220ff
　　ギリシャ・──　　161-175
　　バロック期──　　222-228
カレリア　　177-195, 203f, 208ff
　　──主義　　203
　　ヴィエナ・──　　203, 209
カレリア語　　177-195, 209f
　　──教育　　188f
　　──の現状　　189f
　　──の公用語化　　187, 191f
　　──の復権　　186f
カレリア人　　178-195
　　──のロシア化　　180
カレリア文語　　177f, 182-189
　　──運動　　191ff
『カレワラ』　　181, 188, 201-209
カロニ人　　112-117
カロニ村　　108-119

帰属意識　　73, 81f, 87
規範　　82f
教会合同　　165ff
協同組合　　32-35, 39f
ギリシャ　　8f, 11, 108-123, 205, 212
キリスト教（徒／化）　　66-85, 121, 157f, 161-175, 200-207, 212, 225ff
近代　　21, 55, 86f, 120f, 191

240

——化　　45, 111, 121, 134, 207
　　——世界　　120f, 134
　　——世界の再編成　　3
近代家族化　　62f

グローバル化　　44, 86
グローバル・シティ　　88f

芸能　　219, 225ff
言語　　177, 191ff, 197-202, 210f
　　——イデオロギー　　192f
　　——学　　184, 189, 198
言説　　53ff, 127, 139f
現代都市　　86-106

公開空間　　81, 84
公共空間　　28f, 39-42, 70
公共性　　17, 42, 81, 84
構築主義　　211
国籍　　147-151
国民国家　　11, 30, 121, 149, 177, 202
ことば　　177

さ行
差異化（の意識）　　101-104, 157
祭儀　　70ff
参与観察　　7, 21

ジェンダー研究　　48f
私的領域　　40, 63
市民社会／市民文化　　29, 86f, 105
社会空間　　17
社会史　　15, 24, 43
社会進化論　　197, 202
社会秩序　　35, 39
社会的・歴史的特性　　31
社会的連帯　　28-31, 38-42
シャマニズム　　205f, 215
周縁　　11ff, 18, 120f, 177f, 212, 224
宗教対立　　170-174
宗教的帰属　　162
　　——の変更　　174

宗教的実践　　161f, 171-175
集団改宗　　161
　　強制的な——　　169f
住民　　108, 111f, 116
祝祭　　219-226
ジュラ　　31-42
巡礼団　　67-83
小コミュニティ　　6f
傷病者　　68-84
　　——巡礼　　68ff, 73
植民地　　216-230
　　——主義　　145, 198, 200, 216
女性　　47-64
　　——の守護　　53
　　——有志の会　　117-121
自律（性）　　38-42
信者　　161, 175
人種（概念）　　199ff, 206, 210f
新世界　　216-232
人文社会科学の再編成　　16
人類学　　1-24, 44f, 120f, 216f
　　現代——　　9-13, 21f
　　社会——　　6-8, 15, 217f
　　日本の——　　13-16

スウェーデン　　41, 178f, 201f
　　——－フィンランド　　201ff
スペイン　　216-232

性　　46-64
　　——規範　　47-55, 59
聖域　　70f, 74
西欧　　1-4, 10ff, 197, 202, 207, 215
　　——化　　162f, 167ff, 175
　　——中心主義　　11
　　非——　　1-4, 10f, 14f
政治　　204
　　——イデオロギー　　153, 156, 158
　　——芸能　　226
　　——思想　　30
　　——と宗教　　162
聖職者　　161, 175

世代交代　　91, 99-104
先住民（社会）　　210, 216-222, 226ff

ソ連　　181, 183-186, 188f, 207ff

た行
他者　　1-4, 7-13, 80-84, 91, 120ff, 158f, 210
男性　　46-65
　　──支配　　55, 59-63
　　──社会　　48f, 52-63
　　──中心主義　　47-63, 51, 62
　　──の性的能力　　51-55
地域社会　　30, 40f
地域的多様性　　30, 41, 43, 49
チーズ組合　　31-39
地中海（人類学）　　7f, 13, 218
中米　　216f, 221

ディスポニーブル　　82ff
適切さ　　81-84
デュースブルグ　　153-158
ドイツ　　15, 86-106, 144-160
　　──の外国人政策　　145-148
　　──のトルコ人　　145-159
　　──のナショナリズム　　149
東欧　　13, 15, 175f
東方正教会（ギリシャ正教）　　161f, 182, 207, 215
ドミニコ会　　222, 227
トランシルヴァニア　　161-174
トルコ人　　88, 91-106, 144-160

な行
ナショナリズム　　176, 202
南部問題　　127
日常生活　　35, 38f, 83, 156f, 159
農村／農民／農家　　32-35, 42ff, 128f, 171-174

は行
恥　　6, 8, 50
ハプスブルグ帝国　　163-169
バロック　　222

比較印欧語研究　　198-201
「ひとつの世界」　　66, 72, 81-84
表象　　49, 59, 65, 152f, 158, 177, 205f, 215
広場　　56, 80

フィールドワーク　　4, 6-10, 16-20, 108-119
フィン-ウゴル語　　197-201, 208ff
フィン-ウゴル主義　　198-215
フィン-ウゴル的世界　　197-200, 203, 205
フィンランド　　177-189, 192, 197-215
　　──語（フィン語）　　177f, 183-189, 191f, 197-200, 203ff, 208f
　　──語の公用語化　　183ff
　　──のカレリア統（併）合　　181, 187, 209
　　大──　　200, 204, 208f
フェルカークンデ／フォルクスクンデ　15（→民俗学／ドイツ民俗学）
フランス　　15, 28-43, 66-85
文化　　159, 199f, 202
　　主導的──　　151, 158
　　植民地に移植された──　　217-227
　　征服──　　218ff, 225-228
　　ローカルな──　　108
文脈　　52, 59f

ベネズエラ　　135
ベルリン　　25f, 86-106
　　──のトルコ人　　91-106

北欧　　201, 207f
母語　　187, 189ff
ポストコロニアル（イズム）　　9, 11, 145, 152
ボランティア　　69f, 73-79, 82
ポリティカル・エコノミー　　9, 11

242

ま行

南イタリア　63, 126f, 134
ミヘ　220ff, 225ff
民主革命　170, 175
民族　149, 177, 180f, 191ff
　　――意識　121, 167, 179f
　　――運動　191ff
民俗学（者）　4, 14f, 197f
　　ギリシャの――　120f, 212ff, 40f
　　ドイツ――　25f
　　日本――　14
　　フィンランド――　201-206
ムスリム　144-160
村　108-122
　　職人――　111, 116-121
　　避暑――　110f, 113ff

名誉　6, 8, 47, 50-54, 62f
　　――の犯罪　50, 62f
メキシコ　217-227

モラーノ・カーラブロ　127-140
モロとクリスティアノ　219, 225ff

や行

役割の逆転　139f

ユートピア（思想）　28-32, 41f, 44

ヨーロッパ　1-45, 142f, 144-160, 197-215
　　――化　11f
　　――研究　1-5, 13-16, 26, 43, 84
　　――社会モデル　29, 41
　　――人類学　1-24
　　――中心主義　198, 200
　　――的知　198, 212
　　――と移民　141ff
　　――農業　44f
　　――の再編　87, 105f
　　――のフロンティア　207f
　　――民族学　25f
　　社会的――　29ff, 40f
　　複数の――　43
ヨーロッパ人類学会（ＳＡＥ）　5
ヨーロッパ連合（ＥＵ）／統合　11f, 28f, 40-44, 127, 138, 144, 197

ら行

ルーマニア　161-175
　　――の共産主義体制　169f
　　――正教会　161-174
ルール　81
ルルド巡礼　67-85

歴史　126-143
　　――的（＝）物語　121, 207

ロシア　177-196, 201-204, 207ff
　　――語　182-194, 189f, 209f
ローテーション（原理）　95ff, 146

わ行

「わたしたち」　66, 69, 73, 79-84
ワラキア人請願書　168f
「われわれ（ヨーロッパ）」　10f, 120ff

243

著者紹介（執筆順）

三浦　敦（みうら・あつし）　1章，コラム
　埼玉大学教養学部助教授　博士（学術）
　専攻：社会人類学
　主著：「近代ヨーロッパにおける農村開発と社会科学の形成―フランス・ジュラの社会調査の歴史を通して」川田順造ほか編著『岩波講座開発と文化2　歴史のなかの開発』岩波書店，1997年；「パパ・マクシムの葬儀―葬送のミサに見られる人格概念の語用論的分析（フランス・ジュラ）」『民族学研究』62巻4号，1998年；「環境資源と社会形成―フランス・ジュラ農村地域における自然環境と所有の政治経済プロセス」『民族学研究』66巻1号，2001年；"Role of Cooperatives in the Modern Market Economy: Mediation Mechanism of Cooperatives in French Rural Jura" (forthcoming).

宇田川妙子（うだがわ・たえこ）　2章
　国立民族学博物館民族文化研究部助教授
　専攻：文化人類学
　主著：「セクシャリティの人類学の可能性」船曳建夫ほか編『岩波講座文化人類学4　個からする社会展望』岩波書店，1997年；「イタリアの家族論と家族概念」『日伊文化研究』37号，1999年；「ジェンダーの人類学―その限界から新たな可能性に向けて」綾部恒雄編『文化人類学のフロンティア』ミネルヴァ書房，2003年

寺戸　淳子（てらど・じゅんこ）　3章
　専修大学文学部非常勤講師
　専攻：宗教人類学
　主著：「被る人々―宗教の，非暴力の，奇蹟のことば」栗原彬ほか編『越境する知2　語り：つむぎだす』東京大学出版会，2000年；「聖地のスペクタクル―ルルドにおける奇蹟・聖体・傷病者」『宗教研究』69巻3号，2002年；「キリストに依る世界―ルルド巡礼は同時代の問題にいかに応答してきたか」『宗教研究』77巻2号，2003年

内山　明子（うちやま・あきこ）　5章
　駒沢大学文学部非常勤講師
　専攻：文化人類学
　主著：「郷土愛がもたらす〈村人〉の連帯と対立―ギリシャの山村におけるシロゴス活動の展開史」『社会科学ジャーナル』30号（1）（国際基督教大学）1991年；「ギリシアの山村カロニ村に建つ四教会について―由来，儀礼，奇蹟譚の紹介を中心に」『宗教学論集』20輯（駒沢宗教学研究会）1998年；「現代ギリシアにおける民俗宗教研究の特徴―民族意識形成の観点から」櫻井徳太郎編著『シャーマニズムとその周辺』第一書房，2000年

著者紹介

北村　暁夫（きたむら・あけお）　6章，コラム
　　日本女子大学文学部助教授
　　専攻：イタリア近現代史・ヨーロッパ移民史
　　主著：「ヴェーネトからブラジルへ――世紀転換期におけるイタリア移民の一様態」山田史郎ほか『近代ヨーロッパの探究1　移民』ミネルヴァ書房，1998年；「移民と外国人労働者」馬場康雄・奥島孝康編『イタリアの社会――遅れて来た「豊かな社会」の実像』早稲田大学出版部，1999年；「ヨーロッパ移民史研究の射程」『歴史評論』625号，2002年

石川　真作（いしかわ・しんさく）　7章
　　京都文教大学人間学研究所客員研究員
　　専攻：文化人類学
　　主著：「ドイツ在住トルコ人に関する予備的考察――デュースブルグ市の事例から」『イスラム世界』50号，1998年；「ドイツにおけるクルド文化紹介行事に見る〈文化的自画像〉――客体化の言説と差異の問題」『人間・文化・心――京都文教大学人間学部研究報告』1号，1998年；「トルコ共和国における〈トルコ人〉」『史苑』53巻1号，1992年

新免光比呂（しんめん・みつひろ）　8章
　　国立民族学博物館助教授
　　専攻：宗教学
　　主著：「木の家はあたたかい」佐藤浩司編『住まいをつむぐ』学芸出版社，1998年；「社会主義国家ルーマニアにおける民族と宗教――民族表象の操作と民衆」『国立民族学博物館研究報告』24巻1号，1999年；「二つの再聖化のゆくえ――ルーマニアにおける宗教復興と西欧回帰」杉本良男編『宗教と文明化』ドメス出版，2002年；「旧東欧・ソ連における2つのギリシア・カトリック教会――社会主義体制下での西欧の影響と宗教」『福音と文明化の人類学的研究』国立民族学博物館調査報告31，2002年

庄司　博史（しょうじ・ひろし）　9章
　　国立民族学博物館民族社会研究部（総合研究大学院大学文化科学研究科）教授
　　専攻：言語学・言語政策論
　　主著：『ことばの二〇世紀』（編著）ドメス出版，1999年；「土族語はなぜ残ったか――青海土（トゥー）族の母語維持」塚田誠之編『民族の移動と文化の動態――中国周縁地域の歴史と現在』風響社，2003年；"Mother tongue education for revitalising a vigorous language: The case of Monguor, a minority language in China", L. Huss, A. C. Grima and K. A. King（eds）, *Transcending Monolingualism,* Lisse, The Netherland: Swets & Zeitlinger, 2003.

岩竹美加子（いわたけ・みかこ）　10章
　　ヘルシンキ大学レンヴォール・インスティテュート研究員　博士（哲学）
　　専攻：民俗学
　　主著：『民俗学の政治性――アメリカ民俗学100年目の省察から』（編訳）未来社，
　　　1996年；「『重出立証法』・『方言周圏論』再考」『未来』396，397，399号，1999
　　　年；"From a Shogunal City to a Life City: Tokyo between Two Fin-de-siècles," Nicolas
　　　Fiévé and Paul Waley（eds.），*Japanese Capitals in Historical Perspective: Place, Power
　　　and Memory in Kyoto, Edo and Tokyo*, RoutledgeCurzon, 2003．

黒田　悦子（くろだ・えつこ）　11章，コラム
　　甲南女子大学文学部教授　社会学博士
　　専攻：文化人類学
　　主著：『フィエスタ――中米の祭りと芸能』平凡社，1988年；『スペインの民俗文化』
　　　平凡社，1991年；『先住民ミへの静かな変容――メキシコで考える』朝日新聞社，
　　　1996年；『メキシコ系アメリカ人――越境した生活者』国立民族学博物館研究叢書2，
　　　2000年；『民族の運動と指導者たち――歴史のなかの人びと』（編著）山川出版社，
　　　2002年

編者紹介

森　明子（もり・あきこ）　序章，コラム，4章
国立民族学博物館民族社会研究部助教授　博士（文学）
専攻：文化人類学
主著：
『土地を読みかえる家族―オーストリア・ケルンテンの歴史民族誌』新曜社，1999年
『歴史叙述の現在―歴史学と人類学の対話』（編著）人文書院，2002年
『近代ヨーロッパの探究10　民族』（共著）ミネルヴァ書房，2003年

ヨーロッパ人類学
近代再編の現場（フィールド）から

初版第1刷発行　2004年3月1日©

編　者　森　明子
発行者　堀江　洪
発行所　株式会社　新曜社
　　　　101-0051　東京都千代田区神田神保町2-10
　　　　電話（03）3264-4973（代）・FAX（03）3239-2958
　　　　E-mail：info@shin-yo-sha.co.jp
　　　　URL：http://www.shin-yo-sha.co.jp/

印　刷　長野印刷商工(株)　　　　　Printed in Japan
製　本　イマヰ製本

ISBN4-7885-0885-0　C 1039

──────── 関連書から ────────

森 明子
土地を読みかえる家族
オーストリア・ケルンテンの歴史民族誌　　　　　　A5判 370頁・本体 7200円

M・ミッテラウアー／若尾祐司・服部良久・森明子・肥前栄一・森謙二訳
歴史人類学の家族研究
ヨーロッパ比較家族史の課題と方法　　　　　　　　A5判 416頁・本体 4600円

A・マクファーレン／船曳建夫監訳／北川文美・工藤正子・山下淑美訳
イギリスと日本
マルサスの罠から近代への跳躍　　　　　　　　　　A5判 520頁・本体 5500円

D・スペルベル／菅野盾樹訳
表象は感染する
文化への自然主義的アプローチ　　　　　　　　　　四六判 320頁・3600円

D・ネトル，S・ロメイン／島村宣男訳
消えゆく言語たち
失われることば，失われる世界　　　　　　　　　　四六判 384頁・本体 3200円

P・ブルッカー／有元健・本橋哲也訳
文化理論用語集
カルチュラル・スタディーズ＋　　　　　　　　　　A5判 336頁・本体 3800円

山下晋司編
観光人類学
　　　　　　　　　　　　　　　　　　　　　　　　A5判 224頁・本体 2200円

佐々木宏幹・村武精一編
宗教人類学
宗教文化を解読する　　　　　　　　　　　　　　　四六判 296頁・本体 2200円

佐藤郁哉
ワードマップ　フィールドワーク
書を持って街へ出よう　　　　　　　　　　　　　　四六判 252頁・本体 1800円

──────── 表示価格は税抜・2004年現在のものです ────────